Die Deutsche Bibliothek - CIP-Einheitsaufnahme

Mürmann, Hermann J.:
Von der Respektlosigkeit über den Terrorismus
zu Liebe und Frieden / Hermann J. Mürmann. -
Münster/Westf. : Principal-Verl., 2002
ISBN 3-932293-89-4

ISBN 3-932293-89-4

Copyright © 2002 by PRINCIPAL Verlag, Münster/Westf.
www.principal.de
Alle Rechte vorbehalten
Printed in Germany

Umschlagfoto: Ausschnitt aus dem Kirchenfenster im
Zendo, Nottuln
Haiku: Aus der Feder des Autoren

gedruckt auf alterungsbeständigem Papier nach ISO 9706

Hermann J. Mürmann

Von der Respektlosigkeit
über den Terrorismus
zu Liebe und Frieden

 PRINCIPAL VERLAG

Der Autor:

HERMANN J. MÜRMANN, Jahrgang 1952, lebt seit zwanzig Jahren mit seiner Frau und seinen beiden Söhnen in Nottuln. Er arbeitet als Psychotherapeut für Kinder, Jugendliche und Erwachsene in freier Praxis. Tätig ist er ebenfalls als Coach und Trainer im Unternehmensbereich.

Er praktiziert seit zwanzig Jahren Yoga, den Zen-Weg, hält Vorträge und leitet das Dharma-Zendo in Nottuln. Als Reiki-Meister und -Lehrer gibt er Einweihungen in Reiki.

In den letzten Jahren veröffentlichte er ein Yoga- und ein Zen-Buch. Ein kleiner Teil seiner Haiku sind in einer Anthologie erschienen.

*Für meine Söhne
Julian-Marco,
Aaron-Helge
und
alle Kinder dieser Welt*

Jetzt sind wir hier.
Was jetzt geschieht, geschieht durch uns!
Anna Seghers

Vorwort

Am 13. September 2001 - zwei Tage nach dem verheerenden Terroranschlag von New York und Washington - erklärte der Dalai Lama in CNN der verwirrten Interviewpartnerin: „This is a big chance for non-violence, a big chance."

Was er damit meinte, ist so einfach wie einleuchtend: Dieses Attentat muss endlich zu einer Wende führen. Dieses Attentat muss endlich den Weg freimachen für ein neues Bewusstsein: Wir leben in *Einer Welt*, in einer Welt, die nicht länger eingeteilt sein darf in Arm und Reich, in Gut und Böse, in Schwarz und Weiß, in Du und Ich. Zukunft hat nur eine Welt, die allen Menschen ein würdiges Leben in Frieden und Freiheit ermöglicht.

Die Welt ist längst ein globales Dorf geworden. Hermann J. Mürmann geht in diesem Buch über diesen Ansatz hinaus: Die Welt ist eine Familie. Alle Menschen sind Mitglieder dieser Familie, sind Schwestern und Brüder. Und selbstverständlich funktioniert auch diese Welt - wie die Familie - nur, wenn unsere Fürsorge allen Mitgliedern gilt, wenn jeder mit Liebe und Achtung sich selbst und den anderen begegnet. Das gilt auch für „Täter". Das gilt auch für rechtsradikale jugendliche Schläger. Das gilt auch für Terroristen und Terrororganisationen.

Auf der Trauerfeier am 3. Mai 2002 in Erfurt, wo wenige Tage zuvor ein Schüler Amok lief und sechzehn Menschen und danach sich selbst erschoss, brachte Bundespräsident Rau es in seiner Rede auf den Punkt: „Was immer ein Mensch getan hat - er bleibt ein Mensch!" Jeder Mensch sei wertvoll durch das, was er ist, und nicht durch das, was er kann oder tut. Nicht die Abspaltung, erst recht nicht die Eleminierung gewalttätiger gesellschaftlicher Elemente bringt Frieden. Es geht um Integration. Was wir brauchen, sind auch keine neuen Feindbilder, sondern Freundbilder, die Wege der Entfeindung ermöglichen - ein Appell, der auch selbstkritisch an die Friedensbewegung zu richten ist.

Wie soll eine Realisierung dieses Bildes der *Einen Familie* nun möglich sein? Ist sie überhaupt denkbar? In diesem Buch werden dafür Perspektiven aufgezeichnet. Auf der Basis seiner langjährigen Erfahrungen als Psychotherapeut beschreibt der Autor schonungslos verhängnisvolle Entwicklungen der Menschen im Umgang mit sich selbst und mit anderen und deckt dabei die dahinter liegenden Konfliktstrukturen auf. Deutlich wird, dass zum Beispiel Terror nicht nur „Al Quaida" ist, sondern auch Kindesmissbrauch, Sextourismus, Kinderarbeit, Verseuchung der Böden und der Luft und vieles mehr. Unser eigenes Verhalten, das Verhalten eines jeden Einzelnen steht auf dem Prüfstand. Und dies ist oft von großer Respektlosigkeit gezeichnet - Respektlosigkeit gegenüber anderen Menschen, gegenüber Tieren, gegenüber der Umwelt und letztlich gegenüber sich selbst. Nur wer sich selbst mit Respekt und Liebe begegnet, ist in der Lage, auch seine Umwelt zu respektieren und zu lieben, ist friedensfähig. Der Weg zum großen Frieden führt über die Entdeckung des inneren Friedens, über den Kontakt eines jeden Menschen mit seiner eigenen Göttlichkeit.

Wer dieses Buch liest, macht sich auf den Weg dorthin. Der Autor begibt sich in einen tiefen und intensiven Dialog mit der Leserin und mit dem Leser. Fast wird das Lesen dieses Buches zu einer Meditation - eingebunden sind viele anregende, manchmal ungewöhnliche Experimente. Begeben Sie sich auf eine Reise - eine Reise durch die Kapitel dieses Buches! Es ist eine Reise durch die Kapitel des Lebens. Es ist auch eine Reise zu sich selbst.

Keineswegs wird damit einem oberflächlichen Ego-Zentrismus das Wort geredet. Auch nicht einer abgehobenen Spiritualität, die gesellschaftliche Realität nicht mehr wahrnimmt und nicht mehr erreicht. „Wer sich selbst entwickelt, tut Gutes", heißt eine buddhistische Weisheit. „Dienst an sich selbst, ist Dienst an der Welt", nennt Hermann J. Mürmann dies. Wahre Spiritualität zeigt sich im Alltag.

Das vorliegende Buch hat diesen Ansatz umgesetzt, zeigt neue Wege für einen friedvollen und liebevollen Alltag auf. Und so ist dieses Buch auch ein engagierter und gesellschaftskritischer Appell. Es geht um eine menschliche Entwicklung, um eine menschliche Gesellschaft.

Dieses Buch rüttelt wach. Es ist ein zutiefst politisches Buch.

Jeder hat die Chance, sich dafür zu entschließen, an der Verwirklichung des Friedens, an der Entwicklung von Gerechtigkeit und an der Bewahrung der Schöpfung teilzunehmen. Der Ausstieg aus der Spirale der Gewalt und der Respektlosigkeit ist notwendig. Er führt - wie der Titel dieses Buches impliziert - über die Liebe und zur Liebe.

Fangen wir heute damit an!

Knüpfen wir ein Netzwerk der Liebe und des Friedens!

Juni 2002

ROBERT HÜLSBUSCH, Bundessprecher der Deutschen Friedensgesellschaft (DFG-VK)

*Von wem hängt es ab,
ob die Schritte, die **Ich** tue
Friedensschritte sind?*

INHALT

Vorwort	6
Der verloren gegangene Respekt	15
Das wunderbare Leben	25
Der Krieg gegen das eigene Selbst	39
Leben bedeutet in Beziehungen stehen	57
Der Fremde von nebenan	81
Schule, die Brutstätte der Respektlosigkeiten	105
Unter-nehmen wir etwas oder bleibt es in der Wirtschaft so wie es ist?	133
Friss oder stirb	163
Es war einmal...	181
Leid und Krankheit	199
Bruder Tod	221
Terrorismus	243
Liebe und Frieden	289
Literaturverzeichnis	302

*Den faulen Apfel
Nimmt die Erde liebend auf
Welch große Demut!*

Der verloren gegangene Respekt

Das Wort Respekt kommt aus dem Lateinischen und bedeutet Achtung und Ehrfurcht. Respekt ist immer bezogen auf etwas. Seien es Menschen, Tiere, Pflanzen, Mineralien oder Luft und Wasser. Zu allen Dingen dieser Welt gehen wir bewusst oder unbewusst Beziehungen ein. Wir können nicht beziehungslos leben. Über viele Begegnungen, die in unserem Alltag stattfinden, machen wir uns keine Gedanken. Achtlos schmeißen wir Müll aus dem Auto, verpesten die Luft, schlagen Spinnen tot, reißen Pilze aus, grüßen unseren Nachbarn nicht, zerstören die Ozonschicht. Beziehungen, in welche Richtung auch immer, finden statt, ob wir dies reflektieren oder ignorieren, spielt dabei keine Rolle, es ist einfach so. Dabei ist es unerheblich, wie lange oder intensiv eine Beziehung oder Begegnung ist.

Unser ganzes Universum, im Großen wie im Kleinen besteht aus Verbundenheit. Verbundenheit von allem mit allem. Aus dieser Verbundenheit entsteht die Verpflichtung der Anerkennung des existenziellen Rechts auf Sein, in Würde und Frieden. Jedes Lebewesen, die belebte und die unbelebte Natur hat ihre Daseinsberechtigung. Jeder von uns trägt die Verantwortung, dazu beizutragen, dass dies so bleibt. Jeder kann für sich entscheiden, wie er mit dieser Verantwortung umgeht.

Das sinnvolle Ineinandergefügtsein aller Beziehungen zwischen den Sonnen, Sternen und Planeten im Kosmos ist vergleichbar mit unserem Körper und den miteinander verbundenen Organen und Körperbereichen. Schädigen wir einen Teil, hat dies Auswirkungen auf unsere gesamte Gesundheit. Es fällt uns bei diesem Vergleich wesentlich leichter, die Zusammenhänge auf der Körperebene zu erkennen, als die Abhängigkeiten im Weltall wahrzunehmen. Das hängt damit zusammen, dass wir die Reaktionen schneller und direkter in unserem Körper erleben und nachvollziehen können. Viele Vorgänge auf der Welt machen sich erst nach Jahren oder Jahrzehnten bemerkbar, obwohl vom ersten Moment an die Entwicklungsrichtung bestimmt ist. Ob die Bodenerosion in Afrika verheerende Auswirkungen für die Bevölkerung hat oder nicht, kümmert uns nicht direkt, da wir nicht unmittelbar erkennbar in diesen ökologischen Prozess eingebunden sind. Tierseuchen hingegen, wie die Maul- und Klauenseuche, deren Folgen uns als Konsumenten unmittelbar betreffen, lassen uns sofort handeln.

Der Himmel und die Erde schenken uns das, was wir zum Leben benötigen und gehen eine freie, nicht an Bedingungen geknüpfte Beziehung zu uns ein. Respekt würde bedeuten, diese Tatsache anzuerkennen, zu würdigen und darauf in einer Weise zu antworten, die von einem verantwortungsbewussten, achtsamen, liebevollen Umgang mit der Erde und dem Himmel geprägt ist.

Auch die Beziehungen zwischen uns Menschen sind viel komplexer als wir gemeinhin annehmen. Wir sind nicht nur mit unseren nächsten Freunden verbunden, sondern auch mit jedem anderen Menschen auf dieser Welt. Einen Menschen achten, heißt, ihn mit wohlwollenden Augen zu betrachten.

Machen Sie ein kleines Experiment. Stellen Sie sich einen Menschen vor, aber zuerst jemanden, den sie mit Missfallen betrachten. Wie wirkt sich dies auf Ihre Gesichtszüge aus? Vielleicht erleben Sie, wie sich Ihre Stirn etwas in Falten legt, Sie einen düsteren Gesichtsausdruck bekommen. Wenn Sie jetzt Ihr inneres Bild ändern und sich einen Menschen vorstellen, den Sie achten, was passiert mit Ihrer Mimik, wie ändert sich Ihr Gesichtsausdruck? Legt sich nicht eine kleine Spur von Freundlichkeit in Ihr Gesicht? Glätten sich nicht Ihre Gesichtsmuskeln? Schauen Sie nicht von ganz alleine freundlicher? Bedenken wir für uns, wie es uns persönlich geht, wenn Menschen uns begegnen und uns freundlich anschauen und uns mit Achtung begegnen. Es tut einfach gut! Es wirkt auf uns wie ein klein wenig Sonne am sonst bedeckten Himmel.

Begegnen uns Menschen mit Achtung, berührt dies den Teil in uns, der angenommen und respektiert werden will und wir schwingen mit Freundlichkeit und Respekt zurück. Missachtung hingegen ruft Abwehr, Rückzug oder Aggressionen hervor und eine weitere Begegnung wird durch negative Gefühle bestimmt. Die Verletzungen, die aus respektlosem Verhalten anderer Menschen ausgelöst werden, können ein so großes Ausmaß annehmen, dass sie sogar einen Menschen in eine derartige Not bringen, dass er sich das Leben nimmt.

1999 nahmen sich 11.157 Menschen zwischen 10 und über 90 Jahren das Leben.

Menschen, die in den selbstgewählten Tod gehen, befinden sich in einer absoluten existenziellen Notsituation. Sie sehen keinen Ausweg mehr. Und diese Not hat ihre Geschichte, sie findet in einem gesellschaftlichen Zusammenhang statt und sie ist eng verknüpft mit dem sozialen Umfeld, wie dem Elternhaus und der Schule.

Jeder Mensch möchte geachtet und liebevoll behandelt werden, so wie er ist, unabhängig von seiner äußeren Erscheinung, Herkunft oder Religionszugehörigkeit. Wenn wir respektvoll handeln wollen, bedeutet dies, immer darauf bedacht zu sein, den Menschen nicht in seiner Würde zu verletzten. Sei es durch unsere Worte, Blicke oder unser Handeln.

Sicherlich, *„Die Würde des Menschen ist unantastbar"*, heißt es in Artikel 1 des Grundgesetzes und dies wird in vielen Verfassungen anderer Staaten ähnlich geschrieben stehen. Aber wie sieht die Realität aus? Würde dieser Artikel seit Bestehen des Grundgesetzes Eingang in das Denken und Handeln der Menschen gefunden haben, hätte der Deutsche Bundestag am 6.7. 2000 die Gesetzesänderung des § 1631 Abs.2 BGB nicht verabschieden müssen. Es heißt dort:

„Kinder haben ein Recht auf gewaltfreie Erziehung. Körperliche Bestrafungen, seelische Verletzungen und andere entwürdigende Maßnahmen sind unzulässig."

Verhelfen wir gemeinsam diesen Worten dazu, Realität zu werden.

Ehrfurcht ist ein Schritt in diese Richtung, den wir praktizieren können, und sie geht noch über Achtung hinaus. Sie ist ein noch tieferer Ausdruck des Respekts gegenüber etwas anderem. Es beinhaltet noch ein Staunen und einen bewundernden Blick für die Eigenart des Gegenübers. Ehrfurcht hat etwas von dem kindlichen Schauen gegenüber den Wundern der Natur. Ehrfurcht sieht die Einzigartigkeit im anderen und stellt sich selbst nicht darüber. Sie ist frei von Hochmut und schaut zu den Dingen dieser Welt aus einer demutsvollen Haltung, wohl wissend, dass kein Ding dieser Welt geringer ist als es selbst.

Respektlosigkeiten geschehen immer in einem bestimmten Kontext, durch den sie hervorgerufen bzw. gestärkt werden. Und dazu gehören:

- ein Wirtschaftssystem, welches das Profitstreben als Maxime sieht, ohne den Menschen in seiner geistigen, seelischen und körperlichen Entwicklung in den Vordergrund zu stellen und in ihrer theoretischen und praktischen Ausrichtung die Schöpfung der Natur nicht bewahrt,
- unsere Konsum- und Wegwerfgesellschaft, welche nicht die Ressourcen unserer Erde ausreichend berücksichtigt und zu wenig auf erneuerbare Energien, wie Wind und Sonne zurückgreift,
- jede wissenschaftliche Forschung und Entwicklung, die zum Schaden der Menschheit und der Natur führt.
- Konzerne, die mit Idealwelten werben und rechtlose Arbeiter, Kinder und Frauen ausbeuten,
- eine Weltbank, die Kredite vergibt ohne Rücksicht auf Umweltfolgen,
- der Internationale Währungsfond, der mit Krediten Empfangsländer in soziale und ökologische Krisen führt,

- eine Globalisierung, durch die weltweit Sozial- und Umweltstandards sinken und die Kluft zwischen Arm und Reich vergrößern,
- die G8-Staaten (wichtigsten Industriestaaten), die über die 181 anderen Uno-Mitgliedsstaaten entscheiden,
- unser Bildungssystem, das die Selbsterkenntnis, Herzensbildung und das Eintreten für Minderheiten und den Widerspruch gegen Unrecht nicht als wichtige Bestandteile des Lehrens erkennt,
- eine Gesellschaft, welche die Frei-Zeit zur Termin-Zeit und in eine Du-musst-aktiv-konsumieren-Zeit umwandelt,
- eine Welt, in der die Stille nicht geschätzt wird und keinen Platz hat.

Heute, nach dem 11. September 2001 mit dem fürchterlichen Anschlag auf das World Trade Center und das Pentagon, bei dem über 3000 Menschen umkamen, wissen wir, dass auf diesem Nährboden von struktureller Gewalt sich ein fanatischer und zerstörerischer Terrorismus entwickeln kann, der allen bisher erlebten Terror durch seine Kaltblütigkeit und sein Menschenleben verachtendes Morden übertrifft. Es ist eine Potenzierung der Respektlosigkeit in eine Dimension des Unfassbaren.

Wir alle, die wir in dieser oder anderen Gesellschaften aufwachsen, unterliegen mehr oder weniger stark den ökonomischen und politischen Einflussgrößen und Zwängen und müssen uns mit ihnen auseinander setzen. Auch wenn wir eine bewusste Auseinandersetzung vermeiden und dem gesellschaftlichen Sein keinen eigenen Stempel in unserer nahen Umwelt, unseren Lebensbereichen aufdrücken, so ist doch gerade dieses Nichts-Tun sehr bestimmend für das Weiterbestehen alter Zustände, in der sich die Respektlosigkeiten weiter fortpflanzen und vermehren. Die gesellschaftlichen Zwänge dürfen nicht dazu führen, dass wir sie als Entschuldigung für unser eigenes respektloses Verhalten heranziehen. Wir können uns jeden Tag neu entscheiden, wie wir mit anderen Menschen umgehen, ob wir unseren Kindern zuhören, wenn sie uns von ihren Problemen erzählen wollen, ob wir unseren Hund treten oder unseren Müll aus dem fahrenden Auto werfen. Unsere Gesellschaft besteht aus vielen Menschen. In ihr leben wir höchstpersönlich als Individuen und halten die Verantwortung für unser Verhalten in eigenen Händen. Wir entscheiden, wohin wir unsere Aufmerksamkeit richten und welche Haltung wir einnehmen, gegenüber den uns umgebenden Dingen, den Pflanzen, den Tieren und den Mitmenschen.

Wir können heute, in diesem Augenblick, beschließen, mit unseren Respektlosigkeiten aufzuhören und uns auf den Weg der Gewaltlosigkeit begeben. Wurden wir selbst bisher verletzt, gekränkt, gedemütigt, können wir aus dem damit verbundenen Ärger, der Wut, dem Zorn, der Hilflosigkeit selbst andere verletzen. Dieses Verhalten ist nachzuvollziehen und wir können es auch argumentativ stützen, aber hilft es aus dem Kreislauf der Respektlosigkeiten herauszukommen? Bringt es unser Gegenüber zum Nachdenken oder verschärft es eher die Situation und das gegenseitige Verletzen? Begeben wir uns nicht mit jedem so gegangenen Schritt auf den gleichen Weg, wie die Menschen, die wir ablehnen und verurteilen? Was unterscheidet uns noch? Reicht die Rechtfertigung: „Ich habe ja nicht angefangen!" Verhalten sich nicht so die kleinen Kinder, die noch keine anderen Verhaltensmöglichkeiten gelernt haben? Natürlich können wir sagen, wir haben es auch noch nicht gelernt. Wäre es aber dann nicht an der Zeit, uns auf den Weg zu machen, uns innerlich zu stärken, damit wir anderen Menschen mit Respekt und Liebe begegnen können? Der leichtere Weg ist Gleiches mit Gleichem zu vergelten. Viel schwerer ist es, mit Ruhe und Gleichmut auf einen Menschen zu reagieren, der wissentlich oder unwissentlich respektlos ist und verletzt. Was wir nicht von Anfang an können, darf uns nicht davon abhalten, diesen Weg zu betreten.

Der Weg ist das Ziel heißt ein altes buddhistisches Sprichwort. Wichtig ist der Entschluss, jetzt loszugehen und uns voll und ganz zu bemühen, diesen Weg zu gehen.

An anderer Stelle werde ich den Weg beschreiben, die eigenen Respektlosigkeiten und die Wut gegenüber anderen Menschen und der Natur aufzulösen.

Während ich an diesem Buch arbeitete, geschah der terroristische Überfall auf New York, der die Welt aus den Angeln riss, sodass ich ein längeres Kapitel darüber schrieb.

In unserem Land mehrten sich in den Medien Berichte über rechtsradikale Übergriffe und die Auseinandersetzung mit dem Rechtsradikalismus wurde in der Öffentlichkeit stärker geführt.

Diese dramatische gesellschaftliche Zuspitzung, die mit Mord, Brandstiftung, Ausländerfeindlichkeit, Aufmärschen und NPD-Verbotsappellen einhergeht, lenkt mich verstärkt darauf, diesen Konflikt mit einzubeziehen. Der Schatten von Rechts ist vielleicht sogar der Anstoß, noch tiefer in die Zusammenhänge einzudringen, die mit Respektlosigkeiten zu tun haben. Der Schatten von Rechts weist uns auf etwas hin, von dem wir glaubten, es schon längst hinter uns gelassen zu haben. Rechtsradikalismus, Rechtsextremismus, Antisemitismus, Ausländerfeindlichkeit. Trotz der unterschiedlichsten Auseinandersetzungen mit dem Thema des Nationalsozialismus über Literatur, Film und Fernsehen taucht plötzlich eine erschreckende Vielzahl von Einzeltaten wie der Phönix aus der Asche auf, die eins gemeinsam haben: menschenverachtendes Gedankengut denen gegenüber, die anders oder fremd sind. Ob Obdachlose, Asylanten, Ausländer, Homosexuelle, Sozialhilfeempfänger, all diese unterschiedlichen Menschen werden Opfer von Verfolgung, Bedrohung, Verletzung und sogar Tod.

Mit meinen Gedanken zur Respektlosigkeit möchte ich nicht anklagen und schuldig sprechen. Mein Anliegen ist es, uns wachzurütteln, dort, wo wir

- uns an alltägliche Zustände gewöhnt haben,

- den Blick abwenden, anstatt genau hinzuschauen,
- die Ohren auf Durchzug stellen, weil es bequemer ist,
- unseren Mund verschließen, anstatt Stellung zu beziehen,
- weggehen, anstatt uns einzumischen,
- mit unseren Begierden, den anderen Menschen und die Natur aus den Augen verlieren,
- durch unseren Lebensstil Mitverursacher sind, für die Armut anderer Völker und die Ungerechtigkeiten in dieser Welt,
- mit unserer konsumierenden Lebensweise zur Gefährdung unserer Natur beitragen und wertvolle Ressourcen für immer vernichten,
- Fernsehnachrichten anschauen, ohne unseren eigenen Beitrag für die Gewalt in dieser Welt zu erkennen und sagen, die anderen sollen doch..., anstatt selbst zu beginnen.

Atemberaubend gelb
Am alten Burggemäuer
Die Forsythie steht.

Das wunderbare Leben

Unser Leben ist ein Geschenk! Wir können dies nur vollständig erfassen, wenn wir innerlich in der Lage sind, uns dem Leben gegenüber ganz zu öffnen. Betrachten wir das Leben aus der Sicht unseres Ichs, dann wird dieser Blickwinkel häufig orientiert sein an Erfolg, Anerkennung, Bedürfnisbefriedigung.

Sinnerfüllung und Glück im Leben wird so im Wesentlichen gesucht, durch Anhäufung und Sicherung materieller Güter, in welcher Form auch immer. Unser leicht zerrinnbares Glück wäre abhängig von dem Ergebnis unserer Habenseite. Haben wir viel, sind wir viel, haben wir wenig, sind wir wenig. Ein Großteil unserer Lebensenergie würde in diesen Bereich fließen und Sorgen und Ängste gehörten zu unserem Alltag, da wir immer befürchten müssten, die angehäuften Werte könnten sich verringern.

Aber was ist mit dem Leben, das sich in aller Bescheidenheit, in aller Entsagung von materieller Anhäufung abspielt? Gibt es dort ein Glücklichsein, eine Zufriedenheit, eine innere Harmonie? Ist andererseits der Mensch wirklich glücklich, der in seinem Leben, durch welche Umstände auch immer, seinen Reichtum mehren konnte? In diesem Zusammenhang erhebt sich die Frage danach, was das Leben überhaupt ausmacht, was der allgemeine Sinn des Leben ist.

Unabhängig von unserem Kulturkreis, von dem Lebensraum in dem wir leben, von der Arbeit, die wir verrichten, den Lebensgemeinschaften, denen wir angehören, kann sich kein Mensch, außer durch den Freitod, dieser Aufgabe, dem Leben zu begegnen und mit ihm umzugehen, entziehen. In meiner Arbeit als Psychotherapeut erlebe ich alltäglich, dass es so schrecklich traumatisierende Lebenserfahrungen gibt, sei es durch Gewalt in Form von sexuellem oder psychischem Missbrauch oder durch Folter und Krieg für Erwachsene, in stärkerem Maße natürlich für Kinder, die dazu führen können, dass diese Menschen als einzig mögliche Lösung den Weg in schwere körperliche oder geistige Krankheiten wählen müssen, um überhaupt zu überleben. Hier bedarf es sicherlich heilende, langwierige, therapeutische Behandlungen, bis die Betroffenen sich wieder in relativer Normalität dem Leben gegenüber öffnen können. Denn schwerwiegendes physisches oder psychisches Leid führt immer zu einer Verschlechterung oder gar Unterbindung des Kontaktes zu sich selbst, den Mitmenschen und der Natur.

Das Leben begegnet uns mit den uns umgebenden geografisch/klimatischen Gegebenheiten, mit seinen ökonomischen und gesellschaftlich/politischen Bedingungen, seinen kulturellen, religiösen, mystischen Vorstellungen. Die Vielschichtigkeit des Lebens, die sich besonders in unserer technisierten, hochrationalisierten und telekommunikativen Gesellschaft wiederfindet, verliert den Blick für die Einfachheit, die alltäglich erfahrbare Schönheit des Lebens. Unabhängig davon ob ich als Schuster, Maurer, Jurist, Arzt, Bischof oder Hausfrau durch das Leben gehe. Jedem scheint die Sonne, funkeln die Sterne zu, Bäume und Blumen blühen, es regnet oder schneit, Vögel singen oder Fliegen summen. Durch unsere Wahrnehmung, unseren Blickwinkel können wir ganz unterschiedlich mit dem Leben, das uns umgibt, umgehen. Manche Menschen können die schönen Dinge nicht ertragen, werden ärgerlich auf die Sonne, die blühende Blume, andere wiederum übersehen all das Herrliche, das ihnen auf ihrem Weg begegnet. Wir können aber auch unsere Aufmerksamkeit auf die Wunder, die Schönheit richten, die uns umgibt.

Es ist eine sehr heilsame und kraftgebende Weise zu leben, wenn wir die Schönheit der Natur in uns aufnehmen, indem wir achtsam atmen und uns mit allen Sinnen wieder für das Einfache, das Wunderschöne öffnen, das uns umgibt. Dieses Erleben vertieft sich, wenn wir erkennen und dieses Erkennen zur Erfahrung wird, dass wir Eins sind mit dem Schmetterling, der Blume, dem rauschenden Wind. In diesem Erkennen liegt auch die Rückbesinnung auf den verloren gegangenen Respekt gegenüber all den göttlichen Erscheinungsformen, die das Leben für uns bereithält. Das Gänseblümchen oder die Knoblauchrauke kann aber nur erblühen, wenn wir sie wahrnehmen. Es hängt von uns ab, ob wir sie übersehen, weil wir mit unseren Gedanken schon auf der Arbeit sind oder sie achtsam in uns aufnehmen und uns an ihrem Bild erfreuen.

Respekt sollte eine Grundhaltung unseres Lebens sein. Es ist die Würdigung der Existenz des Gegenübers, wer und was es auch immer sein mag. Respekt gibt nicht nur mir, sondern auch allen anderen das Recht da zu sein, so wie wir sind.

Menschen gleich welcher Herkunft und Hautfarbe könnten sich frei ohne Angst vor Übergriffen durch Rechtsradikale in unseren Städten und auf dem Lande bewegen. Respekt erhält und schafft natürlichen Lebensraum. Respekt würde die Gewalt an fühlenden Wesen verhindern, wie sie derzeit an vielen Stellen praktiziert wird. Sei es die artfremde Tierhaltung, tödliche Tiertransporte, Ausrottung gefährdeter Lebewesen oder Versuche mit Tieren. Respekt schließt aber ebenso die Gewalt gegenüber toten Gegenständen wie z.B. Schulbänken, Telefonzellen, Autos aus.

Es reicht nicht, dass wir Verbote oder Gebote formulieren, damit wir Menschen über eine Orientierung verfügen. Nein! Unsere Geschichte zeigt anhand des vergangenen Nationalsozialismus und der aktuellen neofaschistischen Entwicklung junger Menschen, dass allein aus den verfassungsrechtlich abgesicherten Menschenrechten sich noch keine Achtung gegenüber den Mitmenschen und Liebe untereinander entwickelt. Menschen benötigen Einsichten und Erfahrungen, die das Bewusstsein öffnen für das Eins-Sein der Menschen untereinander, gleich welcher Hautfarbe und Religion und für das Eins-Sein mit allem, was auf dieser Erde wächst und lebt, sowie das Eins-Sein mit dem gesamten Kosmos.

Jeder Einzelne trägt die Verantwortung seinem Leben einen Sinn zu geben. Entscheidet sich ein Mensch für seine Karriere, für die Erweiterung seines materiellen Wohlstandes oder für die Erreichung von Ansehen und Ruhm, dann würde das den Sinn seines Lebens ausmachen. Aber wir können uns fragen, was bleibt, wenn ein Mensch seine Tätigkeit, die er bisher in den Mittelpunkt seines Schaffens gestellt hat, nicht mehr ausführen kann? Welche Perspektive bleibt ihm, wenn Krankheit, Alter oder Arbeitslosigkeit sein Leben entscheidend beeinflussen? Hängt die Erreichung eines sinnerfüllten Lebens von dem ab, was wir mit unseren intellektuellen oder physischen Möglichkeiten in dieser Welt aufbauen?

Sicherlich ist die Frage nach dem Sinn des Lebens etwas, was den Menschen seit Ewigkeiten beschäftigt. In allen Kulturen auf dieser Erde entwickelten sich Vorstellungen, Gedankengebäude und Philosophien über den Sinn des Lebens. Die Fragen nach dem Warum, dem Woher und dem Wohin gehören zum Menschsein. Mir geht es nicht darum, Für und Wider von sinnstiftenden Lebensformen gegenüberzustellen und nach Gesichtspunkten der Logik und den Grundsätzen der Dialektik mehr oder weniger nachvollziehbare Schlussfolgerungen zu ziehen. Es gibt und es hat in der Vergangenheit genügend Menschen gegeben, die in ihren philosophischen Abhandlungen Meinungen vertreten haben, die ihrem Zeitgeist, den kulturell/religiösen Vorstellungen und ihren persönlichen Erkenntnisprozessen entsprachen. Ich möchte mich in diesem Kapitel auf das Naheliegende beziehen, auf das, was wir jeden Tag erleben, was unseren Alltag ausmacht. In der Begleitung von Hunderten von Menschen durch bestimmte Lebensphasen oder Entwicklungsprozesse stellte sich immer wieder für jeden Einzelnen die Frage nach dem Sinn des jeweiligen Tuns, nach den Perspektiven für die Zukunft, nach der Einordnung der Vergangenheit.

Halten Sie einen Moment inne und überlegen Sie, was diesen Augenblick ihres Seins ausmacht. Jetzt, wo Sie an Ihrem Platz sitzen, dieses Buch in den Händen halten und sich mit meinen Gedanken vertraut machen.

Gibt es einen Sinn, der außerhalb Ihres jetzigen Tuns liegt?

Ich meine, nein! Sie können diese Handlung des Lesens auf die Zukunft beziehen und versuchen ihr damit einen Wert, einen besonderen Sinn zu geben, aber letztlich ist dies nur ein Versuch ihres Egos, dem derzeitigen Tun gedanklich etwas hinzuzufügen. Natürlich beeinflusst unser gegenwärtiges Tun unser zukünftiges Handeln, dies ist aber etwas anderes. Habe ich gerade zu Abend gegessen, ist mein Körper gesättigt und benötigt bis zum Morgen nichts mehr. Wurden die Blumen gerade gegossen, wird dies erst in zwei Tagen wieder nötig sein. Ist ein Konflikt in der Partnerschaft gelöst, wirkt es sich positiv auf das gemeinsame Miteinander aus. In diesen Beispielen beeinflusst unser Tun die Zeit, die auf unsere stattgefundene Aktivität folgt, die Zukunft. Wir können keine Dinge vollziehen, die folgenlos bleiben und auf das Kommende keine Auswirkungen haben. Sei es nur das Einatmen, das mein Leben verlängert, oder der Gedanke über etwas, der ein Bild erschafft, das mit in die Zukunft einfließt. Das Entscheidende, um das es geht, ist, ob ich in diesem Augenblick anwesend in meinem Tun bin und dieses Tun in seiner Tiefe für mich erlebbar wird, indem ich mit ihm eins werde. Wenn wir jetzt fleißig sparen, verfügen wir später über viel Geld. Sind wir jetzt besonders ehrgeizig und lernen intensiv, können wir später eine große Karriere machen. Nicht dass ein derartiges Verhalten zu verurteilen wäre. Worum es mir geht, ist deutlich zu machen, dass unser Leben in diesem Augenblick stattfindet und auch nur in diesem Augenblick, hier und jetzt gelebt werden kann und nicht in der Zukunft. Die nahe oder die ferne Zukunft wird früher oder später zur Gegenwart werden, aber dieser Moment ist Hier und Heute einzigartig, nicht wiederholbar und wird für alle Zeiten zur Vergangenheit gehören. Die Früchte unseres Handelns in der Gegenwart können wir erst in der Zukunft ernten, wenn diese zur Gegenwart geworden ist. Natürlich ist es deshalb sinnvoll einen Obstbaum zu pflanzen und Samen in die Erde zu legen. Aber bitte, dieser Augenblick des jetzigen Tuns ist der Einzige in Ihrem Leben, der von Ihnen gelebt werden kann. Über die anderen Augenblicke, die noch kommen werden, können Sie allenfalls Gedanken entwickeln, aber mehr auch nicht. Aus diesem Grunde kommt Ihnen die Erfahrung der Tiefe des Lebens abhanden, wenn Sie den Sinn Ihres Tuns in die Zukunft verlagern.

Wir Menschen, vielleicht besonders die in den hochentwickelten Industriestaaten, geben allem Tun ein Ziel. Nichts darf sinnlos sein, sondern alles muss auf etwas hin ausgerichtet sein, muss ein Ergebnis in irgendeiner Form zeitigen. Sollte dies auch noch zehn Jahre dauern, aber dann muss was Greifbares in den Händen zu halten sein. Auch unser Bildungssystem ist im Wesentlichen auf planvolles, zielorientiertes Verhalten ausgerichtet. Nur wenige Pädagogen setzen sich dafür ein, wenigstens in der frühkindlichen Entwicklung einen Raum zu belassen, in dem die Kinder zweckfrei und „sinnlos" spielen dürfen. Wie sollen wir als Erwachsene einfach nur Da-Sein können, in den gegenwärtigen Moment versinken, die Tiefe des Lebens in diesem für uns einzig erfahrbaren Augenblick ergreifen können, wenn wir diese ursprünglich kindliche Fähigkeit verlernt haben? Wie sollen wir das Hier und Jetzt mit seinen Wundern erleben, daran teilhaben, mit ihm einswerden können, wenn wir das wirkliche Leben, das sich uns in diesem einen Moment, jetzt und hier offenbart, nicht als die einzige Weise überhaupt zu leben begreifen?

Wach werden für das Geschehen in diesem Augenblick, ist das sich Herauslösen aus der Respektlosigkeit gegenüber dem Leben. Wir würdigen unser Leben nicht ausreichend, wenn wir es verstreichen lassen und vielleicht erst in unserer Todesstunde erkennen, wie wir es hätten leben können, dieses unser vergangenes Leben.

Unsere Respektlosigkeit gegenüber dem Leben entspringt meiner Meinung nach nicht aus einer gewollten Ablehnung gegenüber dem Leben, sondern aus einer fehlenden Anleitung, die Tiefe des Lebens zu erfassen. Ich sage dies, weil der größte Teil meines eigenen Lebens an mir vorbeiging, ohne dass ich das Wunder des gegenwärtigen Augenblicks ganz in mich hätte aufnehmen können. Noch heute gibt es genügend Momente, die durch meine Unachtsamkeit vergehen, an mir vorbeirauschen und ich erst im Nachhinein erkenne, dass ich sie nicht voll und ganz erfasst habe und nicht mit meiner ganzen Person anwesend war.

Immer wieder versucht die alte Struktur der Eile, ohne Konzentration auf die Gegenwärtigkeit sich einzuschleichen und mich mit dem Blick auf das anzustrebende Ziel, um die Achtsamkeit auf den jetzigen Schritt und den jetzigen Atemzug zu bringen. Es ist nicht so, dass Ziele überflüssig, ja sogar schädlich sind. Nein, das Ziel jemanden zu besuchen, einen Beruf zu erlernen, sich einer spirituellen Auseinandersetzung zu öffnen und alle weiteren kleineren und größeren Ziele gehören zu unserem Lebensalltag und geben Orientierung. Nur ist es von großer Bedeutung, ob wir auf diesem Weg zu unserem Ziel auch voll und ganz den jetzigen Standort und den gegenwärtigen Augenblick erfassen und erleben oder ob wir mit unserem Ziel im Kopf, die Blume am Wegesrand übersehen und den Menschen nicht wahrnehmen, der uns sein Lächeln schenkt.

Das Unglück vieler Menschen ist, dass sie nicht mehr die Wunder des Lebens sehen, sondern nur noch in einer Oberflächlichkeit das Leben an sich vorbeirauschen lassen und in ihren Schwierigkeiten und Problemen verhaftet sind. Der Schmetterling, der gerade auf ihrem Weg zur Arbeit an ihrer Nase vorbeifliegt, der freundliche Blick eines Autofahrers an der roten Ampel neben ihnen, die Hummel, die nektarsuchend in der Blüte der Taubnessel verschwindet, die hüpfenden Regentropfen auf dem dampfenden Asphalt bei einem sommerlichen Regenschauer, der scheue Zaunkönig, der sich zwitschernd kundtut, gehören zu den wertvollen Augenblicken im terminreichen Alltag des Menschen, die er nicht übersehen bzw. überhören sollte.

Zu den Wundern der Natur können wir jeden Augenblick eine Beziehung herstellen, auch in diesem Moment, in dem Sie diese Zeilen lesen! Werden Sie sich bewusst, dass Ihre Augen diese Buchstaben erkennen können, schauen Sie sich um. Sie können sehen! Welch ein Wunder! Natürlich, es ist eine banale Alltäglichkeit, die ich Ihnen nicht erst sagen muss. Aber genau dies ist ja der Punkt, um den es geht. Wir leben dahin, benutzen unseren Körper mit allen seinen wundervollen Möglichkeiten, aber wir haben den Bezug zu dieser Großartigkeit verloren. Wir können uns nicht mehr darüber freuen und dabei lachen, wie damals als wir noch ein kleines Kind waren, das zum ersten Mal erlebt, ich kann etwas greifen und wieder fallen lassen, mit der Hand einen kleinen Stein umschließen, ihn festhalten und hochnehmen und auch wieder loslassen. Wir entdeckten unsere beiden Hände, mit denen so etwas Einzigartiges möglich ist. Ein Wunder! Und heute? Es ist nicht anders geworden, Sie können dieses Buch festhalten, umblättern und es wieder zur Seite legen. Ein Wunder! Aber wir wundern uns nicht mehr, lächeln diesen unseren Händen, diesem Wunder nicht mehr zu. Ach ja, wir haben Wichtigeres zu tun, müssen Wesentlicheres erledigen. Sie haben Recht. Wir können uns nicht den ganzen Tag mit all diesen Wundern befassen. Bis wir von Kopf bis Fuß alle Wunder erspürt haben vergeht eine Zeit. Aber stellen Sie sich vor, Sie würden anstatt am Abend sich mal wieder grübelnd den Kopf über irgendwelche Alltäglichkeiten zu zerbrechen, sich aufrecht auf ein Kissen oder eine zusammengefaltete Decke setzen, sich eine Kerze anzünden und in aller Ruhe Ihre Organe bewusst wahrnehmen, die sie schon seit Jahrzehnten wundervoll am Leben erhalten. Sie würden jedem einzelnen Organ, dem Herzen, der Leber, dem Darm, usw. nacheinander Ihre ungeteilte Aufmerksamkeit, verbunden mit einigen bewussten Atemzügen schenken und ihnen für ihren Dienst ein zartes inneres Lächeln schenken, das ein klein wenig Ihr Gesicht verzaubert. Entspannung, Wohlgefühl und Frieden würde in dieser Zeit in Ihnen Einkehr halten. Einfach so, ohne Anstrengung und Druck und ohne Ihnen die wertvolle Zeit für die anderen wichtigen Tätigkeiten zu rauben. Diese Erfahrung könnte Sie ermuntern, sich eventuell einmal am Tag auf einen Körperbereich zu konzentrieren, Ihre Atmung dabei wahrzunehmen und diesem Körperteil ein Lächeln zu schenken. Es ist natürlich auch möglich, dass Ihnen die Erfahrung von Ruhe und Wohlgefühl so viel Freude bereitet hat, dass Sie sich jetzt regelmäßig für zehn bis zwanzig Minuten Zeit nehmen, um sich Ihrer selbst zu besinnen.

Besinnen wir uns auf uns selbst, besinnen wir uns auch auf das Leben, denn wir sind das Leben. Zeiten der Besinnung fördern die innere Begegnung mit uns selbst, dadurch lernen wir uns besser kennen, erfahren mehr über uns. Diese innere Begegnung ist mit Zulassen und Loslassen verbunden. Das tiefere Schauen lässt uns innere Zusammenhänge erkennen und gibt uns die Möglichkeit, alte einengende Muster und Verhaltensweisen aufzugeben, sie über Bord zu schmeißen, loszulassen. In diesem Loslassen liegt gleichzeitig ein neues Zulassen, das uns näher zu uns selbst bringt. Wir sind als Person mehr da, sind wesenhafter. Hier machen wir einen entscheidenden Schritt ins Leben, indem wir das Leben aus uns heraus neu, vielfältiger gebären. Bleibt eine Rose immer nur in ihrer Knospe und zeigt sie sich nicht in ihrer ganzen Pracht wären wir enttäuscht, da wir sie in ihrer Schönheit erleben wollen, in ihrer ganzen Fülle mit ihrem Duft, ihrer Farbe und ihren Stacheln. Eine Rose lebt sich ganz und verwirklicht ihr Rosendasein vollkommen. Sie lebt sich ohne Wenn und Aber und darin liegt ihr Sinn. Ganz aus ihrem Wesen heraus sich zu verwirklichen, sich dar-zu-leben, bis sie verblüht und in einer neuen Weise weiter lebt. Sollte es für uns anders sein? Ich meine nicht. Auch für uns gilt, unser Leben zu leben aus der Tiefe unserer Mitte heraus, der zu werden, der wir wirklich sind.

Untrennbar ist die Achtung vor dem eigenen Werdeprozess, verbunden mit der Achtung vor dem Leben und umgekehrt, ist die Achtung vor dem Leben mit der Achtung vor dem eigenen Menschsein gekoppelt. Geöffnete Augen für den Maikäfer am Grashalm und das Empfinden seiner einzigartigen Schönheit öffnen uns auch die Augen für unsere eigene Schönheit. Diese Sichtweise ist eine Hinwendung an das Leben überhaupt. Jederzeit können wir uns auf die Schönheit und den Reichtum der Natur besinnen. Neben den alltäglichen Schwierigkeiten, die sich in der Erziehung von Kindern, durch die Arbeit im Berufsleben und durch das Miteinander von Menschen ergeben können, ist es eine wundervolle, erneuernde, kraftgebende Weise so zu leben, indem wir täglich immer wieder einmal innehalten und uns erfreuen an der herrlichen Vielfältigkeit, die sich in jedweder Erscheinungsform ausdrückt. Verlieren wir den Respekt vor dem Leben, haben wir auch den Respekt vor uns selbst verloren. Menschen, die zu dem für sie unausweichlichen Entschluss gekommen sind, sich selbst das Leben zu nehmen (und davon gibt es in jedem Jahr Tausende und gerade auch immer wieder in jungen Lebensjahren) sind weggerückt von ihrem Wert, ihrer Schönheit. Sie haben den Sinn in ihrem Leben verloren, vielleicht hatten sie auch in ihrem bisherigen Leben nie das Gefühl, dass es sich wirklich zu leben lohnt.

Wann immer Sie die Möglichkeit haben umzukehren, tun Sie es! - Jetzt!

Wie weit und wie lange wir auch den Weg in die andere Richtung, die Richtung der Enttäuschung, des Alleinseins gegangen sind, wir können jetzt Halt machen und uns besinnen. Und wir können umkehren. Jetzt, nicht irgendwann!

Schließen Sie einfach für einige Augenblicke das Buch und nehmen Sie Ihren Atem wahr, das langsame Ein- und Ausatmen. Wenn Ihnen dabei Gedanken und Gefühle begegnen, nehmen Sie diese wahr und gehen Sie zurück zu Ihrer Atmung, ohne Anstrengung, einfach den Atem mit Ihrer Achtsamkeit begleiten. Versuchen Sie es!

Was haben Sie erlebt? Vielleicht gab es viele, für Sie „störende" Gedanken, Dinge die Sie abgelenkt haben. Es ist auch möglich, dass Sie für einige Augenblicke dem Atem folgen und sich dann nicht mehr auf ihn konzentrieren konnten. Viele verschiedene Erfahrungen gibt es und alle sind richtig. Lernen Sie, sich damit zu akzeptieren. Gehen Sie womöglich die ersten Schritte, sich so anzunehmen, wie Sie sind. Es kann auch sein, dass Sie vorhin eine neue Nähe zu sich gespürt haben, über Ihre achtsame Atmung tieferen Kontakt zu sich selbst erleben konnten. Die Atmung wahrnehmen, heißt, sich selbst in seiner Lebendigkeit erleben, teilnehmen am Leben. Hieraus erwächst langsam eine neue Freude, sich, dem Leben zu begegnen. Wie groß die Schwierigkeiten und Probleme auch immer waren, das Leben darf freudvoll sein. Niemand kann uns verbieten, die Arme zur Sonne hin auszubreiten und uns mit achtsamer Atmung den wärmenden Sonnenstrahlen hin zu öffnen. Die Sonne scheint auch für uns, für mich, der da jetzt steht und lernen möchte, sich an dem zu erfreuen, was ihn umgibt und was ihm gut tut.

Das Leben kann sehr schwer sein. Krankheit, Krieg, Tod, sexueller und psychischer Missbrauch, Verlust und vieles andere mehr kann dazu führen, dass wir uns verschlossen haben, uns selbst und dem Leben gegenüber. Wie sehr unser Herz verletzt sein mag, die Sonne scheint weiter, die Vögel singen noch und die Blumen blühen immer wieder neu. Es gibt einen Weg sich dem Gegenüber wieder zu öffnen. Achtsam atmen und seine Sinne zur Natur hin öffnen. Immer wieder und immer wieder. Es mag sein, dass wir zunächst mit unserem Schmerz, unserer Trauer oder anderen Gefühlen in Kontakt kommen, aber auch das gehört zu uns, sind wir. Nennen wir es die schmerzvolle, unerlöste Seite in uns. Meine liebevolle Achtsamkeit und die Sanftheit meiner Atmung durchdringen auch diese Mauer und nach und nach nehmen wir uns wieder wahr, fühlen unser Innerstes und die Trauer darf mit jedem Atemzug abfließen und sich verabschieden, bis wieder Freude, Harmonie und Ruhe einkehrt. Jeder kann es nur für sich tun. Vielleicht ist es auch gut, einen lieben Menschen bei sich zu haben und ihn daran teilhaben zu lassen. Jeder ist es wert und das Leben ist es wert. Lassen Sie sich nie entmutigen. So wie die Wellen des Meeres sich nicht entmutigen lassen und immer wieder zum Strand und gegen die Felsen anrollen, begleiten Sie achtsam Ihren Atem. Wenn ich dieses schreibe, spüre ich eine tiefe Verbindung zu Ihnen, wo und wer Sie auch immer sein mögen. Wir können gemeinsam achtsam atmen und uns zulächeln, weil wir jetzt in Kontakt mit uns, unserer Lebendigkeit und dem Leben sind.

Jedes Kind, wenn es nicht unter so schrecklichen und menschenverachtenden Lebensbedingungen aufwachsen muss, wie ich es im Kapitel über den Terrorismus beschreibe, kann aus vollem Bauch lachen und sich freuen, über ein Blatt, das vom Baum fällt, über Hunde, die über die Wiese tollen. Es kann fasziniert sein von einem Regenwurm, der sich über die Erde schlängelt und von einer Biene, die nach Nektar sucht.

Wir als Erwachsene müssen dafür sorgen, dass dies nicht nur unsere Kinder, sondern alle Kinder auf dieser Welt erfahren dürfen und nicht verlernen.

Als Eltern, Lehrer, Erzieher, Ausbilder und Politiker sind wir gefordert, eine Welt zu gestalten, die Freude in unsere Herzen sät. Das Leben, das einen jeden Menschen erwartet, sollte hoffnungsvoll und sinnvoll vor ihm liegen.

Kindergärten, Schulen, Ausbildungsstätten und Universitäten sollten den jungen Menschen praktisch dazu anleiten, sich zu lieben, zu freuen und liebevoll miteinander umzugehen.

Wahres Angesicht
Du, mir noch so unvertraut
Schmerzvoll die Geburt.

Der Krieg gegen das eigene Selbst

Wir, die wir als Erwachsene uns jetzt mit unserem Sein und dem Sein unserer Kinder auseinander setzen, können zwei wesentliche Wege gehen. Der eine Weg ist der Weg der inneren Auseinandersetzung mit uns selbst, mit dem „wie sind wir so geworden, wie wir heute sind", und der andere ebenso wichtige Weg ist, wie können wir unsere Kinder darin unterstützen, sich selbst zu finden.

Hilfreich ist es, uns noch einmal das Selbst vor Augen zu führen und sich der Prozesse bewusst zu werden, die zu seiner Bildung beitragen.

Das Selbst lässt sich als „Kern unserer Persönlichkeit" beschreiben. Alle innerseelischen Vorgänge laufen dort zusammen und werden in ihrer Gesamtheit durch das Bewusstsein bewertet und reflektiert. Ein „gesundes" Selbst integriert alle Erlebnisse und Erfahrungen, findet zu einem konstanten, unabhängigen Selbstbild, das mit ausreichender Selbstliebe und Selbstwertgefühl ausgestattet ist.

Dieses Bild, was ich von mir selbst habe, ist bedeutend für mein Da-Sein in dieser Welt. Damit es sich entsprechend positiv entwickeln kann, benötigt es natürlich besonders in der frühen Säugling- und Kleinkindzeit anregende und stärkende Selbstobjekterfahrungen. Gemeint sind Erfahrungen in der Begegnung mit nahe stehenden Menschen (Mutter, Vater, andere Erziehungspersonen), die von Dauer und Sicherheit geprägt sind und es möglich machen, dass durch die Bezogenheit des anderen auf mich, mein Wert, meine Größe und meine Ganzheit angenommen und bestätigt wird. Ich werde geliebt und erlebe dadurch, dass ich so, wie ich bin, liebenswert bin. In diesem Kontext erlebe ich die Befriedigung all meiner physiologischen Bedürfnisse und werde positiv begleitet, bezogen auf meine Bindungswünsche, meinen Widerspruch oder Rückzug, meine Selbstbehauptung und Exploration und meine sinnliche Lust. Hat ein Mensch von

Beginn seines Lebens an die beglückende Erfahrung machen können, um seiner selbst willen geliebt, geschätzt und in seinen Bedürfnissen geachtet zu werden, wird er von innen heraus sich selbst schätzen, lieben und auf seine Bedürfnisse achten. Er wird ein Urvertrauen in sich selbst, anderen Menschen und der Welt gegenüber besitzen.

Wir wissen aber, dass das Leben und die Beziehungen, in denen wir leben, auch versagende Erfahrungen bereithalten und dementsprechend mit unlustvollen Affekten wie Angst, Schmerz oder Wut verbunden sind. Ist das Selbst in sich, durch seine früheren Erfahrungen stark genug, kann es diese frustrierenden Erfahrungen verarbeiten und integrieren. Sind hingegen die Lebenserfahrungen des Kindes so schmerzvoll und unerträglich, dass sie das gute Bild von der Mutter und dem Vater, auf das es in seiner Abhängigkeit so angewiesen ist, zerstören würden, dann müssen sie von den stärkenden positiven Selbstanteilen getrennt werden. Diese negativen abgespaltenen Erfahrungen und Einstellungen (Introjekte) lösen sich aber nicht einfach auf, sondern bleiben als negatives Selbstbild in uns erhalten, innerlich abgetrennt. Der Mensch bedient sich dazu unterschiedlicher Abwehrmechanismen, auf die einzugehen jetzt zu weit führen würde. Für unsere weitere Betrachtung ist es wichtig, dass frühe Erfahrungen häufig als Kampf gegen uns selbst geführt wurden, weil die Eltern uns in unserem So-Sein nicht annehmen konnten, und dass wir als Erwachsene den Kampf gegen uns selbst so lange weiterführen, bis es zu einer auflösenden und integrierenden Auseinandersetzung kommt.

Als Psychotherapeut für Kinder, Jugendliche und Erwachsene erlebe ich täglich Menschen, die Respektlosigkeiten ausgesetzt waren oder noch sind. Durch diese Erfahrungen haben die Menschen gelernt sich selbst mit Respektlosigkeit zu begegnen. Ihnen fehlte ein adäquates Vorbild, das ihnen in jungen Jahren gezeigt hätte, wie sie mit ihrem Körper, ihren Gefühlen und ihren Gedanken hätten umgehen sollen. H.E. Richter beschreibt in seinem Buch „Eltern Kind Neurose", das meines Erachtens immer noch hoch aktuell ist, wie Kinder durch ihre Eltern, die sich selbst noch nicht gefunden haben und in ihren eigenen neurotischen Vorstellungen und Verhaltensweisen gefangen sind, auf den falschen Weg gebracht werden. Der Theologe E. Drewermann nennt die „erste Hölle", in die Kinder kommen, das Elternhaus. Es mag für sie sehr befremdlich klingen, da alle Eltern doch versuchen ihre Kinder vernünftig zu erziehen. Meiner Meinung nach reicht dies aber nicht aus. Unserer Vernunft sind doch enge Grenzen gesetzt, da unser Verhalten und unsere Einstellungen im Wesentlichen durch unbewusste Prozesse beeinflusst werden, die der Kontrolle durch das Ich nicht unterliegen. Denken Sie über sich nach, werden Sie erkennen, dass es einige Punkte in Ihrem Leben gibt, die Sie schon lange verändern möchten, z. B. mehr Zeit für sich nehmen oder auf Alkohol und Zigaretten verzichten. Es mag auch sein, dass Sie Ihr Älterwerden nicht annehmen können, dass Sie mit Ihrem Körper nicht zufrieden sind, obwohl Sie sich seit Jahren sagen: „Eigentlich siehst du doch gut aus und älter werden gehört nun mal zum Leben." Möglich sind auch Symptome, die Sie körperlich oder seelisch belasten. Vielleicht sind es Herz oder Darmprobleme und ärztliche Untersuchungen haben keine körperliche Ursache dafür gefunden. Das heißt nichts anderes, als dass es in Ihnen unbewusste dynamische Prozesse gibt, die Sie nicht ohne weiteres beeinflussen können und die sich so Ihrem Willen, Ihrer Vernunft entziehen. Und weil wir Menschen neben unserem Bewusstsein auch mit einem Unterbewusstsein ausgestattet sind, das unser Verhalten uns selbst und anderen gegenübersteuert, ist es wichtig, sich diesem Unterbewusstsein zu öffnen, um sich selbst zu verstehen. Die Grundlagen für unsere Persönlichkeit sind in unserer Kindheit gelegt worden und um uns zu verstehen müssen wir in Kontakt treten können mit unserem „Inneren Kind", das, so ist meine Erfahrung, wesentliche Bereiche unseres Denkens und Handelns mit beeinflusst, so, als wären seit früher keine zwanzig oder dreißig Jahre vergangen.

Ein Beispiel möchte ich dazu anführen. Hatten Sie als Kind das Gefühl, wenn Sie offen für Ihre Mutter waren, dass diese Sie dann aufgesogen und sich so fest an Sie geklammert hat, bis Sie keine Luft mehr bekamen, dann werden Sie in dieser Zeit eine Mauer errichtet und gleichzeitig beschlossen haben: Lass nie jemanden so nah an dich heran, er saugt dich nur aus. Da ein solcher Prozess unbewusst verläuft, bleibt er auch im Unterbewusstsein und gehört mit zu Ihrem Schatten. Heute dreißig Jahre später werden Sie von einem Mann oder einer Frau geliebt, die zwar Ihre Nähe sucht und eine tiefe Beziehung mit Ihnen leben möchte, aber Sie nicht aussaugen würde. Bei dem Versuch tief in den Kontakt mit Ihnen zu kommen, bekommen Sie Panik, weil Ihre alte Erfahrung, Ihre, in Ihnen noch lebendige Angst vor dem Ausgesaugtsein sitzt, und Sie errichten Ihre alte Mauer. Wahrscheinlich führt dies letztlich zu Spannungen in Ihrer Partnerschaft, da Ihr Partner sich zurückgestoßen fühlt und den Grund dafür nicht verstehen kann. Sie selbst möchten wahrscheinlich auch diese Nähe und begreifen nicht, warum Sie davor immer wieder weglaufen. Sollten Sie sich nicht die Mühe machen, die inneren Hintergründe aufzuspüren und verstehen zu wollen, bleibt dies ein weiterhin bestehendes Problem in Ihrer Persönlichkeit und damit auch in Ihrer Beziehung. Das alte Konfliktlösungsmuster: „kommt dir jemand zu nahe, errichte eine Mauer, damit du nicht ganz aufgesogen wirst", hat in Ihrem Leben weiterhin Bestand. Der Grund der Respektlosigkeit Ihrer Mutter vor Ihrer kindlichen Integrität liegt möglicherweise in ihrer eigenen Problematik. Vielleicht hat sie in ihrer Partnerschaft nicht genügend emotionale Wärme bekommen und diesen Mangel unbewusst mit einer überstarken Bindung an Sie auszugleichen versucht. Sie selber hatte vermieden, sich mit ihrem Partner konstruktiv auseinander zu setzen, um nicht dem eigenen Schmerz ihrer Lebensgeschichte zu begegnen. Und somit war sie gleichzeitig respektlos Ihren eigenen Wünschen nach Nähe und Liebe gegenüber.

Die Respektlosigkeit Ihres Vaters lag darin, dass er sich nicht mit Ihrer Mutter auseinander setzte, möglicherweise ging er lieber in eine Kneipe und betrank sich oder nahm sich eine Freundin, weil er sich zu sehr von Ihrer Mutter bedrängt fühlte. Heute, dreißig Jahre danach, tragen Sie das Problem Ihrer Eltern aus, indem Sie die Folgen des fehlenden Respekts der Eltern sich selbst gegenüber - hätten sich beide konstruktiv miteinander auseinander gesetzt, wäre es nicht dazu gekommen - bis in Ihre Partnerschaft tragen und nicht zu der Ihnen fehlenden Liebe kommen.

Um sich und damit Ihre Wünsche nach intensiver Nähe, ohne aufgefressen zu werden, genügend zu achten und ernst zu nehmen, müssten Sie sich mit den alten Erfahrungen auseinander setzen, bis Sie wieder zu Ihren ursprünglichen Gefühlen zurückgefunden haben und Sie Ihre Wünsche offen und unbelastet leben können. Dies bringt zwangsläufig echten Respekt, sich selbst und damit auch anderen Menschen gegenüber, mit sich. Sind Sie heute verantwortlich für das körperliche, seelische und geistige Wohl Ihrer Kinder, so werden Sie, ohne Ihre eigene Geschichte aufgearbeitet zu haben, Ihre Angst an Ihre Kinder weitergeben und der Kreislauf schließt sich, da Sie sich respektlos den kindlichen Wünschen nach intensiver emotionaler Nähe, zumindest teilweise, entziehen. Auch Ihre Kinder werden so Nähe und Geborgenheit nicht unbelastet erleben und genießen können und möglicherweise in späteren Partnerschaften selbst diesen Bereich als konflikthaft erleben.

In diesem Zusammenhang möchte ich noch erwähnen, dass die Annahme Ihres eigenen So-Seins bedeutet, dass Sie auch die Gefühle und Wünsche anderer Menschen nicht abwerten und respektlos behandeln, sondern mitfühlend und achtsam mit ihnen umgehen.

Gehen wir zu meinem Ausgangspunkt zurück, so mag deutlich geworden sein, dass es als Eltern nicht ausreicht Kinder „vernünftig" zu erziehen und sich Mühe dabei zu geben, alles schon „richtig" zu machen.

Es ist ein überaus bedeutsames Geschenk, Kinder auf ihrem Weg begleiten zu dürfen und ihnen beizustehen, damit sie sich in der Tiefe ihrer eigenen Persönlichkeit selbst finden können. In diesem Geschenk liegt aber auch eine Verantwortung begründet, die sich aus dem Bewusstsein über die Auswirkungen unserer Art Da-zu-Sein ergibt. Das Beste, was wir unseren Kinder geben können, ist die Möglichkeit, ihr Leben mit Erwachsenen zu teilen, die sich selbst intensiv mit ihrer eigenen Kindheit und den damit verbundenen Nöten, Ängsten und Sehnsüchten auseinander gesetzt haben.

Erst die Aufarbeitung und Integration eigener belastender Erfahrungen macht es uns möglich, offen und frei mit unseren Kindern umzugehen und dort Grenzen zu setzen, wo sie wirklich notwendig sind. Diese Grenzen sollten nicht unseren eigenen Unzulänglichkeiten und Ängsten entspringen.

Ich möchte noch an einigen weiteren alltäglichen Beispielen das Zustandekommen von Respektlosigkeiten verdeutlichen: Die Mutter ist ärgerlich über den Vater, der vor seinem Computer sitzt und zum fünften Mal gesagt hat, er würde gleich zum Essen kommen, aber erst dann zu Tisch kommt, wenn die anderen alle schon so gut wie fertig sind. Die Mutter reagiert darauf mit eisigem Schweigen und knallt dem Vater das Essen auf den Tisch. Die Atmosphäre ist gespannt, die Kinder, Sohn und Tochter sind still, verschüchtert und haben Angst etwas falsch zu machen. Betrachten wir diese Szene im Hinblick auf die Frage: Was werden die Kinder daraus lernen, wird der Sohn vermutlich schlussfolgern: „Als Vater darf man sich respektlos gegenüber der eigenen Frau verhalten." Der Vater nimmt seine Frau in ihrem Anliegen nicht ernst und trifft keine klare Absprache. Er hätte z.B. sagen können: „Es dauert noch 20 Minuten, da ich diese Arbeit unbedingt erledigen muss. Wartet nicht auf mich." Die Mutter verhält sich respektlos gegenüber ihren eigenen Wünschen, da sie diese nicht so ernst nimmt, sonst hätte sie zum Vater gehen und dieses Problem mit ihm klären müssen. In der Identifikation mit der Mutter lernt die Tochter: „Bist du eine Frau, finde dich mit der Art der Männer ab und nimm deine eigenen Vorstellungen nicht so wichtig!" Nehmen wir an, die Mutter hat in der Vergangenheit immer wieder versucht, ihren Mann zu Beginn des Essens an den Tisch zu holen, aber ohne Erfolg. Dann hätte sie andere Konsequenzen aus der Erfahrung ziehen müssen, z.B. den Vater nicht mehr zu rufen oder nicht für ihn mitzukochen. Vielleicht hatte sie auch Angst vor weiteren Konflikten und ist diesen so aus dem Weg gegangen. Die Kinder lernen somit Konflikte nicht auszutragen und Ärger mehr oder weniger „herunterzuschlucken." Dadurch entwickelt sich die Haltung der Respektlosigkeit gegenüber den eigenen Gefühlen. Auch der zubereiteten Nahrung gegenüber zeigt sich der Vater respektlos und vermittelt so auch diese Einstellung den Kindern. Wollen wir jedoch in Einklang und Frieden mit allem leben, gehören natürlich die Nahrungsmittel ebenso dazu, wie das Geschirr und Besteck und alle Dinge des Alltags, mit denen wir umgehen.

In diesem Beispiel machen die Kinder die Erfahrung, nicht so wichtig zu sein, als dass der Vater seine Arbeit ruhen lässt, um mit ihnen gemeinsam in einer guten Atmosphäre zu Tisch zu sitzen. Dies wird nicht ohne Auswirkungen auf ihr Sozialverhalten bleiben.

Indem Eltern Kindern gefühlsmäßige Reaktionen, wie Trauer und Wut, direkt verbitten, ohne ihnen die Gelegenheit zu geben, ihre Gefühle kennen zu lernen und zu verstehen, zeigen sie sich ihnen gegenüber in besonderem Maße respektlos. Sind Eltern auf ihrem Weg, erwachsen zu werden, noch nicht ihrem eigenen „Schatten" begegnet, so werden sie zwangsläufig Gefühle anderer Menschen, die ihre negativen Schattenseiten berühren, ablehnen und verurteilen. Gegenüber ihren Kindern heißt dies Unterdrückung der Gefühle der Kinder, die ihnen nicht passen.

Der „Schatten" ist ein Begriff, den C.G. Jung geprägt hat, und er meint damit die Gefühle, Empfindungen, Gedanken und inneren Strebungen, die ein Mensch nicht leben durfte und aus diesem Grund innerlich unterdrücken oder sogar abspalten musste.

Kinder sind dann ein Segen für die Eltern, wenn Eltern in ihnen eigenständige Menschen sehen, die durch die Begegnung mit ihnen und der Umwelt ihren Weg finden müssen. Die Erwachsenen haben, solange sie mit Kindern leben, die große Chance, die Welt mit all ihren Aspekten neu und vorbehaltlos zu betrachten und zu erleben. Insbesondere gehört dazu der authentische Ausdruck eigener Gefühle, der aufmerksame Umgang in all ihrem Tun und ihre Fähigkeit sich voll und ganz auf den gegenwärtigen Moment einzulassen. Eltern, die diese Seite nicht erkennen, sehen mehr die anstrengende, sorgenvolle Seite im Leben mit den Kindern.

Die Offenheit gegenüber den Kindern, in der Weise, dass sie uns häufig einen Spiegel vorhalten, in dem wir uns selbst sehen und erkennen können, gibt den Erwachsenen die Möglichkeit, Licht in ihre Schattenseiten zu bringen und damit den Kindern ein achtsames, respektierendes und liebendes Gegenüber zu sein. Haben unsere Kinder und wir diese herrliche Entwicklung nicht verdient? Ich meine schon! Was uns leider nur allzu oft daran hindert, ist unsere Angst, uns selber und damit unsere alten Vorstellungen, Meinungen und Verhaltensweisen infrage zu stellen. Es ist des Menschen (überwindbare) Eigenart, lieber am Alten festzuhalten und möglicherweise daran zu Grunde zu gehen, als loszulassen, sich dem Fluss des Lebens anzuvertrauen und neue, reiche Erfahrungen zu machen.

Wir sollten auch dem Leben selbst mit all seinen auf uns wartenden Erfahrungen und Entwicklungsmöglichkeiten nicht respektlos gegenübertreten.

Wenn wir eine Blumenzwiebel in die Erde pflanzen, geben ihr aber nicht ausreichend Licht und Wasser, wird sie verkümmern, vielleicht auch daran sterben. Dies ist ebenso respektlos gegenüber der Blume, wie uns selbst gegenüber, wenn wir uns aus Angst oder anderweitigen Gründen von den uns entwicklungsfördernden Lebenskräften verschließen. Leider ist dies aber ein immer wiederkehrendes menschliches Phänomen, dem ich in meiner Praxis begegne. Menschen erkennen für sich genau, was das Richtige für sie wäre oder welcher Schritt als Nächstes getan werden müsste, schlagen diesen Weg aber manchmal über Jahre, ja sogar über Jahrzehnte nicht ein. Hier sind die männliche und die weibliche Seite im Menschen nicht im Einklang. Erst wenn die weiblich erkennenden und die männlich umsetzenden Aspekte zusammenfließen, ist ein weiterer Schritt auf dem Weg der Selbsterkenntnis und Selbstentfaltung getan. Ein solches Zusammenfließen von Yin und Yang führt zur Harmonie und löst die eigenen Respektlosigkeiten sich selbst gegenüber auf. Respektieren unserer eigenen inneren Möglichkeiten, bedeutet, sich vor dem uns innewohnenden göttlichen Wesenskern verbeugen und ihm Platz machen, indem wir unser Ich zurücknehmen.

An dieser Stelle begegnen wir dem so notwendigen Vertrauen in uns selbst, wenn wir nach Innen loslassen wollen. Viele Leser werden ähnlich wie ich, mit Eltern gelebt haben, die auf Grund ihrer eigenen Geschichte nicht bedingungslos an die Kraft der Kinder glaubten, das Richtige für sich zu tun und den für sie entsprechenden Lebensweg zu finden. Dadurch streuen sie Misstrauen in die Herzen ihrer Kinder. Zur Folge hatte dies ein Wachsen von Unsicherheit, Zaghaftigkeit und Entscheidungsunfähigkeit. Anstatt offen auf das Leben, auf die Menschen und die Natur zuzugehen, entstehen, wie in der Psychologie genannt, Gehemmtheiten, die keinem natürlichen Fluss entsprechen und weit bis ins Erwachsenenalter bestehen bleiben, wenn sie nicht aufgearbeitet werden.

Wird aus diesen Erwachsenen Vater oder Mutter, geben sie z.B. ihre Gehemmtheit, das Leben in die Hand zu nehmen zwangsläufig an ihre Kinder weiter. Erwachsene, die sich nicht mit ihren Schattenseiten auseinander setzen, verhalten sich respektlos gegenüber dem Ungeborenen in ihren Kindern. Das Ungeborene in den Kindern kann nur geboren werden, wenn es nicht behindert und nicht erzwungen wird.

Als Kinder bringen wir schon alles mit in diese Welt, es benötigt nur Zeit und Raum sich entfalten zu dürfen.

Hätten die Erwachsenen gelernt mehr Vertrauen in sich selbst zu sehen, könnten sie mehr Vertrauen in ihre Kinder haben. Das Allernotwendigste ist der Respekt vor dem kindlichen So-Sein. Wir dürfen unseren Kindern nicht unsere Bilder von Mann- und Frausein überstülpen und aufzwingen, die sich nur aus unserer persönlichen beschränkten Lebenserfahrung ergeben und möglicherweise noch durch unseren unbearbeiteten Schatten beeinflusst sind.

Wir sind göttliche Wesen, tragen die Buddha-Natur in uns. Ist es dann nicht eine kaum wieder gutzumachende Respektlosigkeit, wenn uns einer Glauben macht, wir wären böse, wertlos und müssten erst einmal richtig erzogen werden, damit aus uns auch etwas Vernünftiges wird. Müssten Menschen mit einer derartigen Einstellung nicht in sich gehen, um ihren ungeheuren Irrtum zu erkennen. Würden sie dann nicht in Tränen aufgelöst ihre Kinder um Verzeihung bitten für das ihnen angetane Unrecht?

Lesen wir heute als Erwachsene dieses Buch, benötigen wir außer den Anregungen, die sich aus dem Geschriebenen ergeben, insbesondere Zeit und Raum unser eigenes Verhalten gegenüber uns selbst zu erkennen.

Die ersten Respektlosigkeiten, die wir erleben konnten als Kampf gegen unser eigenes Selbst, waren die im Mutterleib, wenn wir nicht gewollt waren, ablehnende Gefühle von der Mutter und/oder dem Vater gegenüber uns gehegt wurden. Was bedeutet es für einen kleinen Menschen, der in diese Welt hineinwachsen möchte, wenn ihm mit Ablehnung und Widerwillen begegnet wird? Es sind die ersten Spuren in seiner Seele, die unter Umständen im Verlauf seines weiteren Lebens eine Kette von Verletzungen nach sich ziehen. Misslungene Abtreibungsversuche würden im Kind größere Wunden hinterlassen und könnten bis ins Erwachsenenalter hinein, das unbestimmte Gefühl im Hintergrund bestehen lassen: „Ich fühle mich in meinem Leben nie ganz sicher."

Häufig können wir uns gar nicht vorstellen wie viel Respektlosigkeiten in der Welt geschehen und ich glaube, dass die meisten davon im alltäglichen zwischenmenschlichen Bereich unbeabsichtigt sind und einer gewissen Gedankenlosigkeit entspringen. Nehmen wir z.B. die Hebamme und den Arzt, die bei der Geburt dem Kind in diese Welt helfen. Machen sie ihren Job ohne innere Beteiligung, ohne dem neuen Erdenbürger liebevolle Gefühle entgegenzubringen, handeln sie respektlos und achten nicht genügend das Wunder, welches sich vor ihren Augen vollzieht.

Bitte sagen Sie jetzt nicht, dass für eine Hebamme oder einen Arzt, die jahrein und jahraus nichts anderes machen, alles zur Routine wird und die Geburtshilfe nichts Besonderes mehr ist. Arbeit darf nicht zur Routine werden, denn Routine führt zur Gleichgültigkeit und diese tötet die Achtsamkeit und damit das Leben und die Liebe.

Das Gesagte gilt nicht nur für diese genannten Heilberufe, sondern für jeden Beruf auf dieser Welt. Ob Schmied, Informatiker, Dreher, Jurist, Verkäufer, Schreiner, LKW-Fahrer, Psychotherapeut oder Hausfrau, jedes Tun bedarf Herzensbeteiligung mit Achtsamkeit und einer inneren liebenden Haltung. Sollte Ihnen der Gedanke fremd sein, so spricht dies nicht dagegen. All unsere Gedanken und all unser Tun setzen etwas in dieser Welt in Bewegung und schaffen entweder harmonisierende oder zerstörerische Schwingungen und Realitäten. An anderer Stelle werde ich näher darauf eingehen. Aber bleiben wir noch bei den Respektlosigkeiten sich selbst gegenüber.

Als Kinder lernen wir durch unsere Abhängigkeit von den Eltern die Welt nur auf eine Weise kennen, ohne zu wissen, dass es andere Familien gibt, die mit Gefühlen, Bedürfnissen und Konflikten ganz anders umgehen. Als Jugendliche lernen wir andere Familien kennen und plötzlich erleben wir, dass in der Familie des Freundes oder der Freundin miteinander gesprochen und zusammengesessen wird, dass über Probleme diskutiert wird und sie nicht unter den Teppich gekehrt werden. Es gibt viele Welten, und wie groß sind erst die Unterschiede, wenn wir an andere Kulturen und Völker denken.

Der Weg der Reifung zur Frau und zum Mann wird wesentlich durch den familiären Rahmen bestimmt in dem wir aufwachsen, durch das Vorleben von Mutter und Vater. Ist dieser Rahmen geprägt durch Respektlosigkeiten wie Ironie, Sarkasmus und Zynismus, ergibt sich daraus eine Unzahl von Verletzungen, die an dem natürlichen Selbstbewusstsein und Wertgefühl nagen, mit denen Kinder auf die Welt kommen.

Es gibt in Deutschland eine Gesetzgebung, die die gewaltfreie Erziehung der Kinder verlangt, aber es fehlt die analoge Umsetzung im Bildungsbereich, die es möglich macht, dass die Kinder lernen gewaltfrei miteinander umzugehen.

Eine „Elternschule" ist ebenso notwendig. In dieser dürfte es nicht um die Vorstellung von Erziehungsregeln und pädagogischer Konzepte gehen, die sich im Laufe der Zeit immer wieder wandeln, sondern in ihr müsste es um Selbsterkenntnis und Auflösung alter zerstörerischer Muster und Strukturen der Eltern gehen. Die Auswirkungen würden in vielfältigen gesellschaftlichen Bereichen positiv spürbar sein und die Investitionen wären überaus gut angelegt.

Lernen wir als Kinder die Suppe mit dem Löffel zu essen, werden wir dies übernehmen. Schlägt uns als Kinder Ironie und Sarkasmus entgegen, werden wir dies übernehmen. Was bleibt uns als Kindern auch anderes übrig? Wir setzten so die Respektlosigkeiten gegenüber den Freunden, den Schulkameraden und den Lehrern fort. Dass die Eltern, wenn die Kinder größer geworden sind, selbst unter der Ironie der Kinder leiden müssen, braucht diese eigentlich nicht wundern.

Hier begegnen wir dem kosmischen Prinzip von Ursache und Wirkung, das sich bis in die kleinsten Verästelungen unseres alltäglichen Tuns auswirkt.

Ich habe gerade meine Arbeit an diesem Buch für zehn Minuten unterbrochen, um eine Kiwifrucht zu essen. Die Achtsamkeit und der Respekt gegenüber dieser Frucht, dem Messer, mit dem ich sie schäle, dem Teller, auf den die Schale fällt und der Serviette, mit der ich meine Finger und meine Lippen säubere, sind für mein jetziges Leben und den Frieden in dieser Welt von großer Bedeutung. Versuchen Sie den Zusammenhang zu verstehen.

Ironie, Sarkasmus, Zynismus sind nicht die einzigen Respektlosigkeiten mit denen Kinder von ihren Eltern behandelt werden. Körperliche Schläge mit oder ohne Gegenstände, wie Kochlöffel, Stock oder sogar Schüreisen und Bullenpeitsche, hinterlassen tiefe Spuren in der Seele und im Körperbild des Kindes. Wäre eine Gesetzesänderung zum Schutz der Kinder notwendig, wenn sich dieses Thema schon längst erledigt hätte? Ich meine, nein. Natürlich fällt es uns nicht leicht, die Realität mit ihren dunklen Ecken zu sehen und ich wünsche mir auch, einiges wäre in dieser Welt nicht so grausam wie es ist. Doch die Augen und Ohren davor verschließen, führt zu keiner Veränderung. Es wird immer im familiären Zusammenleben zwischen Kindern und Eltern zu Spannungen und Konflikten kommen, das ist völlig natürlich. Aber es geht um die rechte Auseinandersetzung, welche die persönliche Integrität des anderen nicht verletzt. Körperliche Schläge werden auch von vielen Geschlagenen immer noch verharmlost, das erlebe ich immer wieder. Aber wie soll ein Mensch, der erfahren hat, dass ein anderer, stärkerer ihn geschlagen und die Unversehrtheit seines Körpers nicht geachtet hat, ein liebevolles Verhältnis zu seinem Körper aufbauen und zärtlich und einfühlsam mit ihm umgehen? Wird dem Körper Gewalt zugefügt, lerne ich ebenfalls ihn zu missachten und mir geht der Bezug zu seiner Sensibilität und Würde verloren. Menschen, welche die Respektlosigkeit des Schlagens häufig über sich ergehen lassen mussten, lernten, innerlich abzuschalten, sich aus ihrem Körper zurückzuziehen, um die Schmerzen nicht mehr so wahrzunehmen. Dieser Schutzmechanismus bleibt bestehen und legt einen Grundstein für das eigene Verhalten. Die persönlichen körperlichen Grenzen im Kontakt mit sich und anderen werden nur noch undeutlich oder gar nicht wahrgenommen. Häufig gehen diese Menschen als Erwachsene Beziehungen ein, in denen sie weiter von ihren Partnern geschlagen werden. Hier gilt das Phänomen, dass ein ungelöstes Problem nach Auflösung sucht und den Menschen so lange in ähnliche Situationen bringt, bzw. mit gleichartiger Erfahrung konfrontiert, bis er durch innere Auseinandersetzung mit seinem Problem einen Ausweg aus diesem Kreislauf, dem Kreislauf der Respektlosigkeiten gefunden hat.

Ähnlich verhält es sich bei Grenzüberschreitungen, die durch sexuellen Missbrauch geprägt sind. Es ist sicherlich eines der schlimmsten Missachtungen und Respektlosigkeiten, die ein Mensch erfahren kann, gerade dann, wenn er noch ein Kind ist und der Täter aus dem direkten familiären Umfeld stammt, was häufig der Fall ist. Das völlige Ausgeliefertsein einem Menschen gegenüber, von dem man es am allerwenigsten erwartet hat, stürzt diese Kinder in eine unendliche Verwirrung und Ausweglosigkeit, zumal sie durch Androhung von Strafe, die schwere Last des Missbrauchs für sich alleine tragen müssen. Die Auswirkungen dieser Respektlosigkeit sind so gravierend, dass sie bis ins hohe Erwachsenenalter reichen und sollten sie nicht aufgearbeitet werden, ein Leben lang anhalten. Dazu gehören u.a. ein zerstörtes Körperempfinden und Körperbild, ein zerstörtes Vertrauen anderen Menschen gegenüber. Es liegt des Weiteren ein zerstörtes Gefühlsempfinden vor, mit der fehlenden Möglichkeit, den eigenen Empfindungen und Gefühlen zu vertrauen. Es fehlt die Sicherheit in Gegenwart anderer Menschen und es ist nicht möglich, sich im eigenen Körper wohl und zu Hause zu fühlen. Der eigene Selbstwert ist bis zum Grunde vernichtet. Die positiven Berührungsmuster sind zerstört, ebenso wie eine freie beglückende Sexualität und obendrauf liegt die Last, selbst schuldig geworden zu sein.

Neben dem sexuellen Missbrauch gibt es noch den psychischen Missbrauch zwischen Eltern und Kindern, der sehr weit verbreitet ist, aber nicht die Aufmerksamkeit bekommt, die notwendig wäre, um Eltern dafür sensibel zu machen. Wahrscheinlich liegt es auch daran, dass diese Form von Missbrauch nicht so vorsätzlich geschieht, wie sexueller Missbrauch. Psychischer Missbrauch eines Kindes liegt dann vor, wenn ein Kind von einem oder beiden Eltern benutzt wird, eine Rolle, eine Funktion zu übernehmen, welche die Eltern selbst ausfüllen müssten. Das anfängliche Beispiel von der Mutter, die ihr Kind für ihren emotionalen Mangel an Zuwendung und Liebe für sich benutzt, gehört in die Kategorie psychischen Missbrauchs. Das Kind in seiner Abhängigkeit hat keine Möglichkeit, sich diesem Verhalten der Mutter effektiv zu entziehen, auch wenn es mit der Zeit gelernt hat, sich innerlich zu verschließen oder abzuschalten.

Wird ein Kind zum Sündenbock gemacht, auf Grund eigener Unzulänglichkeiten, so ist dies eine schwerwiegende Respektlosigkeit gegenüber dem Kind, da es in seinem weiteren Leben viele Begebenheiten und Vorkommnisse so deuten wird, als hätte es selbst Schuld, dass alles so gekommen ist. Ein Kind wird sich hinsichtlich seiner eigenen Gefühle, Empfindungen, Bedürfnisse und Strebungen sehr unsicher fühlen, da es kein Vertrauen sich selbst gegenüber gelernt hat. Immer wieder für Fehler verantwortlich gemacht zu werden, auch wenn man selbst keinen Zusammenhang sieht, zerstört das eigene Selbstvertrauen nachhaltig bis ins Tiefste. Es bleibt immer wieder eine Unsicherheit bestehen, auch wenn eine Entscheidung völlig richtig ist.

Manche Kinder werden zum Partnerersatz gemacht und müssen Gespräche mit uns führen, die wir eigentlich mit dem Partner führen müssten oder das Kind kommt, durch die häufigen Auseinandersetzungen zwischen den Eltern, in die Situation, zwischen den Stühlen zu sitzen und emotional zerrissen zu werden. Zum anderen kann es auch in die schwierige, nicht kindgemäße Rolle der Vermittlerin kommen, weil die Eltern nicht in der Lage sind, ihre Konflikte konstruktiv zu lösen.

Ist uns die eigene Selbsterkenntnis unwichtig, weil wir glauben, wir sind o.k. und nur die anderen haben ihre Fehler, kann psychischer Missbrauch in einer Weise geschehen, in dem wir schon kurz nach der Geburt sagen: „Schau mal, sieht er nicht aus wie Onkel Kunibert?" Und schon beginnt die Festlegung des Kindes, wenn wir uns dessen nicht bewusst sind und wir können ihm nicht mehr gerecht werden, da wir es immer mehr auf das Gleis in die Richtung Onkel Kunibert schieben. Ist der Onkel Kunibert ein netter Mensch, mag es nicht ganz so schlimm werden, obwohl das Kind auch in einem solchen Fall um sein So-Sein gebracht wird und allein diese Tatsache ist dramatisch genug. Ist aber Onkel Kunibert ein Mensch, mit dem niemand etwas zu tun haben will, wird die Entwicklung des Kindes nur von dunklen Wolken überschattet sein und es hat keine Möglichkeit dieser Festlegung zu entkommen.

Welche Respektlosigkeiten auch immer geschehen, kaum etwas ist so schwerwiegend wie der Verlust der eigenen Selbstachtung, des eigenen Selbstwertes. Unbewusst stellt sich ein Kind die Frage, häufig auch noch als Erwachsener: „Was muss ich für ein Mensch sein, dass meine Mutter oder mein Vater mich körperlich oder seelisch so missbraucht hat?" Für diese Menschen ist es sehr schwer wieder Zugang zu ihrem eigenen Wert, zu ihrer eigenen Göttlichkeit, ihrer Buddha-Natur zu finden, obwohl sie diese in keinem Augenblick ihres Lebens wirklich verloren hatten.

Ein Kind, das in diese Welt hineingeboren wird, hat neben dem Recht auf Nahrung und Kleidung, einen *unauslöschlichen Anspruch* auf tiefste menschliche Wärme, Zuneigung und Liebe.

Und wir Eltern dürfen nicht aus Angst vor eigenen Erinnerungen und Schmerzen oder gar aus Bequemlichkeit und falschem Scham bewusst in eigenen Verstrickungen und neurotischen Verhaltensweisen hängen bleiben. Wenn Kinder uns ihr unverblümtes Da-Sein schenken, sollten wir ihnen als reife, sich erkennende Persönlichkeiten zur Seite stehen.

Der Respekt gegenüber uns selbst und unserem Kind verlangt es, dass wir genau hinschauen und in tiefer Aufrichtigkeit uns erforschen und den *Geist des Erwachens* in uns stärken.

*Die Bäume lauschen
Früh - in stiller Achtsamkeit
Dem Vogelgesang.*

Leben bedeutet in Beziehung stehen

Ich glaube nicht, dass es einen Ort gibt, wenn wir von Kriegen einmal absehen, an dem so viele Respektlosigkeiten, Ungerechtigkeiten, Demütigungen, Verletzungen, seelische und körperliche Grausamkeiten geschehen, wie in freiwillig eingegangenen Beziehungsformen wie Partnerschaften, Ehen und Familien. Aus diesem Grunde scheint es mir besonders wichtig, Grundlagen aufzuzeigen, die beglückende, friedvolle Beziehungen ermöglichen.

Als Menschen können wir nicht beziehungslos leben. Wir treten mit allem, was um uns herum existiert, in irgendeiner Weise in Beziehung. Dazu gehören auch materielle Dinge, wie häusliche Gegenstände, die Natur, die uns umgibt, mit ihren Pflanzen und Tieren, sowie die Elemente Luft, Feuer, Wasser und Erde. Wir müssen, um wenigstens die lebensnotwendigen Bedürfnisse zu stillen, atmen, essen, trinken, wohnen und uns mehr oder weniger kleiden.

Eine besonders lebensbestimmende Begegnung erfährt der Mensch in der Beziehung zu anderen Menschen. Auch wenn wir uns mit vierzig in die Einöde der Berge für den Rest des Lebens zurückziehen würden, hätten wir die ersten Jahre unseres Erdendaseins mit anderen Menschen wie Eltern, Freunden, Lehrern etc. zugebracht und somit Beziehungen erlebt.

Beziehungen ergeben sich, sie geschehen, sie finden einfach statt, was immer wir auch dazu beitragen. Gewiss ist, dass wir etwas zu ihrem Gelingen bzw. Misslingen beitragen.

Als Kind, dachte ich, wenn ich einmal erwachsen bin, dann werde ich alles über mich und über das Funktionieren von Beziehungen wissen. Das Leben hat mich gelehrt, diese naive kindliche Vorstellung loszulassen. Nichts ist so gewiss und notwendig, wie Veränderung und Wandel. Ein Wandel, der sich in allen Aspekten unseres Daseins zeigt. Entwicklungen, die in Beziehungen stattfinden und die auch jeder für sich durchläuft.

Genauso wenig wie wir sagen können, meine Entwicklung ist abgeschlossen, können wir sagen, wir sind mit einem Menschen eine dauerhafte Beziehung eingegangen und diese darf sich nicht mehr verändern. Beziehungen lassen sich nicht konservieren! Viele Menschen versuchen an dem Zustand festzuhalten, der zu Beginn ihrer Beziehung bestand. Ein Grund dafür mag sein, dass der damalige Zustand einem der Beteiligten einen solchen Vorteil einbrachte, den er heute nicht mehr aufgeben möchte, auch dann nicht, wenn dabei seine Beziehung, die er so wichtig fand, auseinander geht. Dazu gehört sicherlich auch die Angst, sich auf eine neue Qualität der Begegnung einzulassen, die bis dahin unbekannt ist. Hier finden wir auch die Angst wieder, mit Gefühlsbereichen in Berührung zu kommen, die gut verdrängt und verpackt sind. Es ist ein Festhalten am alten Bild der Beziehung, wie an dem alten Bild seiner Selbst.

Eine große Zahl der Menschen entscheidet sich in solchen Situationen lieber für die Lösung: „Ich verlasse dich", anstatt sich um eine Auseinandersetzung zu bemühen, die die Mechanismen aufdeckt, die zu den Schwierigkeiten im Mit- bzw. im Gegeneinander führten. In einer sich fruchtbar entwickelnden Beziehung haben alle Themen des Menschseins Platz und es findet ein gemeinsames Erleben statt, das offen ist für den natürlichen Rhythmus von Lachen und Weinen, Geburt und Tod, Abschied und Wiedersehen, Miteinandersein und Alleinsein, Krankheit und Gesundheit, Trauer und Freude, Sterben und Leben.

Begegnungen mit dem Du ermöglichen, dass wir uns in ihnen erkennen können und zum Wachsen angehalten werden. Begegnung kann aber nur dann eine förderlich sein, wenn jeder von beiden voll und ganz da ist. Je mehr Männer und Frauen mit ihrer ganzen Persönlichkeit in die Beziehung treten, desto mehr ist eine tiefe, lebendige Begegnung möglich. „Ganz" meint nicht, fertig in der Entwicklung, was auch nie möglich sein wird. „Ganz" meint, ich muss dem anderen begegnen, in meiner Unfertigkeit, mit meinen Fehlern, Schwächen und Ängsten, mit dem So-Sein meiner Unvollkommenheit und dem nötigen Bewusstsein, dass dies so ist. Dazu kommt, und das sei besonders den Männern gesagt - Frauen erlebe ich da eher reflexions- und wandlungsbereiter, dass sie sich nicht aus Bequemlichkeit und Ängsten vor Veränderung und Machtverlust, hinter einer vermeintlichen Schwäche zurückziehen. Wir müssen lernen, uns, getragen von Respekt, Ehrfurcht und Liebe zu begegnen, in unserer Stärke und Schwäche, mit unserem Lachen und Weinen.

Wenn wir uns in aller Offenheit begegnen, lassen sich Missverständnisse, Verletzungen und Enttäuschungen nicht verhindern. Das wäre so, als würde der Regen, das Gewitter und der Frost fehlen. Gehören sie nicht zu den Phänomenen der Natur, wie der Tag zur Nacht und das Einatmen zum Ausatmen?

Ent-Täuschungen sind wichtig, damit wir keinen weiteren Täuschungen mehr unterliegen und den Partner so sehen, wie er ist. Missverständnisse sind wichtig, weil sie uns ermöglichen, eine klarere und eindeutigere Sprache zu finden und achtsamer mit unseren Worten umzugehen. Ungewollte Verletzungen geben uns die Möglichkeit, empathischer miteinander zu werden und über die Tiefen und Schattenseiten unserer Persönlichkeit ins Gespräch zu kommen.

Steigen wir in unseren Beziehungen nicht ab, in die Tiefen unserer Seele, bleibt das Leben miteinander oberflächlich und wird mit den Jahren langweilig und öde. Beziehungen leben davon, dass sich die beteiligten Personen mit all ihren Aspekten, in ihrer Gesamtheit, die Körper, Geist und Seele betreffen, aufeinander einlassen und sich gegenseitig in ihren Herzen berühren lassen. Häufig allerdings behindern uns Ängste, die in unserer Kindheit und Jugend grundgelegt wurden und bis heute, häufig unbewusst geblieben, noch Bestand haben.

Wie in dem Märchen der Gebrüder Grimm: „Das Mädchen mit den abgeschlagenen Händen" aktualisieren sich ohne unser Zutun auf Grund von Projektionen und Übertragungsphänomenen, Missverständnisse und Ängste, die sich dann in unserem heutigen Handeln gegenüber unserem Partner ausdrücken. Dies führt wiederum zu neuen, oft schwerwiegenden Verwicklungen und Konfliktlagen. Von diesem alten Märchen können wir viel lernen. Kurz zusammengefasst hat es folgenden Inhalt: Das Mädchen wurde von seinem Vater an den Teufel verschachert und er schlug seinem Kind auch die Hände ab, damit es endlich mit dem Teufel gehe. Der Teufel war aber gegen die Reinheit des Mädchens machtlos und konnte es am Ende doch nicht mitnehmen. Das Mädchen verließ ihr Elternhaus und fand den Weg zu einem König. Der liebte sie von ganzem Herzen und sie fanden miteinander ihr Glück, bis, ja bis die Ehe, durch die alten Erfahrungen der Kindheit und dies geschieht heute genauso wie früher, auf dämonische Weise vergiftet wurde. Bis dahin kennen viele Paare den Werdegang einer Beziehung. Ein Großteil heutiger Paare entschließt sich leider an diesem Punkt zur Trennung.

In dem Märchen jedoch führen sieben Jahre des In-sich-Gehens, der persönlichen Läuterung und Klärung das Paar wieder zusammen und sie können sich so sehen und begegnen, wie sie wirklich sind, frei von den alten kindlichen, unbewusst gebliebenen Konflikten. Dieses „Miteinander-in-sich-Gehen bezeugt den Respekt der Beteiligten untereinander und ist Ausdruck der Achtung vor dem Willen des anderen, sich auf sich selbst und die Beziehung einzulassen.

Findet ein derartiger Abstieg in die eigenen seelischen Tiefen nicht statt, kann sich in der nächsten Partnerschaft nur eine Wiederholung der Schwierigkeiten ergeben, da wir nichts dazugelernt haben.

Die Begegnung mit dem Inneren Kind, wie es häufig auch genannt wird, ist notwendig, um unterdrückte Bedürfnisse und Wünsche zu integrieren, sowie Kränkungen und Verletzungen heilen zu können.

Ist in einer Beziehung wirklich nur noch eine Trennung der einzig gangbare Weg, dann ist es für die Auseinandergehenden ebenso wichtig, ihre eigenen Anteile an der negativen Entwicklung herauszuarbeiten, um die eigenen Schattenanteile zu erkennen und nicht in einer neuen Partnerschaft in alte Verhaltensmuster zu verfallen, die eine krisenhafte Entwicklung vorprogrammieren.

Motive können u.a. pragmatische Überlegungen sein, wie der Wunsch nach gesellschaftlichem Versorgtsein. Oder man öffnet sich einem tieferen Sinn, der in dem Erleben des eigenen Selbst liegt.

Es ist ein herrlicher Prozess, mit einem Menschen in Entwicklung und Wandlung zu leben. Ein immer tieferes sich Erkennen und Begegnen gehört zu den Wundern des Menschseins auf dieser Erde. Wir haben alle die Möglichkeit dazu, ergreifen wir sie! Am besten noch heute! Beziehungen sind die Hauptquelle des Erlebens unseres Selbst.

Seit über 25 Jahren befinde ich mich in diesem Wandlungsprozess mit meiner Frau, der über dunkle, holprige, scheinbar auswegslose Wege immer wieder in offene sonnige Landschaften der Liebe führte. Ich danke dir!

Sagen Sie jetzt nicht, ja, wenn Sie meinen Mann oder meine Frau kennen würden... Wir sind nicht auf dieser Welt, um in Düsternis und Schwermut hoffnungslos zu versinken. Wir sind auf dieser Welt, um uns von innen her zu entfalten, wie ein tausendblättriger Lotus. Aber wir müssen die Verantwortung dafür selbst übernehmen. Dabei ist es wichtig, dass wir uns daran erinnern, dass unser Tun Auswirkungen auf die Mitmenschen hat, auf unsere Beziehungen. Weil dies so ist, können wir damit aufhören, dass zu tun, was uns unglücklich und unsere Beziehungen zu Gefängnissen und Folteranstalten macht. Wir müssen (können) damit aufhören, dem anderen die Schuld dafür zu geben, dass alles so schwierig ist. Sie, ich, wir, sind verantwortlich dafür, wie wir unsere Beziehungen erleben. Sagt Ihre Partnerin: „Ich möchte nicht mit dir ausgehen", können Sie daraus unterschiedliche Schlüsse ziehen. Sie können denken, dass sie dies zu langweilig findet, dass sie Sie nicht genug liebt oder Sie könnten auch denken, sie möchte heute lieber mit sich allein sein und ein Buch lesen.

Sie entscheiden darüber auf Grund Ihrer Lebenserfahrungen und den damit einhergehenden gedanklichen Fixierungen bzw. Ihres Überzeugungssystems, das Sie sich mit der Zeit angeeignet haben. Es gibt einen Punkt, vor dem Sie den Respekt verlieren sollten und dieses ist Ihr Überzeugungssystem, weil es aus den Vorstellungen besteht, die Ihnen Ihr Verstand angeraten hat und diese erschweren Ihr Leben und machen es gar unmöglich, glückliche Beziehungen zu leben.

Wie schon zu Anfang gesagt, in der Beziehung zur Natur erfahre ich eine Rückmeldung über mein So-bin-ich. Heult der Hund, weil ich ihn schlage oder wedelt er mich freudig an, weil ich mit ihm spreche?

In der Beziehung zu Menschen sind die Rückmeldungen über unser So-Sein umfassender. Das Erkennen des eigenen Selbst ereignet sich in einer besonderen Form innerhalb von Beziehungen. Wir drücken uns mit unserem Körper aus. Unsere Gefühle, unser Denken, unser Menschenbild, unsere Wertvorstellungen, unsere Spiritualität zeigen sich durch unser leibhaftiges Erscheinen. Unsere Gesten, unsere Blicke, unsere Worte spiegeln unsere inneren Haltungen gegenüber anderen Menschen, der Welt wieder. Sie zeugen von Respekt oder Respektlosigkeit, von Gleichgültigkeit oder Mitgefühl und von Liebe oder Hass. So ist eine Beziehung ein immerwährender Spiegel, der uns auf uns selbst zurückwirft. Wir können in ihnen auf eine wundervolle Weise erleben, wie wir mit unserem Gegenüber umgehen. Sind lachende, zufriedene Gesichter um uns, gehen glückliche Menschen nach einer Begegnung mit uns nach Hause oder hinterlassen wir Spuren der Traurigkeit, des Leids, der Angst und Verzweiflung?

Verlassen wir den Weg andere zu beschuldigen und für die schlechte Beziehung verantwortlich zu machen! Betrachten wir unsere Anteile, die zu Streit und Unfrieden führen. Solange wir andere kontrollieren und ins Unrecht setzen wollen, kommt es immer wieder zu Auseinandersetzungen, die keine Aussicht auf Harmonie und Lebensfreude versprechen.

Bitte fragen Sie sich ernsthaft, wie häufig Sie an Konflikten beteiligt sind, in denen es darum geht, Ihr Gegenüber von den eigenen Vorstellungen und Meinungen zu überzeugen. Geht es nicht letztlich darum, den anderen ins Unrecht zu setzen und sich selbst mit seinen eigenen Wahrnehmungen und Erkenntnissen Recht zu verschaffen? Dafür tragen Sie eine Menge an Gründen und Argumenten vor. Und wenn Ihnen keine Gründe mehr einfallen, werden Sie vielleicht nur noch verletzend oder ziehen sich in Ihr Schneckenhaus zurück. Vielleicht strafen Sie den anderen auch mit dem Spiel: Ich spreche erst wieder mit dir, wenn du dich entschuldigt und zugegeben hast, dass ich Recht hatte. Oder Sie entziehen dem Partner Ihre Zärtlichkeit und Sexualität und „kochen ihn weich."

Ich möchte nicht sagen, dass Sie das nicht so tun sollten, aber ich möchte Ihnen zu Bedenken geben, dass ein solches Verhalten Auswirkungen auf Ihre Beziehungen haben wird und zwar sehr negative.

Sollten Sie erkennen, dass sich in Ihrer Beziehung immer wieder unerquickliche Streitsituationen ergeben, dann haben Sie Respekt vor sich selbst und verdammen Sie sich nicht. Akzeptieren Sie erst einmal, dass es so ist, nehmen Sie sich innerlich in den Arm und beschimpfen Sie sich nicht. Akzeptanz ist ein wunderbares Mittel, ein Problem aufzulösen. So lange Sie sich Ihr Verhalten nicht eingestehen, bleibt alles beim Alten und der andere behält die Schuld. Hilfreicher ist es, sich zu fragen, ob es sein muss, dass Sie immer Recht haben wollen. Ob eventuell Ihr Wert davon abhängt, Recht zu haben? Worum streiten Sie sich? Wahrscheinlich sind es die tausend Kleinigkeiten des Alltags, die Mann oder Frau auch ganz anders sehen können. Das heißt, es hängt von dem Standpunkt ab, den wir einnehmen.

Probieren Sie einen Kopfstand! - Die Welt sieht so ganz anders aus. Eine andere Perspektive eröffnet eine neue Sichtweise, die, und das ist interessant, nicht weniger richtig oder falsch ist als die Ihre. Praktizieren Sie „Sirsasana," den Kopfstand, wie er im Yoga beschrieben ist, können Sie, unterstützt durch diese körperliche Haltung, den dazugehörigen Aspekt der Perspektivenveränderung reflektieren. Wie sieht es aus mit Ihren festgelegten Meinungen und unverrückbaren Regeln und Prinzipien? Sind Sie noch mit Ihren Gedanken über Ihre Persönlichkeit, über Gott und die Welt in Bewegung, noch offen für Entwicklung und Wandlung?

Ich habe diese Bedeutung von Yoga und Persönlichkeit in meinem Yogabuch ausführlich beschrieben (Frankfurt am Main 1997) und möchte hier nur deutlich machen, dass durch die Umkehrhaltung des Kopfstandes, der Kopf eben mal nicht an oberster Stelle unseres Leibes steht. Vielmehr verhindern unsere kopflastigen Perspektiven und die damit verbundenen Überzeugungssysteme, die immer wieder in Beziehungen zu Streitigkeiten führen, dass wir uns um die Hintergründe bzw. die wirklich wichtigen Dinge im Leben kümmern. Welche Ein-Stellung habe ich zu mir, zu meinen Mitmenschen, wer bin ich selbst?

Es kann sein, dass Sie sich in Beziehungen so klein fühlen, dass Sie kämpfen müssen, um nicht ganz unterzugehen. Geben Sie sich den Wert, den Sie benötigen, um sich mit sich selbst wohl zu fühlen, um einfach Sein zu können. Ich versichere Ihnen, falls Sie es noch von niemandem hörten, Sie haben diesen Wert in sich und niemand kann Ihnen diesen Wert nehmen. Sollten Sie der Meinung sein, dass dies doch in Ihrem Leben geschehen ist, dann nur, weil der andere die Macht hatte, Sie gedanklich und gefühlsmäßig so zu beeinflussen und Sie diesen Vorstellungen des anderen gefolgt sind bzw. sie als Wahrheit übernommen haben. Aber kein Mensch konnte Sie und kann Sie in der Zukunft von Ihrer Göttlichkeit trennen, mag er auch noch so mächtig sein. Dafür ist selbst der größte Mensch noch zu klein.

Gehen Sie nun mit dieser neuen inneren Wertschätzung in die Beziehungen, die zu Ihrem Leben gehören, benötigen Sie keine Streitigkeiten mehr ums Recht, Sie können einfach

Sein und sich daran freuen zu Sein, unabhängig von der Be- und Verurteilung des anderen.

Betrachten wir dabei den Bereich der Familien, zu der Sie sich zugehörig fühlen, dann ist es notwendig zu unterscheiden, ob Sie Verwandte meinen oder Menschen, die Ihnen gut tun und die sich an Ihrem Wachstum freuen. Natürlich können auch die Verwandten solche Menschen sein, aber häufig sind sie es nicht und versuchen, Sie von dem abzubringen, was Sie in Ihrem Leben an Ideen und Vorstellungen verwirklichen wollen. Aus diesem Grunde kann es besser sein, Sie umgeben sich mit Menschen, denen Sie vertrauen können, die Ihnen wohlgesonnen sind und die Sie darin unterstützen, sich in dieser schwierigen Welt zu verwirklichen. In diesem Fall haben Sie Respekt vor sich selbst und Sie achten sich mit Ihren Wünschen und Bedürfnissen.

Verwandte, die Sie nicht wertschätzen, bleiben Verwandte. Daran können Sie nichts ändern. Was Sie aber machen können, ist, sich um Menschen kümmern, auf Menschen zugehen, die Sie gerne in Ihrer Lebensfamilie wünschen. Auch dafür sind Sie selbst verantwortlich, niemand kann Ihnen diese Initiative abnehmen. Unterstützen Sie andere Menschen, die Ihnen begegnen, dabei, das zu sein, was sie sind, und helfen Sie ihnen, ihr Leben so zu leben, wie diese Personen es in sich verspüren. Sie werden sehen, wie schnell Sie eine Familie um sich haben. Freuen Sie sich daran, wie wunderbar es ist, andere Menschen mit Respekt zu betrachten und sie liebevoll auf ihrem Weg zu unterstützen. Sollten Sie jetzt sagen, ja aber, ich habe solche Erfahrungen noch nie gemacht und ich glaube, dass mich keiner mag, dann lassen Sie Ihre alten Überzeugungen einmal in der Ecke stehen, lösen sich mit Ihrem Blick von ihnen, schauen nach vorn und beginnen Sie neu! Heute und jetzt!

Die Beziehungen, in denen wir leben, und die Tatsache, wie wir eine Beziehung leben, ist in entscheidendem Maße bestimmend für die Entwicklung des Respekts in unserer Gesellschaft, in dieser Welt.

Männer und Frauen sind in gleichem Maße verantwortlich für das Miteinander und die Atmosphäre in ihrer Beziehung bzw. in der Familie. Beide tragen entscheidend dazu bei, ob der Partner sich jeden Tag neu voll und ganz auf seine Aufgaben konzentrieren kann oder ob er, belastet durch nicht ausgetragene Konflikte und einem unfruchtbaren Nebeneinander, dazu nicht in der Lage ist.

In ganz entscheidendem Maße hängt die Wettbewerbsfähigkeit und die Produktivität eines Betriebes oder einer Institution von dem Umgang der Menschen miteinander ab. Und hier kommt der Partnerschaft, Ehe und Familie eine ganz besondere Rolle zu. Sie sind mehr den je gefordert, Raum und Ort zu sein, für das Erlernen eines Sozialverhaltens, das auf Empathie, Achtsamkeit, Respekt, Toleranz, Achtung, Ehrfurcht und Demut beruht.

Dies ist aber nur möglich, wenn sich dort Menschen begegnen, die schon früh gelernt haben bzw. bereit sind zu lernen, in einer solchen Weise miteinander umzugehen. Fehlt ihnen, wie an anderer Stelle beschrieben, ein positiver Kontakt zum eigenen Körper, ein bewusster Umgang mit den eigenen Schattenseiten, eine barmherzige, mitfühlende Haltung gegenüber Gedanken, Vorstellungen, Gefühlen und inneren Strebungen und nicht zuletzt Respekt hinsichtlich des eigenen So-Seins, dann wird das Zusammensein weiterhin überwiegend geprägt sein, von Verletzung, Gleichgültigkeit, Ausgrenzung, Fremdenhass und Machtstreben.

Partnerschaft, soweit sie tiefe Begegnung und Bereicherung für beide beinhalten soll, entwickelt sich nur in gegenseitig zugestandener Freiheit und Liebe. Ich begegne in meiner Praxis nur allzu oft Paaren, bei denen zumindest einer von beiden kein Verständnis für die Weiterentwicklung des Partners hat.

Natürlich hat alles seine lebensgeschichtlichen Hintergründe. Aber gerade weil dies so ist, dürfen wir es nicht als Entschuldigungen für Ignoranz und Entwicklungsstillstand nutzen. Vielmehr muss es unser Streben sein, die biografischen Behinderungen aufzulösen, um dieses Leben in diesem Moment in all seiner Tiefe genießen und frei und unbekümmert leben zu können. Ein derartiges Bemühen hat einen großen friedensstiftenden Wert. Es überschreitet Grenzen und wirkt sich auf die gesamte Menschheit aus.

Völker-, Länder-, Religionsgrenzen bewirken Ausgrenzung und werden häufig dafür missbraucht, um sich mit seinen Vorstellungen und in seinem Denken Recht zu geben, um Unterdrückung, Verachtung, und damit Gewalt, bis hin zum Terrorismus leben zu können. Das war schon seit Menschengedenken so und wird auch weiterhin Bestand haben, wenn wir - und damit meine ich nicht Ihren Nachbarn oder Ihren Kollegen, sondern Sie -, wenn wir, jeder Einzelne, nicht beginnen, Beziehungen so zu leben, dass es wirklich Beziehungen werden, die den Wert der Menschen stärken und ihn nicht in seinem Menschsein demontieren.

Lassen Sie uns nicht darüber diskutieren, wer den Anfang machen soll. Jeder entscheidet selbst über den Zeitpunkt des ersten Schrittes. Jeder darf so bleiben wie er ist, wenn es ihn von Herzen zufrieden macht. Auch wenn es ihn krank macht, darf er so bleiben. Es hat aber Auswirkungen auf unsere Persönlichkeit und unsere Beziehungen, das sollten wir wissen.

Eine Voraussetzung für Veränderung und Wandel ist das Dürfen und nicht das Müssen. Vielleicht verändern Sie sich nicht und machen keinen Schritt, der Ihrem Herzen entspricht, weil Sie in der Opposition stecken und aus Protest gegen das Müssen einen anderen Weg gehen. Überprüfen Sie dies für sich und entscheiden Sie neu! Ganz einfach, ganz neu, ohne ein Muss, sondern nur weil Sie es so wollen!

Übernehmen wir Verantwortung für uns, eröffnet sich ein weiter Horizont, ein neues Leben tut sich auf. Beziehungen werden anders, befriedigender, reicher und farbiger. Wir gehen dann respektvoll mit uns und unseren Beziehungen um. Manchmal ist es so, wenn wir nur eine Sprache, z.B. die der Verachtung, der Respektlosigkeit, des Angriffs oder der Verteidigung gelernt haben, dass wir nicht wissen, wie wir andere Worte formulieren, eine andere Sprache finden können.

Richten wir uns nach dem, wonach wir uns sehnen, was wir wünschen, wie andere Menschen mit uns umgehen sollen.

Nehmen wir zwei kleine Bereiche, die aber in Wirklichkeit große Auswirkungen haben, wenn wir uns um sie bemühen. Es ist einmal der Bereich des Zuhörens und der des Redens. Jeden Tag, tausendmal kommen Sie in die Situation, dass Ihnen jemand etwas sagt, und Sie ZuhörerIn sind oder dass Sie jemandem etwas mitteilen, mit einer Person reden. Sollten Sie sich schon in der Vergangenheit mit Kommunikation beschäftigt haben, werden Sie unterschiedliche Theorien und Methoden des Sprechens und Zuhörens kennen gelernt haben. Ich möchte Ihnen aber eine Weise des Redens und Zuhörens nahe bringen, das seinen Ursprung im Buddhismus hat.

Zur existenziellen Wahrheit, dass das menschliche Leben mit Leiden verbunden ist, gehört die Wahrheit, dass es einen Weg zur Überwindung des Leidens gibt. Dieser Weg, als achtfacher Pfad bezeichnet, enthält die *rechte Rede*, die auf *rechtem Zuhören* gründet.

Dies ist eine wunderbare Gelegenheit mitfühlendes Zuhören zu praktizieren. Sie kennen wahrscheinlich Zuhören, welches dadurch geprägt ist, dass Sie in Ihrem Kopf das Gesagte direkt bewerten, dass Sie mit Ihren Gedanken schon bei der Antwort oder sogar ganz abgeschweift sind und gar nicht mehr zuhören. Warum sprechen wir in Beziehungen miteinander? Doch deshalb, weil wir dem anderen über uns etwas mitteilen wollen. Sie werden das Gefühl kennen, wenn Sie jemandem von sich erzählen und Sie spüren, dass der andere innerlich anwesend ist und Ihnen Raum gegeben hat, in Ruhe auszusprechen. Und wie wohltuend ist dann die Erfahrung, der andere lässt mich bestehen mit dem was und wie ich es gesagt habe. Das Gespräch ist frei von Rechthaberei, sich verteidigen zu müssen, Unterstellungen, Herabsetzungen und Respektlosigkeiten.

Mitfühlendes Zuhören bedeutet, den anderen zu sehen. Nur ihn, mit seinem Anliegen. Hilfreich ist es dabei, wenn wir uns selbst als wertvoll ansehen, wenn wir nicht aus Angst vor unserem Kleinsein aufpassen müssen und hinter jedem Satz eine Kränkung, ein „du denkst" oder „bist nicht richtig" vermuten. Eine derartige innere Befindlichkeit hält uns davon ab, mitfühlend zuzuhören, weil wir abgelenkt sind, mit uns, mit unseren eigenen Problemen beschäftigt sind.

Ist es so, benötigen wir eine Zeit für uns, eine Zeit der Stille, des Schweigens, in der wir ungestört in uns hineinhorchen können, um unseren Zustand der Angst zu verstehen. Tiefes Schauen in unsere Seele entwirrt den Knoten und es entsteht Klarheit und Licht dort, wo Verwirrung und Dunkelheit war. Während des tiefen Schauens in der Stille, dürfen wir eine innere Haltung der Barmherzigkeit uns selbst gegenüber einnehmen. Nicht verurteilend mit uns selbst, sondern mitfühlend und verständnisvoll. Wir müssen nicht, wir dürfen. Das Ergebnis wird ein anderes sein, Sie können es ausprobieren.

Unser wahres Selbst, unser inneres Kind und unsere Göttlichkeit zeigt und offenbart sich nur, wenn wir offen und liebend, frei von Bewertung da sind. Wie eine Katze nur unter dem Schrank hervorkommt, wenn die Luft rein und keine Strafe zu erwarten ist, so ist es auch mit den Seelenanteilen in uns, die bisher im Verborgenen waren. Bleibt alles beim Alten und unser Herz muss um seine eigene Wahrheit kämpfen, die vor dem Verstand sich doch keine Geltung verschaffen kann, ist schon alles zu spät, die Tür bleibt verschlossen und nichts rührt sich. Es ist eine bereichernde, beglückende Erfahrung, sich selbst gegenüber eine Haltung des offenen, annehmenden Herzens einzunehmen. Sie ermöglicht uns endlich, von unserer eingeredeten Minderwertigkeit wegzukommen.

Tiefes Schauen führt uns an den Urgrund unseres Seins, dort, wo es kein Falsch-Sein, kein ich-muss-erst-Leistung-bringen,-damit-ich-wertvoll-bin, gibt. Aus dieser wundervollen, entlastenden Erfahrung wächst die Fähigkeit, einem anderen Menschen gegenüberzusitzen und ihm mitfühlend zuzuhören.

Im mitfühlendem Zuhören gibt es kein: „Ich muss dich klein machen, damit ich groß bin, ich muss dich wertlos machen, damit ich wertvoll bin." Wir sind da, aus einem neuen Verständnis heraus: „Ich weiß um meinen Wert, den mir niemand nehmen kann, da ich göttlich bin, die Buddha-Natur selbst."

Aus dieser Grundhaltung heraus ist es möglich, achtsam dem anderen zuzuhören, ohne daran zu denken, dass unser eigenes Überzeugungssystem in Gefahr kommen könnte. Wenn Sie Ihren Alltag betrachten, können Sie wahrscheinlich in so vielen Gesprächen erkennen, wie es um die Erhaltung und Bestätigung eigener Überzeugungen geht. Da ist kein Platz für einfühlsames Zuhören, sondern die Stimmung ist eher von Ressentiments und Vorsicht geprägt, als von Wärme und liebevoller Zugewandtheit. Wir schaffen damit einen Beziehungs-Kontext, in dem es keine anderen Meinungen, keine abweichenden Vorstellungen geben darf. Schaffen wir dagegen eine „Wildblumenwiesen-Atmosphäre", dann darf jeder mit seinen Besonderheiten hinsichtlich Form, Farbe und Duft wachsen. Dies ergibt eine abwechslungsreiche, farbenfrohe und bereichernde Vielfalt von Daseinsformen, die alle ihre uneingeschränkte Existenzberechtigung unter dem weiten, blauen Himmel haben.

Mitfühlendes Zuhören enthält auch die Qualität, dem anderen Spiegel zu sein, ohne Einmischung. Der andere hört sich sprechen, er öffnet sich sich selbst, wie in der Stille, nur mit einem Gegenüber, das ihm wie sein eigener Geist Raum für Entfaltung frei von Bewertung gibt. Etwas aussprechen in einer Beziehung, das man vielleicht bisher nicht einmal vor sich selbst ausgesprochen hat, ist ein großer Schritt und eine berührende Erfahrung. Es ist Kommunikation vom Herzen her, welche das Herz des Gegenübers berührt, ohne den zensierenden Verstand einzuschalten, der die Offenheit und die Tiefe der menschlichen Beziehung zerstört. In einer solchen gelebten Herzensbeziehung entsteht eine respektvolle, demutsvolle Haltung, die frei ist von Hochmut, Besserwisserei, Arroganz und Abneigung.

Wir können uns nur gegenseitig verstehen und mit tiefem Respekt begegnen, wenn wir dem anderen die Gelegenheit geben, sich angstfrei mitzuteilen, ohne jede Absicherung und Verschanzung hinter wohlüberlegten und abgesicherten Aussagen. Wie kümmerlich und beschränkt ist doch das menschliche Miteinander, in dem sich keine Wahrhaftigkeit und Seelentiefe ereignen darf.

Bitte spüren Sie in sich hinein! Finden Sie dort in Ihrem Herzen nicht einen Wunsch, ein Verlangen nach Angenommensein mit Ihrem So-Sein, welches sich ganz unverblümt seinen Weg aus der eigenen Seelendunkelheit ans Licht bahnen möchte?

Was uns zurückhält, offen mit uns selber und mit dem Partner zu sein, ist die Angst vor dem Nicht-angenommen-Sein, vor Verurteilung, Entwertung, Ins-Unrecht-gesetzt-werden, Ablehnung und Verlassenwerden. Aber bitte bedenken Sie, es geht allen anderen Menschen auch so. Sie sind nicht der Einzige, der mit der Sehnsucht und gleichzeitig mit Angst durch das Leben geht.

Eine Möglichkeit ist, sich für das Warten zu entscheiden, darauf, dass der andere den ersten Schritt macht. Dadurch gehen Sie das Risiko ein, dass gar nichts geschehen wird. So kommt es in Beziehungen zu einer immer wieder stattfindenden Pattsituation. Die Beteiligten fühlen sich nicht wohl und keiner beginnt, für einen Neuanfang bzw. eine Weiterführung der Kommunikation zu sorgen. Kommt es zu einem Gespräch, geschieht es häufig, dass jeder sich aus seiner Position heraus genügend Argumente zurechtlegt, mit dem er sich ins Recht und den anderen ins Unrecht setzen kann. Dies sind in Beziehungen immer unglückliche Momente, da viel Energie in innere Rechtfertigungen und sich wiederholende innere Dialoge gesteckt werden, ohne dass wirklich eine entscheidende Veränderung bewirkt wird.

Eine andere Art zu reagieren wäre, dass Sie Ihre Wünsche selbst umsetzen und nicht darauf warten, dass Ihr Partner dies tut! Mal etwas ganz anderes, nicht wahr? Das hat natürlich zur Konsequenz, dass Sie selbst die Verantwortung für Ihren Zustand und für das sich daraus ergebende Handeln übernehmen.

Keine verkrampften inneren Auseinandersetzungen, kein stunden- oder tagelanges sich-aus-dem-Weg-gehen und den anderen verwünschen ob seiner Dickköpfigkeit. Ein derartiges Handeln entspringt mehr einem respektvollen Umgang seinen eigenen Gefühlen gegenüber und drängt uns aus einer Opferhaltung: „Was ist mein Partner doch gemein zu mir", heraus und führt uns in eine Selbstbestimmungshaltung: „Ich kann für mich sorgen." Das zieht wiederum keine neuen Kämpfe nach sich. Es gibt uns so die Möglichkeit, aus einer eventuellen Opferrolle herauszutreten bzw. wir müssen als Verfolger nicht nach Gelegenheiten suchen, den anderen klein zu machen und ihn zu verletzen.

Auch die jungen Menschen, die heute im rechtsradikalen Gedankengut verstrickt sind und aus der Täter-, Verfolgerrolle heraus agieren, können in gewisser Weise nicht gut für sich sorgen. Sie sind nur oberflächlich in Kontakt mit sich und aus dieser Oberflächlichkeit heraus verletzen sie andere Menschen. Bin ich wirklich in Kontakt mit mir, bin ich auch in Kontakt mit dem anderen und fühle, wie es dem anderen geht, auch wenn ich ihn verletze. Die fehlende Verbindung zu den eigenen Kränkungen und Demütigungen, zu eigenen Opfererfahrungen und die nicht stattgefundene Aufarbeitung zerstört das Mitgefühl. Sie schwingen nicht empathisch mit dem anderen, erheben sich über den anderen und sind somit nicht mehr empfänglich für das, was sie ihnen antun. Hinter dieser Weise zu leben steckt häufig der innere Schwur, sich nicht mehr verletzen zu lassen, sondern auf der anderen Seite zu stehen und auszuteilen.

Ihre Beziehungserfahrungen sind geprägt worden durch nicht-gesehen-werden, Rücksichtslosigkeit und Respektlosigkeit. Ihre Erfahrungen, die sie als Opfer erlebten, drängen in ihnen, andere zum Opfer zu machen. Die Dimension der Feinfühligkeit, Achtsamkeit, des Mitgefühls und der Liebe ist für diese Menschen besonders notwendig. Dadurch entsteht wieder ein Kontakt zum eigenen Herzen und zum Herzen des anderen.

Ein weiterer Aspekt ist für zwischenmenschliches Miteinanderumgehen bedeutungsvoll: Die *rechte Rede*!

So häufig wir anderen Menschen zuhören, so häufig sprechen wir auch mit Menschen. Gelebte Beziehungen erhalten ihre Nahrung auch durch das Gespräch, die Worte, die miteinander ausgetauscht werden. Es wird Ihnen nicht schwer fallen, aus der Vergangenheit sich an Situationen zu erinnern, in denen es Worte waren, die Sie kränkten. Worte von Menschen, bedacht oder unbedacht ausgesprochen. Bemühen wir uns um rechte Rede, so gehört dazu, keine Worte zu gebrauchen, die den anderen verletzen. Es ließe sich eine Skala aufstellen von unterschiedlichen Verletzungsgraden, ausgelöst durch Worte oder Redewendungen, von unpassend gewählt, über ungehörig und gemein, bis hin zu den heftigsten Bösartigkeiten. Menschen sind dementsprechend kurz oder länger, leicht oder tief verletzt. Es hängt natürlich davon ab, in welcher Entwicklungsphase und in welchem Zustand der Mensch sich befindet, der von verletzenden Worten getroffen wird. Kinder und psychisch instabile Menschen werden tiefer getroffen, als Erwachsene mit einem gefestigten Selbstwertgefühl.

Worte können Menschen so sehr treffen, dass sie sich davon nicht mehr erholen, bzw. sogar in den Tod getrieben werden. Dabei handelt es sich nicht um ein herausgerutschtes „du Arschloch", sondern um alltäglich gesprochene Gemeinheiten, die den Menschen in seiner Würde, seinem Selbstwert, seiner Integrität verletzen. Es mag sein, dass sie in einem Umfeld leben, in denen Derbheiten keinem über die Lippen kommen, sondern spitze Bemerkungen ausgetauscht werden, die unter die Haut gehen und das Herz treffen. Ironie, Zynismus und Sarkasmus sind Formen der Rede, die Schimpfwörtern in nichts nachstehen und ebenso zu nachhaltigen Verletzungen führen, auch wenn sie in intellektuelle Wortspiele eingepackt sind.

Vielleicht haben wir uns im Allgemeinen an eine Umgehensweise gewöhnt, die sprachliche Verletzungen zur Gewohnheit hat werden lassen, aber gerade gewohnheitsbedingte Respektlosigkeiten bedürfen unserer Aufmerksamkeit, damit wir sie entlarven und zu einem neuen sprachlichen Umgang miteinander finden.

Ein Mensch, der sich in rechter Rede übt, weiß um die Gewalt, die in der Sprache liegt und er achtet darauf, niemanden durch seine Worte zu verletzen. Er sucht vielmehr nach Worten, die der Seele des anderen gut tun und die ihn auch ermuntern Offenheit und Wahrhaftigkeit zu pflegen. Rechte Rede fügt kein neues Leiden hinzu. In einer Beziehung ist es wichtig, über alle Gefühle und Empfindungen sprechen zu können und sich über alle Themen auszutauschen. Das, was dem anderen auf seiner Seele liegt, benötigt Raum im Miteinander. Worauf wir im Gespräch achten können ist, es dem Gegenüber liebevoll zu sagen. Es hilft zu einer beglückenden Beziehung beizutragen, versuchen Sie es!

Manche Menschen wundern sich, wieso es so schwer ist, sich zu verstehen und dabei haben sie noch nie darüber nachgedacht was sie dazu tun, damit ein Verstehen unmöglich wird. Es würde den Rahmen sprengen über alle Aspekte der Paarkommunikation zu schreiben, aber es ist nicht immer sinnvoll nach dem Schuldigen zu suchen. Übrigens ein beliebtes Spiel in Beziehungen. Wer hat angefangen mit dem Streit? Und schon haben Sie neben dem eigentlichen Schauplatz einen neuen Streit geschaffen: den über den schuldhaften, auslösenden Beginn. Es ist ein unfruchtbares Spiel, welches bis zum Beginn Ihrer Beziehung zurückgeführt werden kann und wenn es dann noch nicht reicht, können Sie die Schwiegereltern anführen, die ja auch nicht besser sind als Ihr Partner. Lassen Sie es! Ich kann mir nicht vorstellen, dass Sie sich in einer unglücklichen Beziehung, die auf boshaften Auseinandersetzungen und Schuldzuweisungen beruht, wohl fühlen.

Innerhalb der rechten Rede sucht niemand danach, den anderen einer Schuld zu bezichtigen, vielmehr geht es darum, in dem anderen Verständnis für Gefühle und Empfindungen zu wecken. Über Verstehen gelangen wir zu einem friedvollen Miteinander in Beziehungen, nicht durch Vorwürfe und Unterstellungen. Das Erkennen der Wichtigkeit von rechter Rede gelingt uns, wenn wir unsere Empathie üben. Empathie ist die Fähigkeit, sich in den anderen hineinzuversetzen und aus seiner Perspektive die Situation wahrzunehmen. Wie leicht bekommen wir dann einen anderen Zugang zum Geschehen, können den anderen in seiner Reaktion verstehen und erkennen seinen Hintergrund. Das Ergebnis wird die Erkenntnis sein, dass es mehrere Sichtweisen und Wahrheiten gibt und meine Sichtweise nicht der Weisheit letzter Schluss ist.

Empathie führt uns zur rechten Rede. Sie eröffnet uns den Weg zum Herzen des anderen.

Mittlerweile lernen unsere Kinder in den Grundschulen am Computer die ersten Worte zu schreiben und können sicherlich einige Zeit später übers Internet Worte in alle Welt versenden. Wollen wir sie lehren, innerhalb von Internet- und Vis-a-vis-Beziehungen auch die rechten Worte zu benutzen, sollte dies mindestens mit der gleichen Intensität erfolgen. Eine falsche Rede zu führen oder wie die Indianer sagten, mit gespaltener Zunge zu reden, führt zu immer wieder neuem Leid in dieser Welt.

Rechte Rede, und dazu gehört auch das christliche Gebot, du sollst kein falsches Zeugnis wider deinen Nächsten ablegen, gelingt uns nur, wenn wir uns in Achtsamkeit üben. Achtsamkeit erlangen wir, wenn wir mit unserer Atmung in Kontakt sind. Achtsam einatmen und achtsam ausatmen lässt uns im gegenwärtigen Moment verweilen und schafft die Grundlage dafür, uns und den anderen hier und jetzt wahrzunehmen. Achtsamkeit verhindert, dass wir einfach so drauflosreden ohne wahrzunehmen, was wir sagen und wie wir sprechen. Auf den Inhalt und auf die Art und Weise kommt es an! Der schönste Inhalt kann durch Ironie und Zynismus ins Gegenteil verwandelt werden. In einer achtsamen Haltung sind wir in Kontakt mit uns und sind in Verbindung mit dem Erleben unseres Gegenübers. Wir müssen in uns sein, unsere körperliche und seelische Befindlichkeit wahrnehmen, damit wir erkennen, was in uns vorgeht. Werden wir ärgerlich, spüren wir dies an unserer Atmung, unserem Gesichtsausdruck, an der Spannung unserer Muskeln, an der Erhöhung unseres Blutdrucks. Erkennen wir unseren Ärger erst, wenn wir explodiert sind und auf den anderen unsere Schimpfkanonade entladen haben, ist es zu spät. Ebenso können wir durch Achtsamkeit erkennen, wenn wir getrieben werden von Neid, Hass und Missgunst. Anstatt einfach hinzugehen und mit bösen Worten diesen Gefühlen Ausdruck zu geben, können wir lernen, in Beziehungen, die wir auf Respekt gründen, diese Worte zurückzuhalten und uns hinsichtlich ihres Entstehens und persönlichen Hintergrunds erforschen. Damit beschreiten wir den Weg funktionierender Beziehungen und erlangen dazu noch Selbst-Erkenntnis.

Beziehungen, deren Boden verseucht sind von Macht, Aggression, Eifersucht, Beherrschung und Hass, können keine Früchte tragen, die wohlschmeckend sind. Begegnen wir diesen Gefühlen in uns, was ja durchaus der Fall sein kann, dann können wir sie achtsam wahrnehmen, annehmen und der Herzenserkenntnis zuführen. Hilfreich ist dabei ein Mensch, der uns achtsam zuhört oder eine Zeit des Alleinseins, in der wir unserem Herzen selbst achtsam zuhören. Für uns selbst, wie für die Beziehung in der wir leben, ist es notwendig, dem Geist und dem Herzen die Freiheit der Entfaltung zu geben. Schränken wir das Denken und die Gefühle im Vorhinein ein, können wir nicht tief genug schauen, um die Klarheit zu finden, die für das Leben einer beglückenden Beziehung notwendig ist.

Gerade in Partnerschaften wird die Freiheit des Denkens und Fühlens häufig vernachlässigt. Dies führt neben dem Anhaften an Vorstellungen, Prinzipien, zu Konflikten, da kein Wandel, keine Entwicklung miteinander möglich ist. Der Respekt vor den Anschauungen, Standpunkten und Gefühlen eines anderen Menschen ist die Grundlage für beglückende Beziehungen. Gleichzeitig sollte jeder Mensch die Freiheit haben, alles infrage zu stellen, was auf seine geistige, körperliche und seelische Lebensweise Einfluss haben könnte und gegenwärtige oder zukünftige gemeinsame Verbindlichkeiten angeht.

In der Kalama-Sutra (Thich Nhat Hanh, 1998, S.40) ermuntert uns Buddha alle Anschauungen infrage zu stellen, mögen sie auch von noch so bedeutenden Autoritäten verkündet worden sein. Er sagt:

Es ist gut, Zweifel zu haben. Glaubt nicht an etwas, nur weil andere es für richtig halten, weil es von der Tradition überliefert worden ist oder weil es in Heiligen Schriften steht. Erwägt, ob es eurem eigenen Urteil widerspricht, ob es Schaden zufügen kann, ob Weise es missbilligen würden und vor allem, ob es in die Tat umgesetzt, Zerstörung und Leid zur Folge hätte. Alles, was ihr als heilsam einschätzt, was eurem eigenen Urteil entspricht, was Weise für richtig halten und was Freude und Glück zur Folge hat, kann akzeptiert und in die Tat umgesetzt werden.

Diese zweieinhalbtausend Jahre alten Sätze sind meiner Ansicht nach für unsere heutige Welt im großen internationalen, wie auch im kleinen zwischenmenschlichen Bereich richtungweisend.

Partnerschaften, die in der Lage sind, ihre alten Überzeugungssysteme infrage zu stellen, um für sich die rechte Seinsweise zu erkennen und respektvoll liebend miteinander im Hier und Jetzt leben, erfahren einen großen Reichtum. Übernommenes infrage zu stellen, bedeutet, sich respektvoll mit den Eltern und ihren Glaubenssätzen auseinandersetzen, um diese bezogen auf die Richtigkeit, für das eigene Leben hin zu überprüfen. Dies betrifft auch die Bilder über das Mann-Sein und das Frau-Sein, die oft in alten, einengenden Mustern und Strukturen gefangen sind.

Hilfreich dabei ist es, *rechtes Zuhören* und *rechte Rede* zu praktizieren, sowie in Achtsamkeit zu leben, damit wir in jedem Augenblick voll und ganz da sein können und dazu beitragen, dass tiefe, wohlwollende und friedvolle Beziehungen entstehen.

Die Ringeltaube
In den Fängen des Falken
Keine Befleckung

Der Fremde von nebenan

In den letzten Jahren nehmen in Deutschland rechtsradikale Ausschreitungen junger Menschen gegenüber ausländischen Mitbürgern in erschreckendem Maße zu.

Ich möchte diesem Thema ein eigenes Kapitel widmen, weil es sich hier um mehr als nur Respektlosigkeiten handelt: Es sind Ausbrüche von Gewalt, die viel menschliches Leid verursachen. Wir alle sind aufgefordert, über die Ursachen nachzudenken. Es müssen Wege und Möglichkeiten gefunden werden, die es diesen jungen Menschen ermöglichen, eine andere Gesinnung und damit auch andere Verhaltensweisen zu finden.

Auch in unserem Ort, in dem ich lebe, findet eine Auseinandersetzung mit diesem Thema statt. Zum Andenken an die Reichspogromnacht initiierte die ortsansässige Friedensbewegung eine Veranstaltung, die sich gegen das Vergessen der Opfer von damals und gegen das Vergessen der Opfer in der jüngsten Geschichte richtete. Es beteiligten sich daran die beiden Kirchen, zahlreiche Verbände und der Rat des Dorfes. Über fünfhundert Menschen nahmen an dem Schweigemarsch mit Kerzenlichtern teil, an den sich Ansprachen und bis in die Nacht Lesungen von Bürgern zum Thema Gewalt, Judenverfolgung und Rechtsradikalismus anschlossen.

Zum Abschluss der Lesenacht wurden die jüngsten Opfer in einem kurzen Steckbrief vorgestellt, die auf unseren Straßen und in unseren Häusern von jungen Menschen getötet wurden, die sich dem Rassismus, der Ausländerfeindlichkeit und Antisemitismus verschrieben haben. Die Frankfurter Rundschau hatte dazu im September 2000 einen Sonderdruck herausgegeben, mit dem Titel: „Den Opfern einen Namen geben."

Es ist notwendig, dass wir uns dem gewaltvollen Geschehen stellen, das sich in unserem Land ausbreitet. Längst sind es keine Anpöbelungen mehr, die Skinheads im betrunkenen

Zustand gegenüber Ausländern begehen, sondern es sind gezielt vorbereitete Aktionen, die schwere Körperverletzung und den Tod von Menschen zum Ziel haben. Wenn sich Rechtsradikale noch auf dem Boden der Verfassung bewegen, so setzen sich Rechtsextremisten und Neonazis für die Beseitigung der demokratischen Grundordnung ein, wenn nötig auch mit gewaltvollen Mitteln. Der Wert des Menschen richtet sich in den Augen dieser Gruppierungen nach seiner nationalen Zugehörigkeit und legitimiert Gewalt gegen Personen mit einer anderen, „falschen" Zugehörigkeit. Ob es ausländische Mitbürger sind, die schon lange in Deutschland leben oder Asylanten, die in ihrer Heimat politisch verfolgt wurden und in unserem Land Zuflucht suchen, all diese Menschen können nicht mit einem Gefühl der Sicherheit hier unter uns leben. Sie müssen sich auf den Straßen, an ihren Arbeitsplätzen, in ihren eigenen Wohnungen vor Übergriffen aus den Reihen der Rechtradikalen fürchten.

Es starben auf der Straße durch hinterhältige Überfälle und Hetzjagden mit Messerstichen, Tritten oder Schlägen mit Baseballschlägern und Stahlrohren der Pole Andrzej Fratczak, der Angolaner Amadeu Antonio Kiowa, der Kurde Nihad Yusufoglu, der Mosambikaner Jorge João Gomondai, der Vietnamese Nguyen Van Tu, der Portugiese Nuno Lourenco und der Asylbewerber Farid Guendoul, um einige der Opfer zu nennen. Bei Angriffen auf Häuser und Wohnunterkünften ausländischer und asylsuchender Mitbürger starben Personen u.a. in Solingen, Dessau, Magdeburg, Ostfildern-Kemnat bei Stuttgart, Lampertheim/Bergstraße und Hoyerswerda.

Grausam getötet wurden deutsche obdachlose Menschen, Sozialhilfeempfänger, Homosexuelle und Arbeitslose, weil sie Opfer von Rechtsradikalen wurden, die „Andersartige", „Minderwertige" und „Fremde" hassen. Mit der Parole „Assis klatschen", „Penner klatschen" und „Ausländer klatschen" ziehen rechtsradikale Hooligans, Skinheads, Neonazis von Hass getrieben, aus Langeweile oder nur so zum Spaß durch die Straßen, überfallen Menschen und töten sie, verüben

Brandanschläge, schänden jüdische Friedhöfe oder Grabmäler von Ausländern.

Die Bilanz dieser schrecklichen Taten kann fast täglich erweitert werden, wobei hier nur einige der schwerwiegenden Fälle genannt wurden. Hinzu kommen viele verbale und nonverbale Bedrohungen, denen ausländische und „andersartige" Mitmenschen ausgesetzt sind. In der ersten Reihe stehen häufig nur die direkten Täter. Aber was ist mit den hinteren Reihen, den Drahtziehern, Gesinnungsgenossen, den Menschen, die eine klammheimliche Freude und Genugtuung erleben, wenn rechtsradikale Gewalttaten verübt werden? Berichte zeigten, dass sich in den Reihen der Polizei und der Bundeswehr als schützende rechtsstaatliche Organe rechtsradikale Menschen befinden.

Günter Grass warf auf der Europäischen Konferenz gegen Rassismus in Straßburg den Politikern vor, den latenten Rassismus der Bevölkerung für ihre Zwecke zu nutzen. Dazu gehören Wahlkampfslogans wie „Kinder statt Inder" und „rassistische Nebentöne" von Personen, die im öffentlichen politischen Leben stehen und verbreiten, die Grenze der Belastbarkeit durch Zuwanderer sei überschritten oder wir brauchten weniger Ausländer, die uns ausnützen, sondern mehr, die uns nützen.

Regierungsamtliche Vertreter haben einen wesentlichen Einfluss auf die Meinungsbildung junger, orientierungsloser Menschen. Offizielle politische Verlautbarungen von Regierungsvertretern mit fremdenfeindlichen Tendenzen sind nicht nur mitverantwortlich für eine Verhinderung menschlicher Einwanderungsregelungen und einem humanen Umgang mit asylsuchenden Menschen, sie machen auch eine rechtsradikale menschenfeindliche Haltung hoffähig, selbst wenn sie sich natürlich von offenen Gewalttaten distanzieren.

Natürlich - Worte sind keine Fäuste, Gesetze keine Tritte, vorenthaltene Arbeitsmöglichkeiten keine Körperverletzung. Aber sie schaffen ein Klima, geprägt von kollektiven Feindbildern und fallen dort auf fruchtbaren Boden, wo junge Menschen keine klare Orientierung besitzen, keine gefestigten Persönlichkeiten sind, wo sie als Randgruppen mit wenig Zukunftsperspektive nach Zugehörigkeit, Anerkennung und Sinnhaftigkeit suchen.

Rechtsradikalismus ist somit nicht nur das Problem einer Vielzahl junger Menschen, sondern ein politisches, kulturelles und gesellschaftliches Problem, das jeden von uns angeht und jeden von uns veranlassen sollte, seine Anschauung prüfend zu betrachten.

Ich möchte behaupten, dass es vielen Menschen in unserem Land entgegenkommt, wenn Schuldige gefunden werden, ihre Taten entlarvt und ihr dahinter liegendes Gedankengut aufgedeckt wird. Es lässt in uns die Illusion entstehen, dass es wirklich schrecklich böse Menschen gibt, die dieses durch ihre Taten beweisen und dass es auf der anderen Seite die guten Menschen gibt, die friedliebend sind, keinen Hass in sich tragen und „so etwas" nicht tun würden.

Ist es nicht eine gängige Reaktion, dass Menschen, die vor dem Fernseher sitzen und Nachrichten über Gewalttaten mit rechtsradikalem Hintergrund hören, sagen: „Das geschieht ihm recht, soll er doch bleiben, woher er gekommen ist." Oder: „Es ist doch wirklich ein Problem mit den Pennern auf unseren Straßen." Oder: „Was gehen die Neger denn noch im Dunkeln nach draußen." Oder: „Das mit den Homosexuellen ist ja auch nicht richtig."

Ich frage Sie, worin besteht der Unterschied zwischen den Menschen, die damals im Nationalsozialismus, in welcher Form auch immer, am Holocaust beteiligt waren oder im Krieg nicht nur Soldaten töteten, sondern ebenfalls hilflose alte Menschen und Kinder umbrachten oder Frauen vergewaltigten und den Menschen, die heute vereinzelte, wie oben beschriebene Straftaten begehen? Worin besteht der Unterschied zwischen denjenigen, die wirklich mit der Faust einen Fremden totschlagen und denjenigen, die es „nur" in Gedanken tun? Ich frage Sie, was ist der Unterschied zwischen Menschen, die rechte Parolen grölen und Menschen anpöbeln und denjenigen, die zu Hause ihre Frauen vergewaltigen, Kinder schlagen oder missbrauchen?

Ich frage Sie, was macht den Unterschied zwischen Menschen aus, wenn der eine durch Mobbing seinen Mitarbeiter in die Krankheit oder gar in den Tod treibt und denjenigen, die einen so genannten Penner ins Wasser werfen und ihn ertrinken lassen? Möglicherweise ist dies wieder eine Stelle in meinem Buch, über die Sie sich empören und mehr oder weniger Wut auf meine Vergleiche verspüren. Aber genau da sind wir schon beim Thema, bei der Rechtfertigung eigener Gewalt gegenüber der „wirklichen", bösartigen Gewalt anderer Menschen. Wir schaffen eine Skala, auf der sich Gewalt eintragen lässt und welche die unterschiedlichsten Eskalationsstufen enthält, wobei wir uns selbst ganz unten ansiedeln und den Rechtsradikalen oben. Damit sind wir selbst wieder aus dem „Schneider" und die anderen haben den „schwarzen Peter" in den Händen.

Wichtig ist mir, Ihnen zu sagen, dass wir uns selbst bei diesem Thema „Gewalt gegenüber Mitmenschen" nicht außen vor lassen, sondern uns mit einbeziehen als Menschen, die genauso Gewalt in sich tragen und unter bestimmten Umständen in der Lage sind, gewaltvoll zu agieren oder zu reagieren. Die große Gefahr, die ich bei der Diskussion um den Rechtsradikalismus sehe, ist, dass wir ein Täterbild entwerfen, was ja schon längst geschehen ist und dass wir damit gleichzeitig unsere Hände reinwaschen.

Wir sind aber nicht anders als diese jungen Menschen. Wir mögen uns unterscheiden hinsichtlich des Ausdruckes unserer Überzeugungen, denn Worte sind keine Fäuste und Gesetze keine Tritte. In dieser Gewalt drückt sich für mich ein alltägliches Phänomen des menschlichen Seins aus. Es besteht in der Skepsis, der Vorsicht, der Distanz, der Abneigung gegenüber neuen, unbekannten Dingen und Menschen, sowie in dem Bestreben des Menschen, Zugehörigkeiten zu bilden, die andere ausschließen und abwerten.

Es ist unsere Gesellschaft, in der dies Schreckliche geschieht. Es sind unsere Dörfer und Städte, in denen sich Gewalt breit macht. Es sind unsere Kinder, die anderen Personen menschenverachtend begegnen. Es ist unsere Politik, die jahrelang im Vorfeld der Eskalation tatenlos zugeschaut hat. Es sind wir, die wegschauen, wenn jemand Hilfe braucht. Es sind unsere politischen Gremien, welche die Gelder für Jugendarbeit kürzen und Fachkräfte entlassen, die präventiv gegen Gewalt tätig werden könnten. Es ist unser Bildungssystem, das fast ausschließlich leistungsorientiert mit unseren Kindern umgeht und ihnen keine Fächer auf den Stundenplan setzt, in denen sie Mitgefühl, Empathie, Ambiguitätstoleranz, Konfliktlösungsstrategien, Friedensarbeit und Liebe lernen können. Und es ist unsere Arbeitsmarktpolitik, die junge Leute auf der Straße ohne eine Zukunftsperspektive stehen lässt.

Diese Liste ließe sich sicherlich noch fortsetzen, aber deutlich müsste geworden sein, dass eine Vielzahl von Faktoren eine bedeutende Rolle spielen und einen Einfluss auf die derzeitige gesellschaftliche Situation von nicht zu überbietender Respektlosigkeit und rechtsradikaler Gewalt haben.

Die kriminellen Handlungen gegen Ausländer und Minderheiten in unserer Gesellschaft nehmen zu. Es gibt Strafen, es gibt Verurteilungen und es gibt Gefängnis für manchen Täter. In anderen Ländern gibt es sogar die Todesstrafe. Meines Wissens hat es in dem Jahr 2000 in Texas die meisten Hinrichtungen gegeben, die jemals vollzogen wurden. Auch dieses, in unserem Land geächtete Mittel der Bestrafung hält die Menschen in Texas nicht davon ab, weiter zu morden und zu vergewaltigen. Das sagt uns doch auch, dass der Weg härteren Durchgreifens ebenso versagt wie der Weg einer Liberalisierung von Gewalttaten.

Deshalb ist es notwendig, dass wir einen Weg gehen, der jeden von uns mit einschließt.

Unser persönlicher Beitrag ist es, den Ursachen allen Übels auf den Grund zu gehen. Auf den Grund gehen heißt, ganz vorne anfangen und erkennen, wie wir Menschen die Welt erschaffen und die Dinge, die zu dieser Welt gehören. Es geht also um die *rechte Anschauung* und das *rechte Denken*. Dies sind zwei zentrale Begriffe, die den Kern der Lehre des historischen Buddha bilden und seit über 2500 Jahren gelten.

Kurz beschrieben handelt es sich um die *Vier edlen Wahrheiten*. Die erste besagt, dass Leiden in unserer Welt in unserem Leben existiert. Die zweite spricht von den Ursachen, den Wurzeln des Leidens, die dritte Wahrheit sagt, es gibt die Aufhebung des Leidens und die vierte edle Wahrheit benennt den Weg zur Überwindung des Leidens. Das „Rechte" meint also in diesem Zusammenhang nicht das Rechte im Sinne von rechtsradikal, sondern das Rechte im Sinne von richtig erkennen. So verstanden heißt dies, dass unser Bemühen dahin gehen muss, durch die rechte Anschauung und das rechte Denken allen Beteiligten, Opfern wie Tätern gerecht zu werden. Was ich damit meine, werde ich im Weiteren ausführen.

Betrachten wir die Gewalt der Neonazis von unserem Standpunkt aus, so ist sie verabscheuungswürdig. Betrachten wir dieselbe Gewalt vom Standpunkt des Rechtsradikalismus her, so ist sie angemessen und sinnvoll, weil sie ja ihrer zu Grunde liegenden Überzeugung entspricht. Wir, die eine andere Überzeugung haben, kommen zu einem anderen Schluss, einer anderen Bewertung. Je nachdem von welchem Standpunkt aus die Gewalt betrachtet wird, ändert sie sich scheinbar und wird mal von der einen, mal von der anderen Seite legitimiert. Daraus können wir aber nicht gleichzeitig ableiten, dass der eine oder andere Standpunkt der absolut Richtige wäre. Wir können sagen, dass es einen gesellschaftlichen Konsens über die Vorstellung von Gewalt gibt und eine Mehrzahl von Menschen eine solche Gewalt als abscheulich betrachten. Das können wir sagen, aber damit kommen wir einer Lösung nicht näher, denn die Einstufung von Gewalt bleibt gebunden an den Standpunkt, den wir vorher eingenommen haben. Die Mehrheit, die hinter einer Anschauung steht, verhilft der Anschauung noch lange nicht zum Recht. Denken Sie an das Dritte Reich. Der Großteil der Bevölkerung stand hinter Hitler, zog mit ihm in den Krieg gegen viele friedliche Völker und war an der Ausrottung der Juden beteiligt. War ihre Anschauung von damals richtig oder sagen wir nicht heute, es ist falsch gewesen?

Hatte die Minderheit der Widerstandskämpfer die rechte Sichtweise, die richtige Anschauung? Ja, würden wir heute sagen, wenn wir nicht noch rechtes Gedankengut in uns pflegen.

Es gibt keine Anschauung, die der Wahrheit entspricht!

Es gibt nur Anschauungen von einem gewissen Stand-Punkt aus. Wechseln wir den Stand-Punkt, erscheinen die Sachverhalte, die wir betrachten in einem anderen Licht. Haben wir einmal einen bestimmten Standpunkt eingenommen, eine gewisse Anschauung erlangt, wollen wir daran festhalten und finden genügend Gründe und Überlegungen, mit denen wir unsere Haltung rechtfertigen. Dies bedeutet aber gleichzeitig, dass wir anderen Menschen, die eine andere Meinung der Sache gegenüber haben, bescheinigen, dass sie im Unrecht sind und mit ihrer Sichtweise falsch liegen. Es ist nun mal eine Eigentümlichkeit des Menschen, wenn er zu einer bestimmten Einsicht gezwungen werden soll, dass er sich dem widersetzt. Geben wir Menschen unrecht, dann führt dies nur dazu, dass sie uns unrecht geben! Dies ist eine wichtige Erkenntnis und Grundlage hinsichtlich der weiteren Umgehensweise mit der Gewalteinschätzung und den zu treffenden Maßnahmen.

Denken Sie an einige Beispiele Ihres eigenen Erlebens. Wollte Sie jemand davon überzeugen, dass Ihre Lebensweise die Falsche ist, riefe das ihren Widerstand auf den Plan. Sie würden sich verteidigen und die Lebensweise des anderen anzweifeln bzw. sie abwerten und als falsch einstufen. Diese Beispiele können auch Kleinigkeiten, wie das tägliche Zähneputzen, das Waschen Ihres Autos oder wichtigere Bereiche betreffen, wie die Erziehung Ihrer Kinder oder Ihr Arbeitsverhalten. Trifft es Einstellungen über Ihre festgefahrene politische oder religiöse Haltung, mag Ihre Gegenwehr noch größer und der beginnende Kampf um das Recht der richtigen Anschauung noch intensiver werden.

Schwenken wir für einen kurzen Augenblick auf die Weltbühne der großen Konflikte, dann sehen wir dort blutige Rechtfertigungskämpfe, um die richtige politische und religiöse Anschauung, sei es der ewige Kampf der Israelis gegen die Palästinenser oder der der Katholiken in Nordirland gegen die Protestanten. Identifizierten wir uns mit einer der beteiligten Kriegsparteien, würde sich sicher das Gefühl einstellen, wir hätten Recht und der Kampf stände im Dienst einer gerechten Sache. Aufgewachsen im Lager der anderen Seite, gäbe es keine Frage über die Rechtmäßigkeit unseres gewalttätigen Tuns.

Was sagt uns das jetzt in Bezug auf die Gewalt in unserem Land? Wir sind davon ausgegangen, dass es keine wirkliche, wahrhaftige, richtige Anschauung gibt. Jede Anschauung ist vielmehr standpunktabhängig. Folgen wir dem weiterhin, ist der Schluss zwangsläufig, dass Gewalt weder richtig noch falsch, weder gut noch böse ist! Es sagt uns, dass Gewalt Gewalt ist. Und es sagt uns, Gewalt bleibt Gewalt, in welches Gewand wir sie auch zu kleiden suchen, um sie zu rechtfertigen. Es zeigt uns aber auch, dass die in unserem Land stattfindende rechtsradikale Gewalt und die Gewalt im Nahen Osten, wie in Nordirland, Afghanistan und anderen Orten dieser Welt, schweres menschliches Leid nach sich zieht. Das ist die Auswirkung dieser Gewalt!

Und dies ist bedeutungsvoll für unsere Einstellung gegenüber jeglicher Gewalt.

Nach dem, was ich zu Beginn über die schreckliche Ermordung vieler ausländischer und deutscher Mitbürger gesagt habe, werden Sie meine Ausführungen im Moment vielleicht nur schwer verstehen. Aber gut, nehmen wir uns noch etwas Zeit, tiefer in die Mechanismen menschlichen Handelns einzudringen. Ich gehe dabei aber einen Weg, der anders ist, als Sie es vielleicht bisher gewohnt waren bzw. ich nehme einen anderen Stand-Punkt ein, als Sie ihn bisher kannten.

Anschauungen, die wir einnehmen, liegen Wahrnehmungen zu Grunde. Wahrnehmungen sind immer subjektiv. Sie sind gefärbt von der Sichtweise des Betrachters, seinem

Erfahrungshintergrund, seinen politischen, religiösen und kulturellen Bezugspunkten. Es gibt keine objektiven Wahrnehmungen. Das heißt, wo es Wahrnehmung gibt, gibt es zwangsläufig auch Täuschung. Deshalb macht es keinen Sinn sich auf Anschauungen zu berufen, von denen wir meinen, weil sie unsere Meinung wiedergeben, seien sie richtig. Ebenso wenig ist es richtig, dass wir glauben, einen Anspruch darauf erheben zu können, dass sich die Menschheit danach richten soll. Wir müssen uns von unseren subjektiven Wahrnehmungen befreien, um zu einer angemessenen Sichtweise zu kommen. Ein Text aus dem Shinjinmei, einem alten buddhistischen Text, sagt recht deutlich, worauf es ankommt:

Selbst wenn die Worte genau
und unsere Gedanken richtig sind,
entsprechen sie doch nicht der
Wirklichkeit.

Das bedeutet, dass wir lernen müssen, die Dinge so zu belassen wie sie wirklich sind, ohne unser bewertendes Zutun. Dies ist, um es noch einmal zu sagen, immer subjektiv gefärbt, entsprechend unserem geistigen Hintergrund, der unserer jetzigen Entwicklung entspricht.

Konkret heißt dies, durch unsere feste Meinung, unsere Prinzipien und Grundsätze verhindern wir, dass wir hilfreich mit Menschen umgehen, die diese Gewalt leben. So wirken wir von vornherein einer positiven Veränderung entgegen. Wir beurteilen ihr Verhalten, wir verurteilen ihre Gewalt, wir stellen sie in eine Ecke, aus der sie uns hasserfüllt betrachten, weil wir sie abweisen und ausgrenzen, sie verachten und selbst zu hassen beginnen. Hier springen wir auf das Karussell der Gewalt auf und lassen uns immer mehr in das hineinziehen, was wir eigentlich ablehnen und verhindern wollen, nämlich Gewalt zwischen Menschen.

Beziehen wir uns noch einmal auf die Erkenntnis, dass Menschen, die auf Grund ihres Denkens oder Handelns verurteilt werden, dazu neigen, weiter Unrecht zu begehen bzw. wieder aufs Neue kriminell werden.

Führen wir uns folgende Situation vor Augen. Ein Jugendlicher gerät in eine Gruppe von Rechtsradikalen. Dort fühlt er sich zugehörig und akzeptiert. Die eigene Unreife bzw. Standpunktlosigkeit hinsichtlich ausländischer Mitbürger und gesellschaftlicher Randgruppen und eine gewisse Labilität lassen ihn nach und nach die Gesinnung der anderen übernehmen und an deren Aktionen teilnehmen. Es entstehen freundschaftliche Beziehungen und er ist plötzlich wichtig. Seine vorherige undifferenzierte Meinung wird abgelöst von eindeutigen Aussagen der Gruppe und er identifiziert sich immer mehr mit rechtem Gedankengut.

Dies ist, übertragen auf ähnliche Situationen, ein durchaus alltägliches Geschehen! Viele Menschen finden in religiösen Sekten ein Zuhause, ob bei den Children of God oder in der Scientology. Radikale Gruppierungen rekrutieren sich aus vielen Menschen, die in sich noch nicht gefestigt sind, die eine Zugehörigkeit suchen und eine Gemeinschaft, an der sie sich aktiv beteiligen können, Aufgaben erhalten und die dem Leben eine Richtung und einen Sinn geben.

Sind andere Menschen, die sich in einem Sportverein engagieren oder in einer politischen Partei, auf dem „richtigen Weg"? Verkünden nicht so gut wie alle politischen und wirtschaftlichen und religiösen Machtträger, Institutionen und Organisationen, dass sie wissen, was das Richtige für die Wähler, die Menschen und die Gläubigen ist?

Ich will noch einmal damit sagen, seit Menschengedenken ist es eine Frage des Standpunktes, dass der Mensch sagt, ich habe Recht und du hast Unrecht. Sagt er, ich habe Recht, impliziert dies auch immer, du hast Unrecht bzw. ich bin richtig und du bist falsch. Über diese Abgrenzungen kommen wir zur Ausgrenzung und zum gewaltsamen Kampf Einzelner untereinander, die zu anderen Beurteilungen gekommen sind. Das geht bis hin zu den Kriegen, die im Moment die Welt überschatten. Der Weg der Abgrenzung und Verurteilung hat sich demnach in der menschlichen Geschichte nicht bewährt.

Zurück zum obigen Beispiel. Wir könnten dem Jugendlichen nicht im gewohnten Reaktionsmuster gegenübertreten, sondern sagen, in der Gewalt liegt nichts Falsches, sie ist weder richtig noch falsch. *Aber, und das ist jetzt wichtig zu bedenken, deine Gewalt zieht allerdings Konsequenzen nach sich! Und du, junger Mensch, musst dich jetzt entscheiden, was du tun willst, welchen Weg du beschreiten willst.*

Was würde dies bedeuten? Wir würden den Menschen, der gestern noch eine andere Person durch sein Tun verletzt hat, ernst nehmen in seinem Denken und Handeln, ihn als Mensch bestehen lassen, ihn nicht abwerten und als „Ausgeburt" rechtsradikaler Gewalt beschimpfen.

Dieser Mensch wäre zwar der gleichen Prozedur ausgesetzt wie sonst, nämlich einer Festnahme, Anklageerhebung, Verurteilung und letztlich der Inhaftierung. Der Unterschied würde aber darin bestehen, dass ihn niemand für seine Sichtweise verurteilt und ausgrenzt. Niemand würde diesem Täter Unrecht geben! Das würde bedeuten, dass sich die jugendlichen Menschen mit den Folgen ihres Handelns auseinander setzen könnten, nämlich mit dem Leid der verletzten Menschen, dem Leid seiner Angehörigen oder dem Leid seiner Hinterbliebenen. Der Rechtsradikale müsste nicht sein Gesicht verlieren, weil ihm gesagt wird: Du hast Unrecht getan. Er könnte Verantwortung übernehmen für sein Denken und sein Tun und sehen, was sein Handeln für ein Leid verursacht hat, und damit zu einer Korrektur kommen. Sie meinen, es wäre ja schön, wenn es dazu kommen würde, aber es scheint Ihnen doch ein wenig zu naiv oder vielleicht auch nur Wortklauberei. Ich habe die Erfahrung gemacht, Veränderung einer Anschauung und das daraus folgende Verhalten wird wesentlich eher stattfinden, wenn diese Menschen das erfahren, was wir ihnen als fehlend vorwerfen, und dies ist Respekt, Achtung, Mitgefühl und Liebe allen Menschen gegenüber, gleich welcher Anschauung, Hautfarbe, Herkunft, Religiösität oder Nationalität. In einer solchen

Atmosphäre, getragen von gegenseitiger Achtung, wird der andere sich mit seiner bisherigen Weltsicht auseinander setzen können. Er muss wahrscheinlich, gar nicht viel anders als wir, selbst erst einmal erkennen, dass Rassismus nichts natürlich Ursprüngliches ist, sondern eine Erfindung des Verstandes, der es ermöglichte, auf Grund der Einteilung von Menschen in unterschiedliche Rassen, andere Menschen zu unterdrücken und zu beherrschen. Es gibt Menschen, die an unterschiedlichen Plätzen dieser Erde geboren und aufgewachsen sind. Und diese Menschen lernten auf Grund der dort herrschenden klimatischen/geografischen Bedingungen kulturelle Verhaltensweisen, die zwangsläufig von Menschen abweichen, die an völlig anderen Plätzen dieser Erde aufwuchsen. Auch das Entstehen der Hautfarbe schwarz und weiß ist nichts weiter als eine geniale Entwicklung, die der menschliche Körper vollzog, als Reaktion auf die unterschiedlich starke Sonnenintensität, der er ausgesetzt war.

Es gibt also nur Menschen, Menschen und Menschen!

Und sonst gibt es nichts, was wir über unseren Verstand zur Entzweiung der Menschheit dazu tun müssten.

Die hartnäckig weiter bestehende rassistische Einteilung der Menschen liegt in der Tradierung, für die übrigens immer wieder die erziehende Generation verantwortlich ist, und das sind u.a. wir Eltern, Lehrer, Journalisten und Politiker. Die Vorstellung, Menschen in Rassen einzuteilen, sitzt fest verankert in unserem Verstandes-Überzeugungssystem. Es ist der seit Jahrtausenden bestehende weltweite (Irr-) Glaube, der letztlich auf Machtstreben beruht, Menschen, die einem bestimmten Volk angehören, als weniger wertvoll zu beurteilen.

Weil diese Unterscheidung innerhalb des Überzeugungssystems „das ist von Natur aus so" besteht, rechtfertigt es eine Rassentrennung und das gibt den Menschen wiederum das Recht, diese „minderwertigen" Menschenrassen auch schlecht zu behandeln. Dieses Rechtfertigungssystem ermöglicht also den Menschen, die über Macht und eine solche Denkweise verfügen, Mitmenschen abzusondern und zu unterdrücken. Dies geschieht beispielsweise in Indien mit den Unberührbaren, in Südafrika mit den Südafrikanern, in Amerika mit den Schwarzafrikanern und Indianern, auf der ganzen Welt mit den Sinti und Roma und mit den Juden damals in Deutschland.

Wir können an diesem welt- und völkerüberspannenden Verhalten erkennen, wie gefährlich tief verwurzelt sich Überzeugungen im menschlichen Verstand festsetzen. Niemand von uns kann sich der Tatsache entziehen, dass unser Verstand Glaubenssätze formuliert ähnlich dieser unglückseligen Überzeugung und sie für die Wirklichkeit hält. Deshalb ist es so dringend notwendig, dass wir wachgerüttelt werden durch die kritische Auseinandersetzung mit Taten der jungen rechtsradikalen Menschen, unsere menschenverachtenden Glaubenssysteme erkennen und aus unserem Bewusstsein streichen.

Wir können den Neonazis in gewisser Weise dankbar sein - und dies meine ich ehrlich, ohne die Toten und ihre Angehörigen zu verunglimpfen -, dass sie uns durch den Ausdruck ihres Hasses und ihrer Anschauung an den blinden Fleck unseres Bewusstseins führen. Wir haben dadurch die Möglichkeit, uns mit den fehlerhaften Denkprozessen auseinander zu setzen, die wir in uns tragen und den diese Menschen ausleben. Unser eigener Rassismus ruht mehr oder weniger verborgen im Schattenbereich unseres Selbst. Er ist in unser Unterbewusstsein gesunken. Durch ihre rassistischen Übergriffe konfrontieren uns diese jungen Menschen mit unserem eigenen verborgenen Seelenleben.

Die Erfahrung zeigt, Rassismus provoziert Anti-Rassismus, sowie Faschismus Anti-Faschismus nach sich zieht.

Begegnen sich Menschen mit solch gegensätzlichen Überzeugungssystemen auf der Straße, wie wir es derzeit erleben können, findet neue Gewalt in alter bzw. neuer Verkleidung statt. Damit eine Opposition gegen den Rassismus wirksam werden kann, muss sie den Rechtsradikalen helfen sich selbst zu erkennen. Das jahrtausendalte Orakel von Delphi sagt:

Gnothi Sauton
Erkenne Dich selbst!

Setzen wir jemanden ins Unrecht, stoßen wir ihn damit noch mehr in diesen Zustand hinein, aus dem wir ihn ja herausholen wollen, wenn wir dies wirklich beabsichtigen. Das würde nämlich zur Folge haben, dass wir sagen: *„Hey ihr, ihr seid genauso wichtig und wertvoll wie wir, ihr seid unsere Brüder und Schwestern, auch wenn ihr zurzeit andere Überzeugungen habt, die nach unserer Meinung die Würde und Gesundheit anderer Menschen auf das Schlimmste verletzen."*

Damit würden wir diese jungen Menschen als das behandeln, was sie sind: nichts anderes als Menschen wie wir. Das wird sicherlich ein schwieriger Prozess werden, denn wir müssten von unserer Überzeugung loslassen, dass diese Menschen alle von Natur aus Verbrecher sind, bei denen alle Mühe umsonst und jeder Versuch der Resozialisierung hoffnungslos ist.

Erkennen wir uns selbst!

Sagen wir den jungen Menschen, die sich im Netz der von uns an sie überlieferten Überzeugungssysteme verfangen haben: *„Wir übernehmen die Verantwortung für unser Denken und Tun und wir lassen euch die Verantwortung für euer Tun. Aber wir reden mit euch und schlagen euch nicht mit Baseballschläger tot."*

Aber, das zieht jeweils unterschiedliche Konsequenzen nach sich!

Verantwortung übernehmen bedeutet, die Bereitschaft aufzubringen, der Verursacher aller meiner Erlebnisse zu sein und der daraus entstehenden Konsequenzen, natürlich auch derjenigen, die ich nicht mag. Rauchen wir so stark, bis wir ein Raucherbein bekommen oder Lungenkrebs, dann ist dies die Konsequenz, die sich aus unserem Handeln, dem Rauchen ergibt. Sie ist weder gut noch schlecht, sie *ist* einfach. Übernehmen wir die Verantwortung dafür! Bei negativen

Reaktionen, die uns unangenehm sind, neigen wir dazu, die Verantwortung abzulehnen und sie anderen in die Schuhe zu schieben. Beim Beispiel des Rauchens könnten wir der Zigarettenindustrie die Schuld geben, der Zigarettenwerbung, den Freunden, die mich zum Rauchen animieren, usw.

Stolz werden wir sein, wenn wir etwas getan haben, was uns angenehm und wertvoll erscheint. Dann sind wir gerne bereit die Verantwortung dafür zu übernehmen.

Unser Verstand schafft eine Bewertung der Situation und dazu stellen sich die passenden Gefühle ein, wie Schuld und Scham oder Stolz und Freude. Aber wir müssen sehen, dass alle Erfahrungen, ob „schlecht" oder „gut", keine eigene Wertigkeit besitzen. Sie sind so wie sie sind, weder gut noch schlecht! Verantwortung übernehmen heißt erkennen und akzeptieren, dass ich der Verursacher meines Lebens bin und nicht das Opfer. Dies ist sicherlich nicht so einfach. Es reicht womöglich nicht aus, sich hinzusetzen, darüber nachzudenken und schon haben wir die Erkenntnis umgesetzt. Eher wird es ein schmerzlicher Prozess der inneren Auseinandersetzung, den jeder mit eigener Offenheit und Ehrlichkeit sich selbst gegenüber führen muss.

Verurteilen wir junge Gewalttäter moralisch, heben wir den Zeigefinger und sagen, dein Tun ist falsch und du hast Unrecht getan, versuchen wir ihn zu zwingen, sich schlecht zu fühlen, schuldig zu sein und für das, was er getan hat, sich zu schämen. Er wird sich als Opfer sehen, unverstanden mit seinem Ausländerhass und er wird sich als Opfer der Umstände fühlen, die ihn dazu gebracht haben. In einer Opferhaltung übernimmt niemand Verantwortung! Verantwortlich sind nur die anderen! Konfrontieren wir einen jungen Gewalttäter mit dem, was er getan hat und dem Leid was dieses Tun bei seinen Mitmenschen ausgelöst hat, ohne ihn dabei ins schlechte Licht zu setzen, dann kann er selbst erkennen und Verantwortung dafür übernehmen, dass er Wiedergutmachung leistet oder ins Gefängnis geht.

Jeder junge und natürlich auch älterer Mensch hat ein Recht auf Sinneswandel und benötigt die Gelegenheit, sich mit seinen bisherigen Vorstellungen auseinander zu setzen. All die vielen Initiativen, die es mittlerweile an Schulen und in der Öffentlichkeit gegen Gewalt gibt, sind sinnvoll und notwendig. Nur eins ist dabei bedeutend, dass die Menschen, gegen die sich die Aktionen richten, nicht diskriminiert, geächtet und gedemütigt werden.

Vermitteln wir den jungen Tätern, schlecht und böse zu sein, so bewegen wir uns auf Glatteis, denn es gibt nicht das „Böse." Das Böse ist eine Bewertung unseres Verstandes und von ihm hervorgebracht.

Die Wirklichkeit ist jenseits von Gut und Böse, sie ist wie sie ist! Das Hochwasser welches Länder überflutet und Menschen ertrinken lässt, ist nicht böse. Das Feuer, das riesige Landstriche verwüstet und Menschen um Hab und Gut bringt, ist nicht böse. Die Bergbahn, die weit über hundert junge Skifahrer in den Tod riss, ist nicht böse. Der Blitz, der in den Kuhstall einschlägt und das Vieh verbrennen lässt, ist nicht böse. Das Feuer, das uns wärmt, ist nicht gut. Das Wasser, das uns ernährt, ist nicht gut. Die Sonne, die unser Leben erhält, ist nicht gut.

Alle Elemente auf dieser Welt sind weder gut noch böse! Sie sind, was sie sind!

Es ist wichtig, dass wir dies verstehen, sonst versinken wir mit den gewaltbereiten Jugendlichen im unentrinnbaren Sumpf von Richtig und Falsch und Gut und Böse. Wir müssen uns dem dualistischen Denken entsagen, welches Subjekt und Objekt schafft und damit Bewertung, Verurteilung, Abgrenzung und Ressentiments nach sich ziehen. Deren Folge ist wiederum die Rechtfertigung zur Ausgrenzung anderer und führt uns zum Kampf gegen sie. Damit setzen wir die ursächliche Spirale der Gewalt in Bewegung. Denn Menschen, die sich verstoßen, abgelehnt und diskriminiert fühlen, werden sich zusammentun und gegen die kämpfen, die sie verstoßen und aus ihrem Opfer sein heraus zu neuen Tätern werden.

Was diese jungen Menschen, die sich auf Grund irregeleiteter Überzeugungen im Abseits befinden, benötigen, ist

Barmherzigkeit! Keine Barmherzigkeit, die sagt, es ist nicht schlimm, was du getan hast, sondern eine Barmherzigkeit, die sagt, ich bin da, offen für dich, damit du erkennst, was dich dort hingeführt hat. Ich bin bereit, mit dir die Knoten der Verblendung und Verwirrung zu lösen, damit du erkennst, was dein Handeln bei den anderen Menschen ausgelöst hat. Das gibt dir wirklich die Möglichkeit, aus eigener Verantwortung heraus neue Wege zu gehen.

Es hilft niemandem, wenn wir einem jungen Gewalttäter ein Lippenbekenntnis abpressen und er sagt: „Entschuldigung, ich will dies nicht wieder tun!" - bis zum nächsten Mal. Diese Menschen, nein, alle Menschen, wir nicht ausgeschlossen, müssen wach werden für die Wahrheit in uns. Das bedeutet, wir müssen die ursprüngliche Ursache des Übels erkennen und verstehen.

Häufig heißt es bei der Verurteilung von Straftätern: „Sie saßen teilnahmslos da und hörten dem Richterspruch zu. Es waren keine Zeichen von Reue zu erkennen." Wodurch denn auch? Wirkliche Reue setzt Erkenntnis voraus, Einsicht in die Zusammenhänge, die ursächlichen Bedingtheiten. Bereuen ist nicht einfach ein Gedanke, ein Gefühl, es ist das tiefe Auflösen der eigenen Verblendung, der Unwissenheit, der Blindheit. Ich bereue meine Sünden, mag dem Beichtvater früher gereicht haben. Gut, es ist ein Anfang, aber dann kommt doch erst das Wichtigste, *richtig erkennen, richtig bereuen und dies bedeutet, dass wir uns wesentlich ändern!*

Sie kennen die tausendste Entschuldigung Ihres Partners: „Entschuldigung, ich mache das nicht wieder!" - bis zum nächsten Mal, zur nächsten Entschuldigung.

Wesentliche Reue ist, wie ich meinen japanischen Zen-Meister Fumon S. Nakagawa verstehe, das Wachwerden für die Wahrheit in uns, praktizieren der vollkommenen Erkenntnis in uns. Dies setzt einen Lösungsweg in Gang, der keine neue Gewalt gebiert, sondern zurückführt in die Erkenntnis des *Miteinander-Eins-Seins*. Wir ziehen zwar gerne eine dicke Trennlinie zwischen den Rechtsradikalen und uns, um uns deutlich abzugrenzen, aber dies ist nur äußerlich möglich. Wir können uns nicht auseinander dividieren, da wir in unserem Ursprung Eins sind. Wir haben einen gemeinsamen göttlichen Ursprung, ob wir ihn wollen oder nicht, und wenn wir die Hände zusammenlegen und uns in Achtung, Respekt und Liebe vor dem Gewalttäter, seiner ihm innewohnenden Göttlichkeit verbeugen, dann wird das tief an sein Herz rühren. Vielleicht hat er zu Anfang Angst, weil er noch nie in seinem Leben erlebt hat, dass ihm jemand mit tiefer Liebe begegnet, unter Umständen nicht einmal seine Mutter. Aber dieses innere herzliche Umarmtwerden öffnet das Herz für den eigenen eingeschlossenen Schmerz, die eigenen erfahrenen Demütigungen und Kränkungen. Und diese müssen sich dann nicht auf dunklen Kanälen in Gewalt gegenüber unseren Mitmenschen entladen.

Kürzlich fragte mich ein Mann, der von sich glaubt, ein großes Gewaltpotenzial in sich zu tragen, ob ich Hitler umarmen könnte. Ich musste erst schlucken und brauchte einen Moment, um in mein Herz zu schauen und sagte dann, ja, das könne ich, nicht ohne zu sehen, was er für ein Leid in diese Welt gebracht hat, aber ich würde tiefer schauen, in sein Herz, dorthin, wo seine eigene Verzweiflung, seine eigene Selbstabwertung und sein Selbsthass sich verborgen hält, und ich könnte ihn umarmen und halten und mein Blick würde sich auch auf seine Göttlichkeit richten auf das Eins-Sein miteinander. Der Mann, der mich das fragte, begann daraufhin leise zu schluchzen und zu weinen.

Bei dem Umgang mit Gewalttätern ist es doch wichtig, dass wir den Kontext begreifen, in dem wir handeln. Wenn wir immer wieder in gegenseitiger Erniedrigung und Gewalt verbleiben, dann gibt es keine Lösung, die zu Frieden und Vergebung zwischen den Beteiligten führt. Beteiligte sind natürlich auch wir, auch wenn wir noch so weit weg sitzen vom Ort des Geschehens, weil unsere innere Haltung von Gewalt oder Liebe das Sein in dieser Welt beeinflusst.

Agieren wir in einem Kontext, der Veränderung möglich macht, dann gestatten wir den anderen, diesen jungen Menschen, verantwortlich für sich selber zu sein. Das macht sie mündig und sie können die Konsequenzen tragen, die sich aus ihrer Entscheidung ergeben. Verantwortungslose Gewalttäter sind gefährlich, weil sie in ihrer entmündigten Opferrolle bleiben, in die wir sie hineingedrängt haben, indem wir ihnen nicht gestatteten, verantwortlich für sich selbst zu sein.

Fruchtbar dem Samen der Gewalt entgegenzutreten bedeutet, mit einem eigenen offenen, liebevollen Herzen den anderen zu sehen und seine Taten ernst nehmen und ihn in Kontakt mit den sich daraus ergebenden Auswirkungen zu bringen, mit Mitgefühl und Liebe. Das heißt nicht, und das möchte ich noch einmal betonen, seine Taten zu entschuldigen mit den schwierigen Umständen, die sein bisheriges Leben begleitet haben, sondern ihn ernst zu nehmen mit seiner Tat und ihm auch zugestehen, dass er erwachsen genug ist und Verantwortung für das eigene Verhalten hat. So kann eine Grundlage für Klarheit und Einsicht geschaffen werden, die den anderen in seiner bisherigen Haltung achtet und respektiert, ohne seine Haltung teilen zu müssen. Es gibt kein Gut und Böse! Es gibt nur eine Bewertung, ein Denken über eine Handlung, mit dem anschließenden Etikett von Gut und Böse.

Jedes Mal, wenn wir einem anderen Unrecht geben, erschaffen wir das Böse und bereiten ihm den Weg für das offene Ausagieren. Das Böse ist unsere Denkweise, die begleitet ist von dem Versuch, einen Menschen oder jetzt die Gesamtheit der Rechtsradikalen gesellschaftlich auszuschließen, um unsere Haltung zu rechtfertigen, mit der wir ihren Wert herabsetzen und beeinträchtigen.

Wenden wir uns vom Bösen ab, indem wir einen anders denkenden Menschen akzeptieren und ihn nicht in seinem Wert herabsetzen, könnten wir uns der Liebe zuwenden, einer Grundhaltung, die menschliche Weiterentwicklung ermöglicht. Damit ist nicht die beschränkte, persönliche, romantische Liebe gemeint, sondern die alles umfassende, ewig währende, sich nie erschöpfende Liebe. Die Quelle dieser Liebe ist nicht der Mensch, dann wäre sie wieder endlich und abhängig vom Vermögen des anderen zu lieben. Nein, das wäre viel zu wenig. Liebe ist ein kosmisches Geschehen. Es ist das Eins-Sein mit allem, was ist, Eins-Sein mit dem ganzen Kosmos. Frei von Gut und Böse, frei von „ich kann sie dir geben, ich kann sie dir nehmen." Liebe ist existenziell erfahrbar, hier und jetzt. Liebe schließt niemanden aus, auch nicht die jungen Menschen, die sich aus ihrer eigenen Unwissenheit ein Überzeugungsmuster angeeignet haben, das Leid anstatt Mitgefühl nach sich zieht. Diese kosmische Liebe ist frei von egoistischer Abneigung und Zuneigung, sie beruht auf der Einheit mit dem Göttlichen der Buddha-Natur. Diese Liebe umgibt uns immer, ob wir sie wahrnehmen, für sie offen sind oder nicht, sie ist da, hält uns umfangen. Die Liebe ist die fundamentale Verbundenheit aller Lebewesen, allen Seins auf dieser Welt und darüber hinaus. Wo ist sie?

Sie, die Liebe, ist nicht außerhalb von uns zu suchen, sie ist jetzt in diesem Augenblick da, in uns. Wir können uns dem Zustand der Liebe entziehen und uns ihr widersetzen, dann entscheiden wir uns für innere Isolation, Einsamkeit und Ungeliebtsein. Wahrscheinlich wird es Ihr Verstand sein, der Ihnen einen Strich durch die Rechnung macht, aus Angst, er könnte im großen Meer der Liebe zur Unwichtigkeit verdammt sein. Unser Verstand kann diese Liebe nicht begreifen, er ist zu beschränkt dafür. Er hängt sich lieber an ein Liebesobjekt und versucht es mit allen Mitteln für sich zu gewinnen. Damit trägt er letztlich dazu bei, enttäuscht und verletzt zu reagieren, wenn das Liebesobjekt seinen Vorstellungen nicht entsprechen kann.

Als Kinder sind wir sehr auf die Liebe, die Zuwendung der Eltern angewiesen. Das mag mehr oder weniger erfüllt gewesen sein. Jetzt, wo wir erwachsen sind, können wir die großen Zusammenhänge ergründen und erkennen und es ist uns möglich, uns der allumfassenden kosmischen Liebe zuzuwenden und uns ihr gegenüber zu öffnen. Das bedeutet loslassen, loslassen unserer eingeschränkten Verstandesansichten.

Liebe ist zeitlos, ewiglich!
Liebe ist, woher wir kommen, Liebe ist, wer wir sind!

Warum schreibe ich ausgerechnet in diesem Kapitel, das ich mit einer Aufzählung von schwerwiegenden Gewalttaten begonnen habe, über Liebe? Ich schreibe darüber, weil dieses Verständnis von Liebe jetzt für uns, die wir mit einer schwierigen gesellschaftlichen Situation konfrontiert sind, notwendig ist. Wir benötigen diese große, alle Grenzen überschreitende Liebe, weil wir die Kraft brauchen, eine richtige Antwort diesen jungen Menschen entgegenzubringen. Und diese jungen Menschen benötigen diese Liebe, ohne Ausgrenzung und Abwertung, weil sie es genauso nötig haben wie wir, von einem Kontext der Liebe getragen zu werden, damit daraus ein tiefes Verständnis für ein friedvolles, gemeinsames Miteinander erwachsen kann.

In kleiner Knospe
Hatte sich ganz verborgen
Diese Kastanie.

Schule - die Brutstätte der Respektlosigkeiten

Jeder von uns hat seine eigenen persönlichen Erfahrungen mit Klassenkameraden, älteren Mitschülern und seinen Lehrern gemacht. Und sicherlich gehören dazu schmerzliche Erfahrungen von Respektlosigkeiten in Form von Hänseleien, Bloßstellungen und vielleicht sogar Prügeleien, wie ich es in meiner Kindheit an der Volksschule erlebt habe. Respektlos war auch, dass Schüler von ihren Lehrern geschlagen wurden, mit der Hand, einem Lineal oder mit einem Rohrstock.

Im Laufe der letzten zwanzig Jahre beobachte ich an Lehrern und Schülern in meiner Praxis jedoch eine zunehmende Eskalierung der Gewalt, was sicherlich in einem gesamtgesellschaftlichen Zusammenhang zu sehen ist.

Die Skala der Gewalt geht von Hänseleien, Ironie, Sarkasmus, über Schlägereien, über Bandenkriege, Drogenverkauf, Erpressung bis hin zu brutaler Gewalt mit Waffen und, wie wir kürzlich aus den USA erfahren mussten, bis zum kalkulierten Mord an Mitschülern und Lehrern. - Wo, können wir uns fragen, ist der gegenseitige Respekt, die Achtung vor dem anderen Mitschüler und den Lehrpersonen geblieben, gerade in einer Institution unserer Gesellschaft, in der Werte und Normen vermittelt werden sollten?

Liegt es da nicht nahe, wieder zurückzukehren zu den alten Formen der Disziplinierung und Züchtigung der Schüler durch die Lehrer? Oder müssen wir uns fragen, ob die Schule nur ein Ort in unserer Gesellschaft ist, an dem sich die Not der Kinder und Jugendlichen, weil sie dort alle für viele Stunden am Tage über Jahre hinaus zusammen leben müssen, am deutlichsten zeigt? Ein Zurück zu alten Zeiten, mit ihren Methoden von Prügelstrafe, ist keine Antwort auf Probleme in der heutigen Zeit. Wir benötigen Antworten, die hier und jetzt die Kinder und Jugendlichen in ihrem Gefangensein in Aggressionen und Ohnmacht ernst nehmen und ihnen Möglichkeiten an die Hand geben, neue Wege einzuschlagen. Bevor ich diese Gedanken weiterentwickele, möchte ich die gegenwärtige, schulische Situation näher betrachten.

In den letzten zwölf Jahren, in denen ich meine Söhne durch ihre Schulzeit begleitete, habe ich beobachtet, dass
- die Anforderungen schon in der Grundschule nur an Leistung orientiert waren und fast ausschließlich den Kopf ansprachen.
- die Kinder nicht in ihrer Ganzheit gesehen wurden.
- die Lebendigkeit, Kreativität, Spontaneität und die Bewegungsbedürfnisse der Kinder stark beschnitten wurden.
- die Respektlosigkeit gegenüber den Bedürfnissen der Schüler sehr groß war.
- aggressive körperliche Konflikte in der Klasse und auf dem Schulhof teilweise von den Lehrern ignoriert oder nur unzureichend geklärt wurden und dass dies das Tor für weitere und gefährlichere Respektlosigkeiten der Schüler untereinander öffnete und in keiner Weise geeignet war, Schülern Orientierung und Halt zu geben.
- offensichtliches verbales Verletzen, Diskriminieren, Mobben von Schülern nicht kommentiert wurde und kein Anlass war, einzugreifen oder die Problematik im Unterricht aufzuarbeiten. Dies gab den Schülern unausgesprochen das Recht, weiterhin so respektlos miteinander umzugehen.
- Lehrer keinen Einfluss auf ihre Kollegen nahmen, wenn diese Schüler vor der Klasse mobbten und diese Duldung von Respektlosigkeiten nicht dazu angetan war, das Verhalten des verantwortungslosen Lehrers zu korrigieren, sondern das Gefühl der Schüler förderte, wertlos zu sein.
- Schüler der einzelnen Schulformen sich nicht achteten und respektierten, sondern ausgrenzten und mobbten.
- Eltern, aus Angst ihre Kinder könnten nicht die gymnasiale Weiterführung schaffen, selbst an der Leistungsspirale drehten.

Ergänze ich diese Erfahrungen als betroffener Vater mit den Erfahrungen, die ich als Psychotherapeut von Lehrern und Schülern gemacht habe, kann ich darüber hinaus feststellen, dass

- Schüler unter den hohen Leistungsanforderungen in den Schulen leiden und unterschiedliche Symptomatiken entwickeln, wie Ängste, Atemnot, innere Unruhe und Schlafstörungen. Dies ist, allgemein gesehen, respektlos gegenüber den Persönlichkeiten der Schüler und schafft eine Atmosphäre der Fremdbestimmung.
- Schüler sich von ihren Lehrpersonen nicht verstanden, respektiert und gesehen fühlen.
- Schüler sich nicht durch ihre Lehrer vor anderen Schülern geschützt fühlen.
- Schüler darunter leiden, von den Eltern auf eine weiterführende Schule geschickt zu werden, auch wenn sie dort überfordert sind und ihre Leistungen nur mit großen Anstrengungen erbringen können.
- Lehrer, durch den Umgang im Kollegium krank werden, weil sie dort der Missgunst, der Konkurrenz und dem Mobbing durch ihre Kollegen und Kolleginnen ausgesetzt sind.
- Lehrer den Schülern nicht gewachsen sind und ihnen keine konstruktiven Grenzen setzen können.
- Lehrer sich bei sozialen Problemen ihrer Schüler von den Eltern völlig allein gelassen fühlen.
- Lehrer sich nur in Ausnahmefällen hinsichtlich der Probleme infrage stellen und therapeutische Hilfe in Anspruch nehmen.

Schüler und Lehrer sind täglich und über Jahre hinaus diesen schwierigen und häufig auch krank machenden Zuständen in den Schulen ausgesetzt.

In der Presse finden sich in bestimmten Abständen immer wieder Meldungen, dass Schulkinder vermehrt Medikamente einnehmen, um bei den schulischen Anforderungen mithalten zu können. Volkshochschulen und Familienbildungsstätten erkennen die Not der Kinder und bieten alternativ Kurse wie Autogenes Training und Yoga für Kinder an, damit sie über diesen Weg ihren Stress abbauen und im Schulsystem wenigstens nicht ganz untergehen.

Die Krankheitsrate der Lehrer und die Anzahl der frühzeitig pensionierten Lehrer steigt. „Innere Kündigungen" als Antwort auf untragbare Zustände sind an der Tagesordnung. Psychopharmaka gehören für viele Pädagogen, wie der morgendliche Kaffee, zur inneren Stabilisierung, um den Schulstress bewältigen zu können.

Müssen da nicht die folgenden Fragen gestellt werden: „Wie menschlich ist unser Schulsystem noch? Wie kann sich eine Gesellschaft positiv in die Zukunft hineinentwickeln, wenn in der Institution, die neben der Familie maßgeblich an der Sozialisation unserer Kinder und Jugendlichen beteiligt ist, Zustände herrschen, die immer mehr Schüler und Lehrer krank machen oder gar in den Tod treiben?" Die jährliche Selbstmordrate der Schüler, die auf Grund von Schulstress und Prüfungsangst sich das Leben nahmen, lag 1982 schon bei 300 bis 400 Kindern pro Jahr. 1999 waren es 296 junge Menschen im Alter von 10 bis 20 Jahren, die den Freitod wählten.

Zur Zeit wirbelt die PISA-Studie (Program for International Student Assessment) der OECD (Organisation für wirtschaftliche Zusammenarbeit und Entwicklung) die deutsche Bildungspolitik durcheinander. Deutsche Schulen haben im internationalen Vergleich mit den anderen 32 Mitgliedsstaaten der OECD, in der im Frühsommer 2000 durchgeführten Studie sehr schlecht abgeschnitten. Und nun werden die Verantwortlichen gesucht, denen man den „Schwarzen Peter" dafür zuschieben kann. Es geht hin und her zwischen den Lehrern der weiterführenden Schulen und den Grundschulen. Verwiesen wird auf die Kindergärten, die nicht qualifiziert genug, durch die fehlende Beschäftigung mit Zahlen und Buchstaben, die Kinder entsprechend auf die Schule vorbereiten. Diese sehen die Eltern als die wahren Schuldigen und die Eltern üben sich in Lehrerschelte. Wenn es denn keiner sein will, müssen mancherorts die ausländischen Kinder herhalten, die angeblich mit ihren fehlenden Sprachkenntnissen den Unterricht blockieren.

Sicher ist, dass der Unterricht an den deutschen Schulen nicht mehr zeitgemäß ist und die Schulen nicht in der Lage sind, sich auf die realen unterschiedlichen Lernfähigkeiten und Bedürfnisse sowie der Lebenswirklichkeit der Schüler einzustellen.

Die Untersuchung bezog sich auf die Lesekompetenz, die mathematische und naturwissenschaftliche Grundbildung sowie auf die fächerübergreifende Kompetenz.

Die PISA-Studie zeigt natürlich den einseitigen Blickwinkel, unter dem die Bildungsinhalte und -politik weit über Deutschlands Grenzen hinaus gesehen wird. Es gibt keine Untersuchung der sozialen Kompetenz an den Schulen, wobei dieser Bereich einen bedeutenden Einfluss auf das Lernen eines Kindes und Jugendlichen hat und das Lernklima in unseren Schulen sehr bestimmt.

Trotzdem liefert die Studie aussagekräftige Ergebnisse, die unter dem Gesichtspunkt von Respekt betrachtet werden können. Deutlich wird, dass Kinder an deutschen Schulen entsprechend ihrer Leistung sehr früh selektiert werden. Die Leistungsschwächeren werden von den Leistungsstärkeren getrennt mit dem Glauben, in möglichst homogenen Leistungsgruppen eine optimale Förderung gewährleisten zu können. Diese Denkweise, die zur Diskriminierung leistungsschwächerer Kinder führt, wird durch PISA entlarvt.

Die PISA-Studie bringt ebenso zu Tage, dass es in unserer Gesellschaft eine nicht zu übertreffende soziale Ungerechtigkeit gibt. Es ist geradezu schockierend, wie im einundzwanzigsten Jahrhundert die Herkunft unserer Kinder weitgehend über ihren schulischen Erfolg entscheidet. 15-jährige SchülerInnen aus Familien der oberen Dienstklasse besuchen zu 50 Prozent Gymnasien und die Zahl der Gleichaltrigen, die aus niedriger werdenden Sozialschichten kommen, sinkt auf nur noch 10 Prozent bei Familien mit ungelernten Arbeitern. Das Pendant dazu ist der Hauptschulbesuch, der von etwa 10 Prozent in der oberen Dienstklasse auf rund 40 Prozent in der Gruppe der Kinder aus Familien von ungelernten Arbeitern ansteigt.

Der Auftrag der Schule, zu bilden und zu sozialisieren, muss doch jeden Menschen betreffen, und zwar in seiner Ganzheit und nicht nur seinen Intellekt. Es ist in einem nicht zu überbietenden Maß respektlos und anmaßend, junge Menschen auf Grund ihres Elternhauses weniger zu fördern und sie in ihrer absoluten Großartigkeit nicht als ebenbürtige, lernfähige Mitmenschen zu sehen.

Der Häuptling der Crow-Indianer Aleek-chea-ahoosh sprach:

Die Menschen meines Volkes waren weise. Sie vernachlässigten ihre Kinder nicht. Unsere Lehrer - Großväter, Väter, Onkel - waren sorgfältig und geduldig. Sie versäumten es nie, eine gute Leistung zu loben, vermieden es aber, dabei ein Wort zu sagen, das einen anderen Jungen entmutigt hätte, der nicht so schnell lernte. Wenn ein Junge versagte und eine Aufgabe nicht bewältigte, nahmen sie sich seiner mit doppelter Mühe an, bis er seine Fähigkeiten entfaltet hatte und so weit war, wie es seinen Anlagen entsprach.

(K. Recheis, 1983, S.35)

Menschen, die die politische Verantwortung in unserem Bildungssystem für die ganzheitliche Bildung und Entwicklung junger Menschen tragen, die zehn bis dreizehn Jahre lang, während einer höchst bedeutsamen Entwicklungszeit, der Schulpflicht unterliegen, müssen die heutige Entwicklung zur Kenntnis nehmen und aus dieser Erkenntnis heraus neue Wege beschreiten.

Abstraktes Wissen, Leistungszwang, Konkurrenz, Selektion und Ausbeutungsmentalität gegenüber der Natur dürfen nicht länger die Maxime an unseren Schulen sein. Bildung, die dem Menschen gerecht werden will, muss ihn in seiner Ganzheit erfassen und dazu gehört Körper, Geist und Seele. Ein Kind kommt in die Schule mit seinem Körper, seinen Empfindungen, seinen Gefühlen, Fantasien, Vorstellungen, Ängsten, Sorgen und einer großen Bereitschaft Neues zu lernen. Und genau davon hat die Schule auszugehen. Sie hat die Kinder dort abzuholen, wo sie stehen, und freizulassen aus den Bildern, die verkopfte, realitätsfremde Wissenschaftler schufen.

Verlieren wir die Kinder aus den Augen,
verlieren sich die Kinder aus den Augen,
verlieren sich die Kinder aus den Augen,
verlieren sie das Eins-Sein mit der Natur aus den Augen,
verlieren sie das Eins-Sein mit der Natur aus den Augen,
herrschen Orientierungslosigkeit und Respektlosigkeit.

Der schulische Raum muss die Entwicklung der Kinder berücksichtigen. Es gibt kaum ein Kind, das sich nicht auf die Einschulung freut, weil es voller Neugierde auf das Leben ist und die Welt mit allem, was sie bietet, be-greifen möchte.

Begreifen heißt, mit allen Sinnen das Leben in sich aufnehmen und es von innen her mit allen Sinnen verstehen wollen. Hat der Mensch etwas begriffen und nicht nur auswendig gelernt, kann er selbstständig darüber verfügen und es dort verknüpfen und anwenden, wo es sinnvoll ist. Die emotionale Intelligenz im Kind will genauso angesprochen und einbezogen werden wie das analytische Denken.

Die weibliche Intuition und die männliche Logik sind gleich zu bewerten. Wird ein Pol einseitig bevorzugt und ist die Ausrichtung nicht ausgewogen, ist es um die Homöostase geschehen. Polaritäten, die zusammengehören, wie Ausatmung und Einatmung, Tag und Nacht, hell und dunkel, müssen in einem ausgewogenen Verhältnis zueinander stehen, sonst führt die Entwicklung in eine Einseitigkeit und bewirkt Krankheit und Zerstörung.

Eine fehlgesteuerte Bildungspolitik mit einseitigen Prioritäten zeigt erst nach langen Jahren die Folgen. Werden diese aber sichtbar, dann heißt es, unverzüglich zu handeln. Unser Bildungssystem ist ganz kopflastig auf Wissensvermittlung und logisches Denken ausgerichtet und vernachlässigt damit die intuitive, die emotionale und die soziale Seite im Menschen.

Die Probleme unserer Kinder liegen doch nicht nur darin, gelesene Texte nicht entsprechend ihrer Aussagen, ihrer Absichten und ihrer formalen Struktur zu verstehen und in einen größeren Zusammenhang einordnen zu können, sowie Texte für verschiedene Zwecke sachgerecht zu nutzen.

Die Schwierigkeiten unserer Kinder und Jugendlichen liegen wesentlich im Umgang mit sich selbst, mit ihrer entwicklungsbedingten Expansion, mit ihrer pubertären Kraft und ihrem Wunsch nach Abgrenzung und Entfaltung. Sie wollen einen Weg, ihren Weg in dieser Welt finden und sie möchten sich einbringen mit ihren Wünschen, Fantasien und Träumen. Dazu gehört auch ihre übersprudelnde Aggression.

Werden Energien, die ursprünglich positive lebensbewältigende Energien sind wie die Aggressionen, nicht entsprechend ihrer Dynamik geleitet, so wird sie wie wildes, unkontrolliertes Wasser Zerstörung mit sich bringen.

Aber genau das ist die Situation: Die Gewalt, die Zerstörung an den Schulen nimmt zu und die Pädagogen sind ratlos und schauen teilweise ohnmächtig zu, anstatt diese lebensnotwendige, kulturschaffende Energie in positive Bahnen zu lenken.

Die Bedeutung der *Aggression* im ursprünglichen Sinne ist, *etwas in Angriff nehmen, auf etwas zugehen,* und stammt von dem lateinischen Wort *aggredi* ab.

Wir alle haben in den letzten Monaten und Jahren die fürchterliche Kraft und Zerstörungsmacht des Wassers durch zahlreiche Überschwemmungen kennen gelernt. Aber keiner von uns käme auf die Idee, Wasser als schädlich zu bezeichnen oder dafür einzutreten, dass es ausgemerzt werden sollte. Es kommt nur darauf an, wie Wasser kultiviert wird. Im Meer, in einem See oder Fluss zu schwimmen, ist wunderbar erquickend, mit nackten Beinen durch einen Bach zu laufen, ist wohltuend und erholsam, im Wasser der Badewanne zu liegen, ist entspannend, zu duschen, ist erfrischend und Wasser zu trinken, ist lebensnotwendig. Wie wunderbar ist dieses kostbare Wasser!

Schmieden Menschen Werkzeuge, bauen sie Brücken und Häuser, so ist dies kraftvoll und beeindruckend. Planen Menschen ihre Zukunft und lieben sich, ist dies gestaltend und wundervoll; musiziert, komponiert ein Mensch, schreibt er seine Gedanken auf und malt ein Mensch seine Bilder, so ist dies aufregend und kulturschaffend.

Würde von Ihnen jemand die dazugehörige Kraft der Aggression abschaffen wollen? Wie arm wäre dann unsere Welt, falls sie überhaupt noch Bestand hätte. Wie wunderbar ist diese kostbare Aggression!

Aggression in Bahnen lenken, bedeutet sie kultivieren. Sie wird sich somit im zwischenmenschlichen Bereich als förderlich und nicht als zerstörerisch darstellen. Im Umgang mit den Lebewesen dieser Welt, mit den Schätzen unser Erde, mit der gesamten Schöpfung wird sie dann verantwortungsvoll und liebevoll umgehen.

Wie verhält es sich mit der Aggression, wenn Pflanzen genmanipuliert und Tiere sowie Menschen geklont werden? Geschieht dies nicht auf einer Ebene, die von uns Menschen wissenschaftlich angesehen und gesellschaftlich gefördert wird? Findet hier weniger Destruktivität und schöpfungsverachtendes Handeln von hochkarätigen Wissenschaftlern statt als durch randalierende Jugendliche? Bevor Sie eine Antwort darauf geben, nehmen Sie sich Zeit, das Geschehen mit Ihrem mitfühlenden Herzen nachzuspüren.

Zurück zur Schule. Die Schule muss den jungen Menschen Raum bieten, neben der Aneignung von Wissen sich selbst zu finden. Der Stundenplan darf nicht ausschließlich voll gepackt sein mit wissensvermittelnden Fächern. Was für Kinder und Jugendliche wichtig wäre, wenn sie als gereifte junge Menschen in den beruflichen Alltag gehen sollen, ist, dass der Stundenplan die Fächer *Selbsterkenntnis* und *Herzensbildung* als Hauptfach aufweisen müssten. Diese Fächer tragen der Körper-Geist-Seele-Einheit des Menschen Rechnung und sind darauf ausgerichtet, zu einem menschlichen respektvollen Miteinander zu kommen, das in der Erkenntnis des Eins-Seins aller Menschen und Lebewesen mündet.

Unser technischer Standard hat zu einer weltweiten Vernetzung über das Internet geführt. Ebenso ist mit dem beginnenden neuen Millennium die weltweite Vernetzung der Herzen anzustreben.

Ein respektvolles und friedvolles Miteinander ist weltweit nur möglich, wenn wir Menschen aufhören, uns abzuwerten, abzuurteilen und abzugrenzen. Ich habe dies in meinem Buch, „Die zwölf Hindernisse auf dem Weg in eine beglückende Gegenwart", ausführlich dargestellt. Wir Menschen sind nach unserem äußeren Erscheinungsbild unterschiedlich, aber vom Ursprung allen Seins sind wir genauso Eins miteinander wie der Tropfen Wasser mit dem Ozean Eins ist. Geben wir unseren Kindern und Jugendlichen die Möglichkeit, in den Fächern der Selbsterkenntnis und Herzensbildung zum Ursprung des menschlichen Seins, zum Beginn unserer Existenz zurückzufinden, wächst in ihnen das Mitgefühl für alle Kreatur auf Erden. Daraus bildet sich von selbst Rücksichtnahme, Verantwortung und Liebe, die über diesen Weg zur Erfahrung werden kann und nicht ein leeres Konzept des Intellektes.

Das Schaffen *einer* Welt und die Herstellung weltweiten Friedens, was nötiger denn je ist, lässt sich nur über die Herzensbildung erreichen.

Der japanische Roshi Tetsuo Nagaya Kiichi (1986, S.21) sagte:

*Natürlich
die saubere Seele
das reine Herz
ist das Wichtigste.
Wenn das Herz nicht sauber
dann wird alles schmutzig
Worte, Gedanken, Handlungen.*

In diesem Zusammenhang drängt sich selbstverständlich die Forderung auf, dass unsere Lehrer-Aus- und Fortbildung reformiert wird. Nur eine Lehrperson, die selbst den Weg der Selbsterkenntnis und Herzensbildung gegangen ist, kann den Weg darin weisen. Das setzt wiederum ein völliges Umdenken im Bildungssystem voraus. Derzeit werden bevorzugt die Referendare in den Schuldienst eingestellt, die vorbildliche Noten vorzuweisen haben. Es kann aber nicht im Vordergrund stehen, fehlerfreie Versuche in Biologie oder Physik aufzubauen, es muss um den ganz persönlichen Umgang mit den Schülern gehen, der von Respekt, Wertschätzung, Toleranz geprägt sein muss. Der Lehrer muss dabei als ganze Person Orientierung und Halt geben und muss in der Lage sein, sich konflikthaft auseinander zu setzen, ohne die Schüler in ihrer Integrität zu verletzen.

Er muss Grenzen setzen können, kooperativ und teamfähig sein und nicht zuletzt auf Grund seiner Fachkompetenz mitreißenden Unterricht gestalten. Sollten Sie jetzt das Gefühl haben, ich würde zu hohe Anforderungen stellen, dann fragen Sie bitte Ihre Kinder, welche Lehrpersonen sie sich wünschen oder denken Sie an Ihre eigene Schulzeit zurück.

Die Schule benötigt mehr Raum für unsere Kinder und Jugendlichen, damit ihre wunderschöne, unbändige Lebenskraft Ausdruck finden kann in kreativem Tun.

Dies darf allerdings, wie es im Kunstunterricht häufig stattfindet, nicht nur auf das Erlernen von Fähigkeiten ausgerichtet sein, sondern muss das Miteinander des Menschen mit einbeziehen. Ein positives Beispiel bietet das Erlebnis einer Zirkusvorstellung. Sie besticht zum großen Teil durch das harmonische Miteinander der Künstler, durch die achtsame stützende Kooperation, die zu enormen Leistungen führt.

Kinder und Jugendliche benötigen die Herausforderung, sie wollen ihre Grenzen und Fähigkeiten kennen lernen. Dies setzt eine Atmosphäre der Unterstützung und des Wohlwollens voraus und nicht der Konkurrenz, Abwertung und Ausgrenzung, wie sie in unserem gesamten Schulsystem zu finden ist.

In einem solchen Unterricht würde die Aggression kanalisiert, in eine stärkende, aufbauende, erlebnisorientierte Erfahrung.

Besinnt sich die Schule auf eine Bildung, die zum Ziel hat, alle Menschen unabhängig ihrer sozialen Zugehörigkeit in ihrer Gesamtheit zu fördern, so erweist sie unserer Gesellschaft einen überaus wichtigen Dienst.

Ausreichendes Erfahrungslernen fördert die gegenseitige Hilfe, das Füreinandereinstehen und den in unserer Gesellschaft so abhanden gekommenen Respekt voreinander. Dazu kommt, und dies ist sehr bedeutsam, dass sich dieser Respekt nicht nur auf den zwischenmenschlichen Umgang miteinander erstreckt, sondern dass er verbunden ist mit der Ehrfurcht vor den Wundern der Natur und der Achtung vor den natürlichen Grundlagen des Lebens.

Wird die Schule eine Institution, in der die Heranwachsenden sich in ihrer Ganzheit erleben und ausdrücken dürfen, so wird sie ein Ort, der identitätsstiftend ist und die kreative, produktive und soziale Seite des jungen Menschen stützt und beseelt. Werden junge Menschen nicht in allen Aspekten ihrer Persönlichkeit angesprochen und aufgefangen, findet die positive aggressive Kraft keine konstruktive Richtung für ihre Entwicklung. Sie wird zerstörend und hinterlässt eine Spur, wie es bei dem furchtbaren Drama an einer Schule in Littleton, USA, geschehen ist: fünfzehn Schüler und Lehrer starben.

Längst hat uns ein solches schreckliches Geschehen, was uns sehr weit weg schien, am 26. April 2002 in Deutschland eingeholt. In Erfurt erschoss ein neunzehnjähriger ehemaliger Schüler an seinem alten Gymnasium neun Lehrer, vier Lehrerinnen, zwei Schülerinnen, eine Sekretärin, einen Polizisten und zum Schluss sich selbst. Was ist in diesem jungen Mann vorgegangen? Was hat ihn bewegt, einen derartigen „erweiterten Suizid" durchzuführen?

Eine solche Tat geschieht nicht im luftleeren Raum, sondern ist eingebunden in Zusammenhänge, die uns alle betreffen. Um aus dieser schwerwiegenden Erfahrung zu lernen, müssen wir über die Frage der individuellen Schuld - waren es die Eltern, die Mitschüler oder die Lehrer? - hinausgehen. Nur das gemeinsame Streben nach Erkenntnis und die sich daraus ergebenden richtungsweisenden Handlungsansätze führen zu einer Veränderung, die sich auf das gesamte gesellschaftliche, menschliche Umgehen miteinander bezieht. Alle, und damit meine ich auch die Eltern, Schüler und Lehrer sämtlicher Schulen in Deutschland, müssen sich fragen: Wie sind wir wirklich persönlich miteinander in Verbindung? Wie hören wir auf die Hilferufe unserer Kinder und Schüler und wie weit sehe *ich* meinen eigenen Anteil an der Schaffung einer von Respekt und liebevollem Miteinander getragenen familiären und schulischen Atmosphäre?

Eine derart grausame Tat rüttelt die ganze Gesellschaft auf, beschäftigt für einige Tage die höchst politischen Ebenen und füllt die Nachrichten unserer Medien. Aber was ist mit den vielen jungen Menschen, die von ihren Eltern, Mitschülern und Lehrern allein gelassen und zurückgewiesen im Stillen an ihren seelischen Verletzungen verzweifeln, die innerlich an den krankmachenden Zuständen in ihren Familien und unserer Schulen zerbrechen oder ihre vermeintliche „Lösung" *nur* in ihrem eigenen Selbstmord suchen, ohne andere mit in den Tod zu nehmen?

Werden wir erst dann in unserer doch so heilen Welt wach, wenn Terroranschläge die Welt erschüttern und schreckliche Ereignisse zum Tod von vielen unserer Mitmenschen führen?

Ich möchte an dieser Stelle ein Gedicht wiedergeben, das Thich Nhat Hanh 1998 geschrieben hat, um uns das Erleben von vielen jungen Menschen auf dieser Welt näher zu bringen. Die Worte könnten, neben anderen, ebenso von einem jungen Palästinenser, Iren, Basken, Afrikaner, Israeli oder Thailänder sein.

Entschärft mich

Wenn ich eine Bombe wäre,
jederzeit bereit zu explodieren, wenn ich zu einer Gefahr
für euer Leben geworden bin,
dann müsst ihr euch um mich kümmern.
Ihr glaubt, ihr könntet mir entfliehen,
aber wie?
Ich bin hier, mitten unter euch.
(Ihr könnt mich nicht aus eurem Leben entfernen.)
Und jederzeit könnte ich explodieren.
Ich brauche eure Zuwendung.
Ich brauche eure Zeit.
Ich brauche euch, damit ihr mich entschärft.
Ihr seid für mich verantwortlich,
denn ihr habt gelobt (und ich habe es gehört),
zu lieben und Sorge zu tragen.

Ich weiß, dass ihr viel Geduld braucht,
wenn ihr euch um mich kümmern wollt,
viel Besonnenheit.
Ich merke, dass auch in euch eine Bombe tickt,
die es zu entschärfen gilt.
Warum also helfen wir einander nicht?
Ich brauche es, dass ihr mir zuhört.
Niemand hat je zugehört.
Niemand versteht mein Leid,
auch die nicht, die sagen, sie lieben mich.
Die Qual in meinem Inneren
erstickt mich.

Sie ist das TNT,
aus dem die Bombe besteht.
Es gibt sonst niemand,
der mir zuhören will.
Deshalb brauche ich euch.
Ihr aber scheint euch mir zu entziehen.
Ihr wollt euch retten, Sicherheit finden,
diese Art von Sicherheit, die es nicht gibt.

Ich habe meine eigene Bombe nicht geschaffen.
Ihr seid es.
Die Gesellschaft ist es.
Es ist die Familie.
Es ist die Schule.
Es ist die Tradition.
Macht also nicht mich dafür verantwortlich.
Kommt und helft;
tut ihr das nicht, werde ich explodieren.
Das ist keine Drohung. Es ist ein Hilferuf.
Ich werde euch auch zur Seite stehen,
wenn ihr so weit seid.

Wir Erwachsene dürfen nicht die Hände über unseren Köpfen zusammenschlagen und in Hilflosigkeit erstarren. Diese Notsignale der Jugend erfordern keine Ausgrenzung, sondern ein Aufeinanderzugehen, das Verstehen der Zusammenhänge und das Finden von Lösungswegen, die für die Täter und Betroffenen heilsam sind und neue Wege weisen.

Kräftemessen, körperliches Konfliktaustragen durch Raufen gehören zur kindlichen Entwicklung. Alternative Konfliktlösungsmöglichkeiten, wie diskutieren, zuhören, Standpunkte vertreten, müssen wir als Eltern und Pädagogen unseren Kindern und unserer Jugend erst vorleben.

Wir verstehen die Zeichen der Jugend nicht. Wir sehen ihre Brutalität, aber erfassen nicht, was in ihren Herzen vor sich geht.

Versetzen Sie sich in die Herzen unserer Jugend. Versuchen Sie es! Was sehen Sie? Hoffnungslosigkeit, Angst vor der Zukunft, Fragen nach dem Sinn des Lebens, Angst davor, wohin sich diese Welt bei der globalen Zerstörung entwickeln wird, Trauer um den Verlust der Erwachsenen, die sie auf ihrem Weg allein lassen? Wir können uns nur einfühlen in unsere Kinder, wenn wir still werden. Damit meine ich, dass wir uns gedanklich zurücknehmen, unsere eigenen Vorstellungen und Meinungen beiseite lassen und wirklich offen sind für das, was in unseren Kindern vor sich geht. Es ist wie beim rechten Zuhören. Innerlich müssen wir leer werden, damit etwas anderes in uns hinein kann, ohne sofort sortiert, zensiert und bewertet zu werden. So kann die notwendige Offenheit entstehen, die Grundlage ist für das Wahrnehmen dessen, was im Herzen unserer Kinder ist. Für unsere Kinder ist dies ebenso notwendig. Sie haben selbst häufig verlernt, ihr eigenes Herz zu verstehen.

Soll ein Gefäß Wein aufnehmen,
so muss man notgedrungen das Wasser ausgießen;
das Gefäß muss leer und frei werden.
Gieß aus, damit du erfüllt werdest!
Alles, was aufnehmen und empfänglich sein soll,
das soll und muss leer sein.
(Meister Eckehart, 1984, Bd. I, S.74)

Die Schule hat neben den wichtigen Fächern der Wissensvermittlung auch einen Auftrag in der Unterweisung von Herzensbildung.

Sie benötigt unbedingt einen Raum der Stille, in dem jedes Kind lernen kann, die Sprache der Pflanzen, der Tiere und seines eigenen Herzens zu verstehen. Es scheint uns wissenschaftlich orientierten Menschen zu simpel und banal. Wir stecken zu Hause und in der Berufswelt in einem Alltag, der angefüllt ist mit einer Vielzahl von technischen Errungenschaften, der geprägt ist durch Leistung, Ergebnisorientiertheit und Rationalität. Wo gibt es in Ihrem Zuhause einen Platz, der zur Ruhe und Besinnung einlädt? Wo gibt es diesen Platz in der Schule für unsere Kinder und Lehrer und an der Universität für unsere Lehramtsstudenten?

Stille schafft Raum für Neues, für inneres Erkennen und Selbstfindung.

Eltern, die ihre Kinder in die Behandlung zu mir schicken, empfehle ich häufig: „Nehmen Sie sich einmal Zeit, setzen Sie sich bequem hin, schließen Sie die Augen und fühlen Sie sich in Ihr Kind, in die Welt Ihres Kindes ein, werden Sie zu Ihrem Kind!" Nach einer Zeit: „Wie geht es Ihnen dabei, was empfinden, entdecken, fühlen Sie?" Manchen Eltern ist dies völlig ungewohnt, einige haben Angst davor, andere halten dies für verlorene Zeit und wieder andere trauen sich nicht.

Eltern, die diesen Schritt tun, entdecken schnell, was dem Kind fehlt, womit die Probleme des Kindes zusammenhängen. Manchmal bleiben sie dann in der Behandlung und das Kind geht nach Hause.

Setzen Sie sich in die Natur unter einen Baum, 80% der Bäume sind krank, fühlen Sie sich in den Baum ein, werden zu diesem Baum. Was sagt Ihnen der Baum? Was erleben Sie als Baum? Setzen Sie sich an einen begradigten Bach, der durch eine wohlangelegte Kulturlandschaft fließt, fühlen Sie sich in diesen Bach ein, werden Sie zu diesem Bach. Was sagt Ihnen der Bach? Was empfinden Sie als Bach? Versuchen Sie einen der letzten ökologisch intakten Teiche in Ihrem Wohnbereich zu finden und werden Sie zu dem Frosch in diesem Teich. Was sagt Ihnen der Frosch über seine Vergangenheit und seine Zukunft? Was erleben Sie als Frosch?

Verstehen Sie jetzt, was ich damit meine, wenn es darum geht, für unsere Kinder Räume in der Schule zu fordern, in denen sie die Sprache der Natur, der Tiere und Pflanzen wieder verstehen lernen?

Es mag für uns europäische Menschen unvertraut sein, auf diese einfache Weise mit der Natur zu kommunizieren, um etwas über ihren Seinszustand zu erfahren. In der japanischen und indianischen Kultur zum Beispiel war dies selbstverständlich. Darin drückte sich die Einheit mit der Natur aus.

Die alten Dakota waren weise.
Sie wussten, dass das Herz eines Menschen,
der sich der Natur entfremdet, hart wird;
sie wussten, dass mangelnde Ehrfurcht vor allem
Lebendigen
und allem, was da wächst, bald auch die
Ehrfurcht vor dem Menschen absterben lässt.
Deshalb war der Einfluss der Natur,
die den jungen Menschen feinfühlig machte,
ein wichtiger Bestandteil ihrer Erziehung.
Luther Standing Bear, 1983, S.29

Wenn man nur aufmerksam genug ist,
kann man seine Lehren [die des Buddha]
aus der Stimme eines Kieselsteins, eines Blattes
oder einer Wolke am Himmel vernehmen.
(Thich Nhat Hanh, 1997, S.40)

Aus dem Eins-Sein mit der Natur und dem Verstehen ihrer Sprache ergeben sich zwangsläufig Schulprojekte und Unterrichtsinhalte, die geprägt sind von einer Weise mit der Natur umzugehen, die den Menschen zu einem friedvollen Leben mit der Erde führt.

Zur Schule gehören auch Schulhöfe, auf denen sich die Kinder in den Pausen austoben können. Sie müssen so angelegt sein, dass sie abwechslungsreich sind und zur Kreativität einladen. Sie müssen an den Bewegungs- und Spielbedürfnissen der Kinder orientiert sein und nicht an den Ängsten der Eltern, die Kinder könnten sich beim Klettern weh tun oder schmutzig werden. Kinder, die sich in den Pausen austoben konnten, sind konzentrierter und aufnahmefähiger im Unterricht.

Durch einen ausreichenden Bewegungsspielraum baut sich überschüssige Aggressivität ab, die sich dann nicht mehr gegen andere Mitschüler oder die Tische und Bänke entladen kann.

In den Schulen muss respektvolles Miteinanderumgehen vermittelt werden. Voraussetzung sind natürlich erst einmal Lehrende, die das selbst verinnerlicht haben. Leider erlebe ich, wie sollte es aber auch anders sein, dass sogar die Lehrer in Konkurrenz untereinander stehen, dass es je nach Schulart und Fächern einen gewissen Dünkel, eine Überheblichkeit und umgekehrt ein Minderwertigkeitsgefühl der Kollegen gegenüber gibt.

Ebenso nachteilig und respektlos ist es zu meinen, die Schüler mit der schnelleren Auffassungsgabe seien die Besseren, die Gymnasiasten besser als die Hauptschüler und die besser als die Sonderschüler. Die Unterscheidung in gut und schlecht, wichtig und unwichtig, sät in die Herzen der Menschen Abwertung, Neid, Ausgrenzung und Feindschaft.

Findet Herzensbildung Einlass in den Schulen und wird es dort fest verankert, kann es einen wesentlichen Beitrag dazu leisten, dieses Problem zu verändern.

In der Philosophie der Indianer gibt es das Bild des Kreises. Auf diesem Kreis gibt es kein oben und unten, keine Hierarchie, die den einen größer oder mächtiger macht als den anderen. Die Schöpfung ist der Kreis. Auf diesem Kreis befinden sich alle Lebewesen, alle Pflanzen, alle Steine und alle Dinge dieser Welt *gleichberechtigt nebeneinander*.

Führt ein solches Denken und Empfinden nicht zu einer anderen Sichtweise der Welt gegenüber und stimmt sie nicht ein anderes Handeln an im Umgang mit unseren Mitmenschen und der Natur?

Wie würden sich die so genannten „schlechten" Schüler oder „Schulversager" fühlen, wenn wir uns die Auffassung zu eigen machen würden: Es gibt keine schlechten und guten Schüler. Was es gibt, sind unterschiedliche Begabungen und

Fähigkeiten und unterschiedlich lange Zeiten, um etwas zu lernen.

Es ist ein Irrtum zu glauben, dass Menschen mit hervorragenden schulischen Leistungen und Abschlüssen in ihrem Leben erfolgreicher sind als andere Menschen! Untersuchungen in Amerika an Absolventen der Elite Howard Universität belegen dies (Goleman, Emotionale Intelligenz, 1998).

Es gehört mehr zum Leben, als in unserem Schulsystem ein guter Schüler zu sein. Mein Bruder prägte in meiner Kindheit den Satz: „Dumm darfst du sein, du musst dir nur zu helfen wissen!" Das bedeutet, dass das kreative, schöpferische Umgehen und Lösen von Problemstellungen im alltäglichen Leben seinen eigenen Wert hat gegenüber dem auswendig gelernten abstrakten Wissen. Ein Ding, einen Sachverhalt in *all* seinen Möglichkeiten erkennen und es mit anderen Dingen, anderen Sachverhalten verknüpfen zu können, das hat die PISA-Studie als wichtig herausgestellt.

Schüler haben häufig Recht damit, wenn sie sagen: „Wir bekommen Fakten vermittelt, die für sich isoliert sind und die wir in unserem Leben nie wieder brauchen werden."

Beschäftigen wir uns noch mit einem anderen, weit verbreiteten Problem in der Schule. Es werden Tische und Stühle zerkratzt, in den Toilettenräumen Türen beschmiert und zerstört, Spiegel zerbrochen und Toiletten demoliert. Die Liste der mutwilligen Zerstörung des Schulinventars könnte sicherlich jeder Schulhausmeister weiterführen.

Wie steht es also um den Respekt gegenüber materiellen Dingen? Um diesem Problem zu begegnen, würde uns sicherlich das buddhistische Verständnis über die Welt des Seins weiterhelfen. Dabei müssen wir nicht erst das berühmte Koan des chinesischen Zen-Meisters Chao Chou lösen:

Eines Tages wurde Chao Chou von
einem Mönch gefragt:
„Hat ein Hund auch die Buddha-Natur?"
Chao Chou antwortete:
„Muh!"

Vielleicht ist es für uns einsichtig, dass alle Dinge einen gemeinsamen Ursprung haben. So ist in allem, was existiert, die Buddha-Natur vorhanden, ob wir sie wahrnehmen und persönlich erfahren können oder noch in einem Zustand der Verblendung leben. Die Existenz des göttlichen Seins in allem, was ist, eint uns mit allem, was ist, trotz der vielfältigen äußeren Unterschiede in den Erscheinungsformen.

Wird diese Tatsache zur persönlichen Erfahrung der Schüler und Lehrer, entsteht ein anderes Bewusstsein gegenüber den Gebrauchsgegenständen in dieser Welt.

Die Dinge, Tische, Stühle und Toiletten bleiben die gleichen, was sich verändert hat, ist unsere Sichtweise aus einem neuen Verständnis heraus. Sehen wir die Dinge mit ihrem innewohnenden Wert, treten wir ihnen anders gegenüber. Achtung, neuer Respekt und die notwendige Ehrfurcht vor der Schöpfung ist dann möglich. Ich werde dies noch an anderer Stelle ausführen.

Um zum Ursprung des Seins zurückzufinden, benötigen wir besonders das Fach Religion in der Schule, das leider mittlerweile an manchen Schulen durch Philosophie abgewählt werden kann.

Religio kommt aus dem Griechischen und bedeutet Ursprung. Da Selbsterkenntnis nicht im Kopf, sondern im Herzen stattfindet, eignet sich dazu für unsere Schulkinder das Fach Religion in besonderer Weise. Die angemahnte Herzensbildung hätte somit auch eine Heimat.

Mit der Vermittlung von Religion meine ich natürlich nicht den theologischen Weg, der durch das Wort der Bibel und die Kenntnis des Evangeliums zum Gottesverständnis führen soll, sondern den Weg, den die Mystiker in allen Religionen über Meditation und Kontemplation gegangen sind.

Der christliche Mystiker Meister Eckhart erkannte:

Wer kommen will in Gottes Grund,
in sein Innerstes,
der muss zuvor kommen in seinen eigenen Grund,

in sein eigenes Innerstes;
denn niemand vermag Gott zu erkennen
- er muss zuvor sich selbst erkennen.
(a.a.O., 1984, Bd. I, S.170)

Das ursprüngliche Erkennen des All-Einen, des Göttlichen, der Buddha-Natur, geschieht nur durch lebendige ganzheitliche Erfahrung und kann nicht auf intellektuellem Verständnis beruhen. Dies bedeutet aber, dass unsere Religionspädagogen, Priester und Pfarrer sich innerhalb ihrer Religion dem esoterischen Weg einer erkennenden spirituellen Erfahrung öffnen und nicht nur in dem exoterischen Weg der Spiritualität verhaftet bleiben, der ausschließlich auf den heiligen Schriften, Dogmen und Ritualen beruht. Hier gehören, wie so oft, beide Pole zueinander.

Die heutige Jugend zweifelt mit Recht an der Existenz Gottes, weil es diesen aus archaischer Zeit stammenden personifizierten Gott nicht gibt. Bonhoeffer sagte: „Einen Gott, den es gibt, gibt es nicht!" Nehmen wir unsere kritische Jugend ernst und hören wir auf, sie wie Kinder zu behandeln, denen Gottesbilder noch hilfreich sein können. Die Theologie, welche Gott über den Intellekt mittels Vorstellungen, Bilder und Symbole vermitteln will, erreicht viele Jugendliche nicht mehr. Sie benötigen, bevor sie sich vom Religiösen ganz abwenden, einen Weg, der ihnen das Göttliche, die Buddha-Natur, erfahrbar werden lässt.

In der wachsenden Erfahrung der eigenen Göttlichkeit verblasst die eigene Minderwertigkeit. Kinder, die das Göttliche nicht außerhalb ihrer selbst suchen, sondern in der Begegnung mit ihrem eigenen Wesenskern, ihrem wahren Selbst das All-Eine, den Ursprung ihres Seins erkennen, leben aus einem anderen Selbst-Bewusstsein und tragen ein anderes Verständnis in diese Welt. Die Erfahrung des Eins-Seins mit allem was ist, lehrt eine sensiblere und achtsamere Weise des Umgangs mit der Natur und den alltäglichen Gebrauchsgegenständen.

Lernen Kinder, Jugendliche und die Lehrpersonen mit dem Herzen zu sehen, wird sich daraus ein respekt- und liebevoller Umgang untereinander ergeben. Und ich glaube, nichts kann uns als Erwachsene und Eltern mehr am Herzen liegen, als dass unsere Kinder ohne Angst vor ihren Mitschülern und ohne Sorgen, sie könnten von ihren Lehrern abgelehnt und ungerecht behandelt werden, in die Schule gehen.

Nun ist es nicht immer so wichtig, was die Eltern wollen oder was für die Schüler gut wäre, sondern im Wesentlichen kommt es doch darauf an, wo die Wirtschaft und Industrie eine Notwendigkeit sieht. Die PISA-Studie zeigt, wir liegen mit unseren Schülern weit abgeschlagen von vielen OECD-Staaten. Meine Angst ist, dass nun ein hektischer, ungeplanter Aktionismus in den Bildungsministerien der Bundesländer entsteht, dessen Anliegen es ist, Deutschland bei der nächsten Untersuchung auf einen besseren, oberen Platz zu hieven und nicht den einzelnen Schüler mit seiner individuellen Persönlichkeit und seinem Wunsch nach umfassender ganzheitlicher Bildung im Vordergrund zu sehen.

Der ehemalige Bundesbildungsminister Rüttgers ließ am 30. Juli 99 in der Presse verlauten: „Das Ziel der Erstausbildung in der Schule muss sein, dass Kinder die Schlüsselqualifikationen erwerben, die sie in die Lage versetzen, mit immer neuem Wissen ein Leben lang fertig zu werden." Der genannte Schwerpunkt „Wissen" zeigt in die alte Richtung. Zu den Schlüsselqualifikationen gehören neben der Fachkompetenz und damit sind die Wissensfächer und hier insbesondere die Hauptfächer wie Deutsch, Englisch und Mathematik gemeint, auch die Methoden- und Sozialkompetenz.

Die Methodenkompetenz umschließt, dass unsere Kinder selbstständig lernen, ihr Wissen interdisziplinär anzuwenden und anfallende Aufgaben und Probleme eigenständig lösen zu können. Ein solches Verständnis ist eine Bedingung für die Weiterentwicklung des eigenen Wissens, der eigenen Fähigkeiten und somit eine Voraussetzung für die Entfaltung der eigenen Persönlichkeit, sowie der Teilnahme am gesellschaftlichen Gestaltungsprozess.

Die Industrie und Wirtschaft hat aber auch seit längerem erkannt, dass das besondere Manko in ihren Bereichen die fehlende Sozialkompetenz ihrer Mitarbeiter ist. Deutlich wird dies schon an der Zahl, dass jährlich 25 Milliarden DM für Schäden ausgegeben werden, die durch Mobbing entstehen, also bewusste Respektlosigkeiten und Anfeindungen, die manchen Menschen sogar bis in den Tod getrieben haben. Was mag noch hinzukommen, wenn wir an fehlende Empathie, Konfliktunfähigkeit der Mitarbeiter denken, die dadurch den betrieblichen Alltag trotz hoher Fach- und Methodenkompetenz blockieren? Sozialkompetenz setzt aber eine emotionale Kompetenz voraus. Darunter ist der Kontakt zu eigenen Gefühlen und Empfindungen zu verstehen und der daraus sich entwickelnde konstruktive, respektvolle Umgang mit sich selbst und anderen.

Denken wir an die Schule, dann kann ich resümieren, dass die Lehrer nicht darüber klagen, dem Kollegen oder der Kollegin XY fehle es an der notwendigen Fachkompetenz. Sie klagen vielmehr und leiden unter einer Umgehensweise untereinander, die u.a. zu Alleinkämpfertum, Isolierung, Feindschaft, Neid, Missgunst, Mobbing und fehlender Kooperation führt.

Lehrpersonen leiden nicht unter einer neuen Begriffsstutzigkeit der Schüler im Erlernen der Hauptfächer. Nein, sie fühlen sich verletzt durch das respektlose, unverschämte, missachtende, aggressive und grenzüberschreitende Verhalten ihrer Schüler. Schüler klagen nicht über den Lehrer, der selbst nicht genügend Englischkenntnisse oder Lücken in der Mathematik hat. Schüler fühlen sich verletzt durch die fehlende Empathie, Toleranz, durch offene oder hintergründige Verbalaggressionen, Benachteiligung und Demütigung seitens der Lehrer.

Schüler bedauern nicht die mangelnden Computerkenntnisse ihrer Mitschüler. Nein, sie fühlen sich aufs Tiefste verletzt durch Gemeinheiten, offene und hinterhältige Aggressivität, durch das Verhalten ihrer Mitschüler, dass sie in Verzweiflung, Isolation und Ängste treibt.

Eine Gesellschafts- und Schulpolitik, die hiervor die Augen verschließt und neben der Erweiterung der selbstständigen Lernfähigkeiten das Ruder nicht in Richtung Sozialverhalten, Selbsterkenntnis und Herzensbildung umlegt, handelt im höchsten Maße oberflächlich, unverantwortlich und respektlos gegenüber der nachwachsenden Generation.

Sommergeschichten
Erzählt dem, der hier verweilt
Das Stoppelfeld leis.

Unter-nehmen wir etwas oder bleibt es in der Wirtschaft so, wie es ist?

Auf der betrieblichen Seite, an Arbeitsplätzen im wirtschaftlichen, sozialen oder Dienstleistungsbereich geht es im Wesentlichen, wenn wir von Respekt sprechen wollen, um Menschen und deren Miteinander. Hierbei spielt die Hierarchieebene nur insofern eine Rolle, als dass die Unkultur der Respektlosigkeiten in mehr oder weniger reich ausgestatteten Arbeits- bzw. Diensträumen stattfindet.

Die Anzahl der Mitarbeiter und die Größe des Betriebes ist für die Art der Respektlosigkeiten nicht von ausschlaggebender Bedeutung. Es geht mir auch jetzt nicht darum zu untersuchen, in welchen Unternehmen eher die überwiegend zwischenmenschliche Kommunikation von einer Ironie getragen wird oder von direktem bzw. verstecktem Mobbing.

Ich möchte ins Bewusstsein rufen, dass Millionen von Menschen als Erwerbstätige einer Arbeit nachgehen, die sie über viele Jahrzehnte den Strukturen und Mustern menschlicher und oft unmenschlicher Begegnungen aussetzt und dies häufig acht oder mehr Stunden am Tag. Wenn wir diesen Gedanken weiter verfolgen und dabei eine Unkultur menschlicher Interaktion zu Grunde legen, die nicht nur geprägt ist von Konkurrenz, Leistungsdenken, Profitstreben, sondern in einem großen Maß auch von Respektlosigkeiten, dann fällt es uns nicht mehr so schwer, uns vorzustellen, welche Auswirkungen dies auf die menschliche, körperliche, geistige und seelische Gesundheit hat.

Diese Auswirkungen reichen von der „Inneren Kündigung" der Mitarbeiter, über psychosomatische Beschwerden, Einnahmen von Suchtmitteln, wie Alkohol und Nikotin, bis zu schwerwiegenden körperlichen und psychischen Erkrankungen und letztlich bis zum Selbstmord Einzelner, die dem Druck und der Schikane am Arbeitsplatz nicht mehr gewachsen sind.

Das Ausmaß verletzender Kommunikationsformen am Arbeitsplatz reicht über die Gesundheitsschädigung des Einzelnen weit hinaus. Es greift bis in Partnerschaften und Familien der ArbeitnehmerInnen hinein. Wir können hier gut die Vernetzung von Respektlosigkeiten erkennen. An keinem gesellschaftlichen Ort, weder in der schulischen noch in der betrieblichen oder universitären Ausbildung, findet eine genügende Lehre und Einübung von zwischenmenschlichem Verhalten statt, das ausreichende Grundlagen für ein kooperatives, friedvolles und menschenachtendes Miteinander bietet.

Wir finden zwar mittlerweile in der Industrie und in öffentlichen Verwaltungen Ansätze für einen Bewusstseinswandel, der sich in der Bedeutung der sozialen Kompetenz zeigt, doch gibt es auch hier kein durchgreifendes, allgemeines Konzept von Schulung. Soziale Kompetenz wird aber immerhin neben der Fach- und Methodenkompetenz als eine wichtige Schlüsselqualifikation genannt. Soweit die Theorie.

Was fehlt, ist die praktische Umsetzung. Trainingsseminare, die angeboten werden, richten sich erst einmal an das mittlere und obere Management und haben eine Steigerung der Führungsqualitäten zum Ziel. Coaching, als individuelle prozesshafte Begleitung einer Person, bleibt immer noch wenigen vorbehalten, wobei der Fokus natürlich auch auf betriebliche Belange gerichtet ist, aber immerhin findet dabei eine Auseinandersetzung mit den kommunikativen Fähigkeiten im zwischenmenschlichen Bereich statt.

Die unternehmerische Denkweise ist geprägt von der Annahme, der arbeitende Mensch könne sein Menschsein vor dem Eingangsbereich zurücklassen und als ein Wesen den Betriebsalltag bewältigen ohne seine Gefühle und Empfindungen, frei von seinen persönlichen Sorgen und Problemen. Vinnai hat vor 25 Jahren diesen Prozess als Schizophrenie, Spaltung der Persönlichkeit beschrieben, die durch die ökonomischen Bedingungen hervorgerufen wird. Mittlerweile ist viel Zeit vergangen und die ökonomischen Produktionsbedingungen haben sich geändert, nicht zuletzt weil man erkannt hat, dass der Mensch effektiver arbeiten kann, wenn Gruppen- und Projektarbeit gefördert werden, die zu mehr Miteinander und Verantwortung führen. Ein großes Schlagwort dieser Zeit ist die emotionale Intelligenz und emotionale Kompetenz des Menschen, die sich für die unternehmerischen Belange nutzen lassen. Auch wenn sie zweckorientiert gefördert würden, wäre es doch eine Richtung, die den arbeitenden Menschen mehr in seiner Ganzheit sieht.

Die industrielle, ökonomische Geschichte mit dem Versuch, den Menschen in seiner Persönlichkeit zu spalten und in ein gut funktionierendes Rollenwesen zu teilen, kann als gescheitert angesehen werden.

Eine solche Absicht und ein derartiges Handeln ist menschenunwürdig, respektlos und bringt Krankheit und Leid mit sich. Ich habe die Hoffnung, dass sich die Überzeugung durchsetzt, dass die unzerteilte Gesamtheit eines Menschen für alle Arbeitsprozesse auf dieser Welt eine Bereicherung ist.

Anstelle von Aufsplitterung des Menschen tritt Zusammenfügen, Spaltung wird durch Ganzheit ersetzt, Fach- und Methodenkompetenz wird ergänzt durch soziale und emotionale Kompetenz. Der/die ArbeitnehmerIn und ArbeitgeberIn darf endlich seine/ihre Qualitäten als PartnerIn, Vater, Mutter und FreundIn mit in den Arbeitsprozess einbringen. Besteht der Kampf zwischen Unternehmen und Familien weiterhin, dann wird ein großes Potenzial des Menschseins eingeschränkt bleiben und weiterhin dafür sorgen, dass arbeitende Menschen, egal in welcher Position sie sind, als Führungskraft oder Arbeiter, keine „guten" Familienväter oder Partner sind und auch wenig zu einem harmonischen Familienleben beitragen können.

Die Qualitäten eines Managers und Familienvaters passten bisher nicht zusammen und führten zwangsläufig zu Spannungen in beiden Bereichen. Es ist eine schwer aufzulösende Überzeugung, dass Familienleben und Arbeit nicht zusammenpassen. Wie kann ein Vater, der am Bett seines Kindes sitzt und für seine Probleme sich Zeit(!) nimmt und sie zu lösen hilft, ein guter Arbeitnehmer sein? Wie kann ein Mann, der einfühlsam auf seine Partnerin eingeht und im Stande ist, sie in ihrer Entwicklung als Frau zu unterstützen, eine gute Führungskraft sein?

Wenn wir genau hinschauen, dann müssen wir uns fragen: Wie kann ein Vater, der sich keine Zeit für seine Kinder nimmt und keine Hilfestellung bei den Schwierigkeiten zu geben vermag, ein kommunikativer, kooperativer, einfühlsamer und gefühlsstarker Mitarbeiter sein? Und wie wird es einem Manager möglich sein, seine Mitarbeiter in ihrer Gesamtpersönlichkeit zu fördern, wenn er nicht in der Lage ist, das Anliegen seiner Frau zu verstehen?

Wie anders muss doch die Atmosphäre in einem Unternehmen sein, wenn dort Menschen arbeiten und keine fachtrainierten Einzelkämpfer.

Vielleicht ist für viele Menschen der Gedanke absurd, Arbeit mit Mensch-Sein und Wohlgefühl zu verbinden.

Die Verbindung von Druck, einer gewissen Angst vor Versagen und Arbeit scheint für viele selbstverständlicher zu sein. Sicherlich, es entspricht alten, überholten Vorstellungen vom Lernen und der Steigerung von Motivation, aber für die Mehrzahl der Menschen sind es berufliche Erfahrungen und entsprechen immer noch dem Alltag. Aber was heißt das schon?

Doch ich sage Ihnen, es bedeutet viel, denn es geht um Respekt, Achtung, Würde, Frieden und Liebe! Ich weiß, es klingt Ihnen im Zusammenhang mit produktiven Arbeitsprozessen sehr abwegig. Sei es drum!

Wir benötigen in einer Zeit, in der so viele Menschenrechte mit den Füßen getreten werden, Visionen, die Bewegung und Transformation bewirken. Und dies besonders in einem Lebensbereich, in dem der Mensch einen Großteil seines Lebens verbringt. Eine Atmosphäre des Mensch-Sein-Dürfens und des Wohlfühlens öffnet Türen innerhalb des Menschen, die ihn in seinen schöpferischen Fähigkeiten, seiner Kreativität, seiner Verantwortungsbereitschaft, seiner Toleranz, seiner Konfliktfähigkeit, seiner Gesundheit, seiner Risikobereitschaft und seines Einsatzes stärken.

Haben wir Angst vor zu viel menschlicher Kompetenz? Gefährdet dies alte Hierarchiestrukturen und Machtansprüche der Manager?

Der Mensch ist nicht von Natur aus auf Bequemlichkeit ausgerichtet, sondern auf Entfaltung seiner Wesensnatur, seiner in ihm angelegten Qualitäten. Die Frage ist nur, wie sind die Bedingungen dafür? Ist das Umfeld wachstumsfördernd oder -hemmend ausgelegt? Wünscht es Menschen, die eigenständige, starke, reife Persönlichkeiten sind? Oder lassen sich diese Menschen schlechter begrenzen, führen und ausbeuten? Natürlich gehört es zum Alltag in Unternehmen, andere auszubooten, sie durch die Zurückhaltung von entscheidenden Informationen zu blockieren, ihnen die Arbeit zu verleiden, seinen eigenen Vorteil zu nutzen. Macht dies Sinn? Doch nur dann, wenn wir uns getrennt von den anderen sehen, unseren Ärger nicht adäquater ausdrücken können, einen egoistischen, eingeschränkten Blickwinkel haben und nicht die Augen öffnen für das Gemeinsame, das Verbindende, für die gemeinsame unternehmerische Verwirklichung.

Es ist notwendig, die gegenseitige Abhängigkeit zu erkennen, in der wir nicht nur betrieblich als Gemeinschaft der Mitarbeiter stehen, sondern wir müssen uns gesamtwirtschaftlich, europäisch, weltweit begreifen.

Es ist egal, ob es sich dabei um kleine Familienbetriebe aus dem Handwerks- oder Dienstleistungsbereich handelt, um Arztpraxen, Anwaltskanzleien, Lehrerkollegien oder um mittelständige bzw. große Unternehmen, die in eine Vielzahl von Abteilungen aufgeteilt sind.

Die alltägliche Praxis der zwischenmenschlichen Kommunikation ist überall in den Grundzügen gleich. Auch wenn das „an-seinen-eigenen-Vorteil-Denken" ein weitverbreitetes Verhalten ist, führt es zu Respektlosigkeiten gegenüber den Mitarbeitern.

Für einen Wandel der Kommunikation innerhalb von Unternehmen wird entscheidend sein, ob wir uns als Einzelne getrennt von den anderen Personen betrachten oder die daraus folgende Sichtweise der betrieblichen „Ich-Die-Beziehung" verändern wollen in eine „Wir-Beziehung".

„Ich - Die" beinhaltet Abgrenzung, greift auf Ressentiments zurück, ruft Skepsis hervor, schränkt Offenheit ein und verschiebt Verantwortlichkeiten.

„Ich - Die" führt zur Individualisierung und nicht zur Gemeinschaftlichkeit und systemhaften Verwobenheit. Unsere eigene Sichtweise von dem Unternehmen führt zu einer selbst gemachten Realität. Überzeugungen wie: „Ich muss mich durchkämpfen, wenn es drauf ankommt, stehe ich alleine, deine Ideen kannst du letztlich nicht durchsetzen, ein festgefügtes System lässt sich nicht verändern", belassen uns in eigenen Strukturen und verhindern, kreativ schöpferisch, offen für neue Lernprozesse zu sein. So verhalten wir uns innerhalb der Grenzen, die wir uns mental gesetzt haben.

Festgefügte Meinungen und Vorurteile sind in gewisser Weise auch Respektlosigkeiten gegenüber den konkreten Menschen, denen wir ein Bild überstülpen und ihnen damit keine Chance für Entwicklung mehr einräumen. Wir machen uns damit blind für alle andere Dinge und sehen den Menschen bzw. die Welt nur noch im Rahmen unserer einengenden, geistigen Beschränkungen. Möchten wir nicht selbst von anderen als entwicklungs- und lernfähig betrachtet werden?

Ressourcen innerhalb eines Unternehmens können nur vollständig genutzt werden, wenn wir in einer „Wir-Beziehung" leben. Dort kann Identifizierung mit der Gemeinschaft der Tätigen, Motivation und selbstverantwortliches Mitwirken an der Verwirklichung einer gemeinsamen Vision stattfinden. Aus der Wir-Beziehung entsteht eine tiefe Achtsamkeit gegenüber den Mitmenschen. Wir achten auf das, was wir sagen und tun, weil wir erkennen, wozu unachtsames Reden und Handeln führt. Die Oberflächlichkeit verliert sich und es entsteht eine Herzensverbindung, die eine starke

Grundlage bildet für die Verwirklichung gemeinsamer Projekte und Visionen.

Im Rahmen unternehmerischer Beziehungen von Herzensverbindung zu sprechen, wird manchen befremden, aber es ist notwendig, alte kontraproduktive Überzeugungssysteme über Bord zu werfen und aus einem neuen umfassenderen Verständnis heraus eine Seinsweise miteinander zu leben, die zu einem wirklichen Fortschritt in Organisationen führt.

Für Kinder ist es selbstverständlich, mit dem Herzen dabei zu sein und zu den Menschen und ihrem Tun eine Herzensverbindung einzugehen. Die kalte Welt der Erwachsenen, von ihnen selbst geschaffen, hat dazu geführt, dass wir an vielen Stellen nur noch mit halbem Herzen dabei sind, wenn überhaupt. Denken Sie einmal an jenen Moment, in dem Sie in Kontakt mit jemandem mit ganzem Herzen dabei waren. Ist das nicht ein himmelweiter Unterschied zur Halbherzigkeit?

Natürlich, werden Sie sagen, aber hier geht es um Beziehungen am Arbeitsplatz.

Natürlich, sage ich, werden Sie jetzt auf Grund Ihres Überzeugungssystems eine Vielzahl von Argumenten aufführen können, die meine andere Sichtweise nicht gelten lässt. Entscheidend ist letztlich, welche Konsequenzen sich aus Ihrer und aus meiner Haltung ergeben. Das eine ist mit Getrenntsein und Gegeneinander verbunden, das andere mit Eins-Sein und daraus folgendem Miteinander. Veränderungen innerhalb einer Betriebs- und Unternehmenskultur können nur eintreten, wenn jeder einzelne Tätige offen ist für das Lernen. Stagnation stellt sich ein, wenn wir nicht mehr lernen. Die Zeit ist schnelllebig mit ihren sich rasch überholenden Neuerungen. Allein das macht es notwendig, dass wir uns als lernende Wesen betrachten und dass wir die Unternehmen, in denen wir tätig sind, zu lernende Organisationen machen, die bereit sind, sich den Fragen der Gegenwart zu stellen, und versuchen, Antworten zu finden, die zeitgemäß sind. Dies setzt voraus, dass wir uns als ganze Menschen einbringen, mit Geist, Herz, Leib und Verstand.

Nur in dem Maße, wie wir als Menschen von unserem Wesen her da sind, können wir auch an der Gestaltung unserer Gesellschaft, Europas und der gesamten Welt in einer Weise mitwirken, die zu einem allumfassenden Frieden mit den Menschen auf diesem Globus und mit der Natur führt, welches die Grundlage bildet für die weitere Existenz der nachfolgenden Generationen.

Die Arbeit, unser Lebenserwerb, den wir erwählen, muss von daher eine Tätigkeit sein, die am Wohl aller Menschen orientiert ist und zum Gedeihen und der Bewahrung der Schöpfung dient. So lange wir einer Tätigkeit nachgehen, die Leiden in dieser Welt verursacht, müssen wir uns darüber klar werden, dass wir dazu beitragen, mitfühlendes, friedvolles Leben zu verhindern. Damit tragen wir wesentlich zur Respektlosigkeit dieser Zeit bei, in welchem Bereich und auf welcher Ebene sich dies auch immer abspielen mag. Das Bewusstsein unserer jetzigen Zeit, ist sensibilisiert für eine tiefere Daseinsweise und erkennt die Konsequenzen, die sich aus unserem Handeln ergeben.

Wir können auf dieser unserer Erde nicht mehr unbedacht produzieren, ohne daran zu denken, welche Auswirkungen dies auf die Qualität und Ressourcen des Wassers hat, inwieweit die Ozonschicht unserer Atmosphäre zerstört wird, wie wir unser Klima beeinflussen und dadurch die Meeresspiegel ansteigen und die Erdtemperatur sich erhöht. Es ist nicht neu, dass die Menschen unbedacht und respektlos mit der Erde umgehen, sonst hätte Jesus niemanden mit den Worten ermahnen müssen:

Wahrlich ich sage euch,
ihr seid eins mit der Erdenmutter;
sie ist in euch und ihr seid in ihr.
Aus ihr seid ihr geboren, in ihr lebt ihr,
und zu ihr werdet ihr zurückkehren.
Haltet darum ihre Gesetze,
denn keiner kann lange leben, noch glücklich sein,
außer dem, der seine Erdenmutter ehrt

und ihre Gesetze achtet.
Denn euer Atem ist ihr Atem, euer Blut ist ihr Blut,
eure Knochen ihre Knochen, euer Fleisch ihr Fleisch,
eure Eingeweide ihre Eingeweide,
eure Augen und Ohren sind ihre Augen und Ohren.
(Szekely, 1983, S.8)

Es ist an der Zeit, dass jeder sein eigenes berufliches Handeln hinterfragt und seine ganze Person, mit ihren wunderbaren kreativen und schöpferischen Kräften einsetzt, um eine Welt zu schaffen, die menschenwürdige Lebensmöglichkeiten für alle Erdbewohner schafft und Tiere und Pflanzen in ihrer Art erhält. Anstatt in Zerstörung wie Waffenhandel, Urwaldabholzung, Atomkraft zu investieren, könnten wir Menschen unsere Energien in die Friedensarbeit, Wiederaufforstung und erneuerbare Energien einbringen.

Wir neigen dazu, auf der individuellen sowie der gesellschaftlichen und der globalen Ebene zu warten, bis eine Krisensituation so weit gediehen ist, dass nur noch akute Krisenintervention möglich ist. Alle bis dahin auftretenden Warnzeichen und Symptome werden geflissentlich übersehen, heruntergespielt oder als nicht bedrohlich eingestuft, bis es dermaßen offensichtlich ist, dass alle Vermeidungsstrategien nicht mehr ausreichen und eine Auseinandersetzung unumgänglich ist. Und dann werden, was sich gerade auf der internationalen und politischen Ebene verfolgen lässt, Maßnahmen getroffen, die erst in der Zukunft greifen sollen, obwohl es doch jetzt schon lichterloh brennt. Aber bitte, schauen wir nicht nur auf die anderen, sondern bleiben wir bei uns, bei jedem von uns.

Was können wir in unserem Beruf tun, welchem Lebenserwerb können wir nachgehen, damit diese Erde Zukunft hat und unsere Kinder mit Freuden in dieselbige schauen können?

Ein Beispiel ist im Moment besonders aktuell, die BSE-Krise. Noch vor einiger Zeit glaubten Bauern, Futterhändler,

Metzger, verantwortliche Politiker und die Verbraucher, BSE gehe uns nichts an bzw. wir in Deutschland seien nicht in der Weise betroffen, wie kürzlich erst die Menschen in England. Und jetzt? Tausende von Rindern werden geschlachtet, der Rindfleischmarkt bricht zusammen, Existenzen sind bedroht und nachdem der Mensch, wie vorhin beschrieben, alle Zeichen wegrationalisiert hat, tritt ein neues Erkennen ein. Die ökologische Landwirtschaft soll gefördert werden und damit eine artgerechte Ernährung der Rinder. Landwirte und Bauern, die mit und nicht gegen die Natur arbeiten, rücken in den Mittelpunkt des Interesses. Chemikalien zur Vernichtung von „Schädlingen und Unkraut", unerlaubte Medikamentierung zur Aufzucht und die Fütterung von pflanzenfressenden Tieren mit zu Mehl zermahlenden Tieren, ist fern jeder Art von Mitgefühl. Wir benötigen Gewahrsein für unser Handeln und für die Auswirkungen auf Mensch, Tier und Pflanze, damit wir erkennen, ob wir Leiden erzeugen, indem wir Krankheit säen und die Erde töten.

Die Komplexität und Verwobenheit unseres menschlichen Daseins ist groß, deshalb müssen wir erkennen, welche unserer Haltungen auch dazu beitragen, einen rechten Lebenserwerb bei anderen Menschen zu verhindern. So lange wir Fleisch essen, werden wir Menschen benötigen, die Tiere dafür töten. Schlachter stehen Stunde für Stunde, Tag für Tag, Jahr für Jahr im Schlachthof und töten Tiere. Wir sind für seinen Lebenserwerb mit verantwortlich!

Gewahrsein lässt uns damit in Berührung kommen, dass unsere Arbeit in der Rüstungsindustrie dazu beiträgt, dass in anderen Ländern Kinder, Frauen und Männer zerfetzt werden oder für immer mit Behinderungen durch Leben gehen müssen. Noch heute explodieren in vielen alten Kriegsgebieten Minen, auf die Bauern oder spielende Kinder treten, obwohl die Kriege schon längst beendet sind. Es geht nicht um Moralisierung und Schuld, sondern um Erkennen und Gewahrsein von Konsequenzen, die sich aus unserer Lebensweise und unserem beruflichen Handeln ergeben.

Als ich vor dreißig Jahren bei Krupp arbeitete, machte ich mir keine Gedanken darüber, inwieweit ich an der Herstellung von Materialien beteiligt war, die für eine Kriegsmaschinerie verwendet werden könnten. Heute würde ich darüber nachdenken und Konsequenzen ziehen.

Es ist sicherlich nicht leicht für viele Menschen, gerade dann, wenn sie ihr Leben mit Kindern und ihrem Zuhause so eingerichtet haben, dass sie natürlich auch ihr Auskommen haben müssen. Ein Anfang wäre gemacht, wenn wir begännen, über unsere Tätigkeit nachzudenken und tief in die Zusammenhänge schauen würden, damit wir uns verantwortlich für unser Tun entscheiden können. Ohne sich überhaupt Gedanken darüber zu machen, können wir zu keiner Veränderung kommen, und wir müssen nicht wie im BSE-Fall warten, bis die Not so groß wird und tausende von gesunden Rindern zwangsgeschlachtet werden müssen, weil sie ja auch infiziert sein könnten.

Wir Menschen sind auf dieser Welt, um glücklich und in Liebe miteinander zu leben, und wir können landwirtschaftliche Produkte zu uns nehmen, die gesundheitsfördernd sind und an denen kein Blut klebt.

Rechter Lebenserwerb reicht natürlich über diese beiden bisher genannten Bereiche hinaus und betrifft auch die Kunst, die Literatur, die Medien, die Filme und die Musik.

Es reicht nicht zu sagen, die Menschen sind alle alt genug und können selbstverantwortlich entscheiden und mit sich selbst umgehen, um damit seine Hände in Unschuld zu waschen.

Nein!

Tragen wir mit der Produktion oder Vervielfältigung von Produkten zur Verunglimpfung von Menschen bei, dann stehen wir sehr wohl mit in der Verantwortung für die Beeinflussung anderer Menschen. Nehmen wir nur ein aktuelles Beispiel aus dem Unterhaltungsprogramm der vielen Fernseh-Shows, die mit Namen wie „Jeder gegen Jeden", „Geh aufs Ganze", „Greif an!" oder „Der Schwächste fliegt", um die Quoten kämpfen. Der Öffentlichkeit wird über Satellit ein menschenverachtender Umgang präsentiert, der seinesgleichen sucht. Es ist eine Kultur der Unbarmherzigkeit und Würdelosigkeit, in der Respekt ein unbekanntes Etwas ist. Übelste Beschimpfungen, Abwertungen, Kränkungen und Demütigungen gehören zum Standard und beeinflussen Millionen von Kindern, von den Erwachsenen mal ganz abgesehen.

Alle Personen, die in Filmen Gewalt verherrlichen und Liedertexte schreiben und singen, die junge Menschen mit auf den Weg bringen, fremdenfeindliche Gesinnungen zu übernehmen, sollten genau hinschauen, ob sie diesen Weg weiter gehen wollen oder einen Lebenserwerb erstreben, der von Respekt gegenüber allen Menschen getragen ist und dazu beiträgt, Frieden und Liebe in diese Welt zu bringen. Vielfach dienen Gewaltdarstellungen in den Medien, mit ihren Erniedrigungen, Demütigungen und Morden, nichts anderem als dem Nervenkitzel. Gerade bei Kindern und Jugendlichen, die in ihrer Persönlichkeit noch nicht gefestigt sind, wird auf fatale Weise die Lust auf Gewalt angeregt.

Arbeit, die sexuelle Ausbeutung begünstigt und Menschen abhängig macht von Alkohol und Drogen, trägt nicht zu einer Gestaltung der Welt bei, in der Menschen unbeschadet von Leib und Seele leben können. Arbeit und menschliches Wohl darf sich nicht mehr gegenüberstehen.

Wenn wir erkennen, dass der heutige arbeitende Mensch in seiner Ganzheit gefördert werden will, um zu seiner vollen Entwicklung seiner Persönlichkeit zu kommen, dann müssen wir noch weitergehen und sagen, die Arbeit, die der Mensch leistet, muss zur vollen Entwicklung aller Lebewesen auf dieser Erde führen. Wir sind es, jeder von uns, der zur Verwirklichung einer Vision beiträgt.

Träume können wahr werden in dem Moment, wo wir beginnen, sie in die Realität umzusetzen. Wir brauchen nicht warten, bis jemand anfängt. Jetzt und hier, innerhalb meines Berufsfeldes kann ich beginnen, meinen Beitrag zur Umsetzung einer lebensfreundlichen Welt zu leisten.

Die Gestaltung der Zukunft beginnt in der Gegenwart. Jeder von uns hat alles in sich, was er dazu braucht. Es liegt an uns, ob und wann wir beginnen, uns auf das Wesentliche zu besinnen und dies leibhaftig in die Welt bringen. Und sei es „nur" mein zartes Lächeln, das ich aus meinem Inneren den Menschen schenke, die mir begegnen. Der Lohn wird groß sein, probieren Sie es!

Wenn wir weiterhin glauben, dass nur Erfolg und materieller Reichtum glücklich machen, dann entgeht uns das Wesentliche im Leben, das in uns Wesenhafte wird nicht greifbar und kann seinen Beitrag zu einem tieferen, von innen her erfahrbarem Glück nicht entfalten. Es ist, wie die Zwiebel einer Blume in der Hand zu halten und sie von außen mit Gold und Edelsteinen zu schmücken, um sie zur Schönheit zu bringen, anstatt sie von innen her erblühen zu lassen, indem wir ihr guten Boden, Sonne und Wasser geben.

Dazu müssen wir überholte Überzeugungen loslassen, die besagen, dass Produktion, Wachstum und Wirtschaftlichkeit nicht zu Menschlichkeit, innerer Entfaltung und Lebensglück passen. Es ist eine falsche Annahme, dass Menschen die frei und erfüllt leben, nicht genug konsumieren, um die Wirtschaft in Schwung zu halten. Menschen, die von innen her erfüllt sind, konsumieren sicherlich in einer anderen Weise als Personen, die immer wieder die neuesten Konsumgüter zur Aufwertung ihrer Persönlichkeit benötigen. Die Wirtschaft müsste sich auf andere Artikel besinnen, die gehaltvoller und sinnorientierter angelegt sind und nicht nur für eine gewisse Zeit Glücksgefühle vorgaukeln. Vielleicht kämen wir auch zu einer einfacheren Lebensweise, bei der die Menschen weniger Unnötiges kaufen, dafür aber stressfreier, zufriedener und friedvoller miteinander leben und ihre Freizeit ausgefüllter gestalten. Wir bestimmen den Kontext für unser menschliches Leben. Es kann sich täglich im Wohnzimmer beim Fernsehen mit Bier und Chips abspielen oder wir schaffen einen Rahmen, in dem sich unsere Talente, wie in dem Gleichnis von Jesus entfalten können und wir zu unseren tiefen Anlagen finden und unser wahres Selbst erfahren.

In unserer heutigen, industrialisierten Welt geht es über die Bedürfnisbefriedigung der Grundbedürfnisse von Nahrung, Schutz und Zugehörigkeit hinaus. Der Mensch ist ein spirituelles Wesen und verlangt nach Erfahrungen, die ihm Antworten auf die Sinnfrage geben.

Es reicht nicht mehr, einfach nur zu glauben, sondern es ist eine Bewegung entstanden, die den mystischen Zweigen der großen Weltreligionen folgt. Menschen richten sich nicht mehr blind nach den Worten des Papstes, sondern machen sich (zum Glück) selbst Gedanken über Sinn und Unsinn von Glaubenssätzen. Heutige Menschen wollen hinter die Worte der Bibel schauen, sie möchten zum Ursprung vordringen, auf den die Heiligen Schriften deuten.

Warum spreche ich in einem Kapitel über Unternehmen und Beruf darüber?

Weil die unternehmerische Energie der Menschen dazu beitragen kann, eine Welt zu schaffen, in der es um die Entfaltung des Menschen geht und nicht um seine Abhängigkeit und Ausbeutbarkeit. Gerade weil wir Menschen in einer Zeit leben, die von Kriegen und großen Naturkatastrophen geprägt ist und der Geist des Menschen über seinen Tellerrand hinausschaut, werden diejenigen Unternehmen in Zukunft Erfolg haben, die den kritischen Menschen sinnvolle Antworten geben und keine Machtpolitik betreiben, die auf Verschleierung von Tatsachen und einseitig auf Profite ausgerichtet ist. Mehr denn je werden heutzutage Skandale aufgedeckt, welche die Glaubwürdigkeit von Politikern und Unternehmern infrage stellt. Die Menschen kümmern sich nicht nur um ihr Auto, sie möchten auch wissen, wie die Panzergeschäfte zu Stande gekommen und welche Spenden geflossen sind, um Entscheidungen zu beeinflussen. Sie wollen Aufklärung darüber, inwieweit ihre Bank in dunkle Geschäfte verstrickt ist, ob Blut an dem Geld klebt, das sie für zwielichtige Gestalten wäscht und welche Werte sie mit ihrer Geschäftspolitik vertritt. Menschen wollen nicht belogen werden, sondern Respekt erfahren und klaren Wein eingeschenkt bekommen.

Bei der BSE-Krise können wir erleben, wie schnell ein Wirtschaftszweig, der seine Absätze langfristig gesichert sieht europaweit in massive Schwierigkeiten kommen kann, wenn er keine zeitgemäßen Ziele und Werte auf seine Fahnen schreibt und meint, durch Quantität und Vernachlässigung artgerechter Tierhaltung die Qualität außer Acht lassen zu können.

Es gibt heutzutage einen Widerstand gegen multinationale Konzerne, die mit ihren „In-Logos" marktbeherrschend sind, aber gleichzeitig wie Nike von rechtlosen Arbeiterinnen in China ohne Gesundheitsschutz für drei Dollar pro Tag ihre teuren „Sneaker" zusammennähen lassen. Oder die McDonald-Kette, die Kinder in China über City Toys als Zulieferer zur Arbeit heranzieht, um billig ihre Plastikfigürchen als Beigabe für die „Juniortüten" zu produzieren, um unseren Kindern ihre Produkte schmackhafter zu machen. Dies alles stinkt nach falscher Moral und Betrug am Kunden. Die Unternehmen müssen spüren, dass die heutigen Kunden kritisch sind und eine derartige Geschäftsgestaltung nicht mittragen wollen.

Eine positive Organisation von Arbeitsprozessen darf nicht nur aus Berechnung in den Industrieländern verwirklicht werden, um dort den gewerkschaftsorganisierten Menschen Rechnung zu tragen, sondern es muss eine unternehmerische, ethische Verpflichtung sein, Menschen in allen anderen Ländern ebenso zu respektieren und für eine gerechte Bezahlung, gute Arbeitsbedingungen und für einen entsprechenden Gesundheitsschutz zu sorgen.

Am 11. September 2001 haben wir erfahren müssen, wohin Fanatismus und Extremismus führen kann. Das 340 Meter hohe World Trade Center, Symbol für die wirtschaftliche und politische Macht der USA, ja, für die ganze Welt und das Pentagon, die verteidigungspolitische Machtzentrale, wurde durch die schreckliche Entführung dreier Verkehrsmaschinen und ihres zielgerichteten Anschlags dem Erdboden gleichgemacht bzw. teilweise zerstört. Die Wirtschaftspolitik der mächtigen Industriestaaten, die ganze Völker verelenden lässt, schafft einen Boden für diese Art von Gewalt.

Die heutigen wirtschaftlichen Maximen müssen sich lösen von unternehmerischer Engstirnigkeit, Habgier und Egozentrik. Sie müssen vielmehr orientiert sein an dem Bedürfnis des Menschen nach einer erfahrbaren Sinnhaftigkeit in seinem (Berufs-) Leben, überall auf dieser Welt, nach einer kreativen, schöpferischen Lebensaufgabe, nach produktiver Selbstverwirklichung, der Schaffung einer gesunden, intakten Umwelt und nach einer besseren Welt, in der Frieden und Eins-Sein möglich ist.

Zum zukünftigen Tätigsein in Institutionen und Unternehmen gehört im Rahmen einer notwendigen Identifikation mit der Organisation auch die innere Verbindung, das Eins-Sein mit den Dingen mit denen wir umgehen. Das ist entsprechend des Betriebes die Drehmaschine, die Speismaschine, der PC, der Siemens-Martin-Ofen, die Ausstattung des Lehrerzimmers, die Laboreinrichtung in der Arztpraxis usw. Das gemeinsame menschliche Eins-Sein darf nicht das Eins-Sein mit den von uns geschaffenen Dingen vernachlässigen. Dies führt zur Unachtsamkeit und Gleichgültigkeit der hergestellten Werte bzw. gegenüber der Geräte, die wir für die eigene Arbeit benötigen.

Diese geistige Grundhaltung wird sicherlich vielen unverständlich sein. Aber es ist wichtig, tief in die Natur der Dinge zu schauen, damit wir erkennen, dass wir mit *allem* Eins sind, was existiert, und nicht getrennt davon. Die Qualität des Empfindens, des Daseins, die sich daraus ergibt, ist eine intensivere und beglückendere. Gleichzeitig schafft diese Erfahrung des Eins-Seins eine direkte Verantwortlichkeit und führt zu einer neuen Achtsamkeit im Umgang mit den Dingen.

Je mehr wir, jeder Einzelne von uns, die Organisation *ist*, in der er arbeitet, desto stärker wird sein Engagement sein, zum Wohle der Organisation beizutragen. Dies ist Loyalität gegenüber dem Betrieb, in dem ich tätig bin und darin findet sich der Respekt gegenüber der Gemeinschaft aller Tätigen wieder.

Das heißt gleichzeitig auch für die Führungskräfte, die Unternehmer, alles für ihre Mitarbeiter zu tun und zwar für alle, nicht nur für einen ausgewählten Kreis im Management.

Die Persönlichkeitsentwicklung der Menschen, die im eigenen Unternehmen arbeiten, muss jeder Unternehmensleitung am Herzen liegen. Das bedeutet, miteinander eine neue Verbindung einzugehen, die weit über alle tariflichen Vereinbarungen hinausgeht. Hier geht es darum, die menschliche Beziehung nicht auf Arbeit geben und Lohn zahlen zu reduzieren, sondern Unternehmer und Mitarbeiter treten in einen gemeinsamen Prozess des Wirkens und des Wachsens ein.

In der gegenseitigen Würdigung des Menschseins drückt sich der notwendige Respekt und die Liebe aus, die aus der Erfahrung des Eins-Seins erwächst. Ausbeutung und Missachtung des Menschen hat in unserer Zeit keinen Platz, sondern Wachstum und Erfüllung im Arbeitsprozess zu finden, steht im Vordergrund. Dies ist möglich in der Erfahrung der Gemeinschaft, die sich auf eine gemeinsame Vision ausrichtet und sich bei der Erreichung gegenseitig unterstützt. Dabei bemüht sich das Management, dass ihre Mitarbeiter ein erfülltes Leben führen können und die Mitarbeiter streben nach innerem Engagement, um Ideen zu entwickeln, Probleme zu lösen, Wertvorstellungen und Ziele zu formulieren und umzusetzen, die sich aus dem neuen Bündnis ergeben. Eine „innere Kündigung" findet nicht mehr statt, da sie immer eine Kündigung gegenüber der eigenen Selbstverwirklichung ist. Auch wenn sie als Boykott gegen das Unternehmen gerichtet werden soll, ist es doch gleichzeitig die Boykottierung des eigenen Energieflusses, der eigenen konflikthaften Lernmöglichkeit, der kreativ schöpferischen Kräfte und der Gesundheit.

Wir sind verantwortlich für unser Unternehmen, weil wir verantwortlich für uns sind. Nur so lassen sich Organisationen gestalten, die den Einzelnen sehen und respektieren, weil der Einzelne sich sieht und achtet. Geben wir den anderen keine Schuld, sondern beginnen wir aus der Motivation der persönlichen Wachstumsenergie unsere Arbeitswelt schöpferisch neu zu gestalten.

Wir kommen dabei der Religion nahe. Damit meine ich, dass Religion als Urgrund verstanden, die Erfahrung des Lebens an sich ist. Insofern wird unser Arbeitsalltag religiös. Wir gliedern unser berufliches Tätig-Sein nicht aus und nehmen damit eine Teilung der menschlichen Persönlichkeit vor, vielmehr geben wir der Arbeit den Stellenwert zurück, der ihr gebührt.

Der Mensch ist ein tätiges, lernendes Wesen und Arbeit ist der Vollzug des Mensch-Seins an sich und so trägt sie in unserem Da-Sein zur Verwirklichung eines umfassenden höchsten Mensch-Seins bei. Hieraus leitet sich selbstverständlich ab, dass eine ungerechte Verteilung von Arbeit eine große Respektlosigkeit gegenüber dem arbeitslosen Menschen ist. Ebenso sind auch Arbeitsprozesse, die den Menschen krank machen, die ihn sich nur nach dem Feierabend sehnen lassen, nicht am Wohle, an der Verwirklichung seiner wesenhaften inneren Natur orientiert. Arbeit, die nur so von der Hand geht, die uns ganz einnimmt, in der die Zeit wie im Fluge vergeht und in der wir uns wiederfinden, lässt ein Flow-Gefühl entstehen, weil wir uns im Einklang mit unserer Tätigkeit fühlen, weil wir in den gesamten Prozess des Unternehmens involviert sind, weil wir in unserer Ganzheitlichkeit als Menschen integriert sind, und in dem Maße ist ihre Qualität religiös.

Arbeit als Schaffensprozess ist im tieferen Sinne ziellos, da sie Lebens-Weg ist und zum vollkommenen Erblühen des Menschen da ist. Immer neue gesellschaftliche und technische Herausforderungen verlangen nach heutigen adäquaten Lösungen und stellen uns Menschen vor die Aufgabe, Antworten zu finden, die das Wesenhafte des Menschen bezeugen. Das Wesenhafte aber ist begründet im Ursprung des All-Einen, des Göttlichen, der Buddha-Natur. So verstanden ist Arbeit immer auch religiöses Tun und wir können die Arbeit als etwas Heiliges betrachten und erfahren. Heiliges Tun geschieht nicht nur im Gotteshaus und zeigt sich in der Zelebration des Priesters, heiliges Tun fließt in den Händen der Hebamme, drückt sich aus in der Arbeit des Steinmetzes und findet sich, wie in allen anderen Tätigkeiten auch, in der Arbeit der Toilettenfrau auf der Autobahnraststätte wieder.

Der wirkliche Wert einer Arbeit orientiert sich nicht an den gesellschaftlichen Bewertungsmaßstäben, über die berufliches Ansehen auf- bzw. abgewertet wird. Der natürliche Wert einer Tätigkeit liegt in der zu tuenden Arbeit selbst. Spülen ist spülen, eine Brücke konstruieren, ist eine Brücke konstruieren und einem Menschen ein neues Herz einsetzen, ist einem Menschen ein neues Herz einsetzen, nicht mehr und nicht weniger. Was ist wichtig, was ist weniger bedeutsam?

Welcher Arbeit zollen wir viel und welcher weniger Respekt?

Wir können mit unserem Ego Bewertungen vornehmen, aber es bleiben Bewertungen die ichbezogen sind und der tatsächlichen Arbeit nichts hinzufügen können. Ein Konzert geben, wird nicht deshalb großartiger, weil alle Menschen dem Künstler zujubeln und der Wert einer Fließbandarbeit wird nicht herabgesetzt, weil die Arbeit so selbstverständlich hingenommen wird. Wir können unser Selbstbewusstsein an die äußere Bewertung unserer Arbeit hängen, wenn wir uns damit aufwerten wollen. Aber ändert sich an der Arbeit an sich etwas?

Jede Tätigkeit trägt zur gesellschaftlichen und kosmischen Ordnung bei, auch wenn wir versuchen, sie aus bewertenden Gesichtspunkten zu betrachten. Was die Arbeit unterschiedlich macht, ist, *wie* wir sie tun, welche innere Haltung wir ihr gegenüber einnehmen. Wir können eine Aufgabe mit halbem Herzen erledigen oder uns voll und ganz in sie hineinknien. Es ist möglich, unser Tun mit innerer Distanz durchzuführen oder ganz darin aufzugehen. Wahrscheinlich haben Sie beides schon erfahren. Es ist müßig, sich die Frage zu stellen, welche Qualität des Tuns erfüllender ist.

Arbeit wird dann zur Last, wenn wir uns innerlich dagegen auflehnen und sie nicht annehmen wollen, obwohl wir sie erledigen müssen.

Es ist respektlos gegenüber der Tätigkeit, wenn wir sie nicht würdigen. Sie können sich fragen, was hat dies schon für Auswirkungen, ob ich etwas gerne mache oder nicht, das geht keinen etwas an. Die Auswirkungen, die sich aus einer derartigen Einstellung ergeben, sind immens. Nicht nur, dass Sie sich selbst die Freude am Tun nehmen, eine negative Haltung führt zu einem leidvollen Dasein, mindestens in dieser Zeit, in der Sie diese Arbeit unwillig verrichten. Zum anderen führt eine ablehnende Stellung dazu, dass Menschen, die diese Arbeiten machen müssen, weniger angesehen werden, weil es häufig unliebsame und „niedrige" Tätigkeiten sind, denen der Mensch nicht offen gegenüber ist. So entsteht ein Kreislauf von Auswirkungen, bis am Ende eine ablehnende, feindselige Haltung zu jenen Menschen eingenommen wird, denen nichts anderes übrig bleibt, als eine derartige negativ besetze Arbeit auszuführen.

Die menschliche Geschichte ist bis in die heutige Zeit voll von derartigen Beispielen. Ich möchte dabei nur auf die gesamte Müllentsorgung verweisen und den vorhin genannten Toilettendienst. Wir schaffen mit der Bewertung von Arbeit eine zwischenmenschliche Gewalt und verlieren die nötige Demut gegenüber den Menschen, die sie für uns erledigen.

Suchen wir einen anderen, einen positiven Zugang zu unserer Arbeit, hilft uns vielleicht der Gedanke von Rbindranath Tagore:

Ich schlief und träumte:
das Leben sei Freude.
Ich erwachte und sah:
das Leben ist Pflicht.
Ich arbeitete und siehe:
die Pflicht war Freude.

Ist das nicht ein wunderbares Erleben, wenn Pflicht sich als freudiges Tun erweist? Und überlegen Sie, wie viel verpflichtende Aufgaben Sie am Tag, in Ihrem Leben ausführen? Wie viel Zeit Sie mit erwerbstätiger Arbeit und Hausarbeit verbringen? Und wo lernen wir, eine innere Haltung einzunehmen, wie sie von Tagore beschrieben ist? Wie anders kann unser Leben aussehen, wenn wir beginnen, unser Tun zu lieben, egal was es auch ist.

Der christliche Mystiker Meister Eckhart hat es im Mittelalter so ausgedrückt:

Auf drei Punkte sollen wir bei unserem Tun achten:
dass man ordentlich, vernünftig und bewusst arbeite.
Nun nenne ich dies ein ordentliches Tun,
dass man allerwärts das Nächstliegende tue.
Vernünftiges Tun aber ist dies,
dass man zur Zeit kein besseres Ding
als eben dies eine tun kann.
Und bewusstes Wirken nenne ich das,
wo man lebendige Wahrheit
mit fröhlicher Gegenwärtigkeit in
guten Werken verbindet.

Ich kann mir diesen Leitgedanken gut vorstellen für jede Art von Geschäftsführung und Arbeit. Das Nächstliegende tun ist für viele Menschen schwer, weil sie der Unsitte anhängen, Dinge, die erledigt werden wollen, auf die lange Bank zu schieben, wie es doch so schön heißt.

Nicht, dass dies nur respektlos gegenüber der Arbeit ist, die auf Erledigung wartet, vielmehr führt dies auch zur Missachtung des eigenen Selbst, denn Aufschieben verursacht u.a. Verdrängung, Unwohlsein, bewirkt gefühlsmäßige Missstimmung, Schlafstörungen und körperliche Verspannungen. Sie alle werden die Erleichterung kennen, die sich einstellt, wenn wir etwas lang Aufgeschobenes erledigt haben. Es fällt uns dann ein kleiner Stein vom Herzen. Im privaten Bereich mag der ungespülte Berg von Geschirr noch geduldig warten, innerhalb eines Unternehmens kann eine verzögerte Entscheidung schwerwiegende Folgen haben. Das Ineinandergreifen während eines Produktionsprozesses, einer Dienstleistung, eines Projektes erfährt eine Störung, eine Beeinträchtigung, wenn anstehende Dinge nicht direkt erledigt werden.

Das Nächstliegende tun, weil es kein besseres Tun als eben dieses gibt, ist förderlich für den Wachstums- und Lernprozess, in dem eine Organisation sich befindet, es schafft Klarheit und bewirkt zeitgemäßes Umgehen mit den anstehenden Entscheidungen. Unnötige Umschweife und Umwege fallen weg und so können Krisen verhindert werden, die durch halbherzige, unklare und nicht durchdachte Entscheidungen entstehen.

Wir brauchen nur das gegenwärtige Drama des Treibhauseffektes betrachten, das in den nächsten 20 Jahren 90% der Alpengletscher schmelzen lässt und damit eine weitere Lawine von Umweltkatastrophen hervorrufen wird. Das Nächstliegende wäre *jetzt*, in der für die ganze Welt existenziell bedeutsamen Situation drastische Maßnahmen zu ergreifen, die sofort wirken können und zu einem Stopp der weiteren Klimaerwärmung führen. Wir brauchen nicht noch weitere Untersuchungen, ob das alles wirklich so ist und ob nicht vielleicht doch die Berechnungen auch eine andere Ursache ausmachen können. Derartige Verzögerungen sind nur Zeichen von Machtgerangel zwischen den Staaten, Unwillen, Maßnahmen zu treffen, Tatsachen herunterzuspielen, keine Verantwortung für eigenes, auslösendes Verhalten zu übernehmen. Es gibt nichts Nächstliegenderes, als sofort, hier und heute, dieser Entwicklung aktiv zu begegnen, ohne Konferenzen, die im nächsten Jahr erst wieder stattfinden, und ohne Entscheidungen, die erst in fünf Jahren greifen. Wenn uns jetzt das Kopfhaar brennt, und es brennt weltweit in Sachen Klimaerwärmung, dann muss direkt, ohne jegliches Zögern, das Kopfhaar gelöscht werden. Angesichts dieser weltweiten Dramatik, muss jedes Machtgerangel zurücktreten und endlich ein Gefühl für die gemeinsame Betroffenheit und Verantwortung in den Vordergrund treten.

An diesem Beispiel ist so deutlich zu erkennen, wie in einem großen, weltweiten Maßstab die gleichen Verzögerungen eintreten, die eine direkte Einflussnahme auf Probleme verhindern, wie es in allen Institutionen geschieht. Es ist ein Phänomen des Verdrängens, des nicht den Anfang machen wollens, keine unliebsamen Entscheidungen ergreifen wollen. Der einzelne Mensch verhält sich so, verschließt sich dem *Nächstliegenden* gegenüber und trägt es deshalb in seine Ehe, Familie, Schule, sein Unternehmen, seine Regierungen usw. Reflektieren wir dieses Muster und erkennen seine schädlichen Konsequenzen, dann wäre es möglich, direkt, ohne Umschweife, ganz im Bewusstsein der sich vollziehenden *lebendigen Wahrheit*, die sich vor unseren Augen abspielt, Ursachen bekämpfend zu handeln. Wir hätten eine wunderbare konzertierte Aktion, in der möglich wäre, in *fröhlicher Gegenwärtigkeit*, nicht weil die Situation Anlass dazu geben würde, sich zu freuen, sondern aus der Erfahrung des gemeinsamen Wirkens heraus zu handeln.

Und wahrlich, es wäre ein *gutes Werk* an unseren Kindern, an dem Planeten Erde!

Wir sind an einem Punkt in unserer Menschheitsgeschichte angekommen, wo wir alle durch ein Umdenken zu einem kollektiven Bewusstsein vordringen können und wir aus diesem Erkennen einen Schritt zur gemeinsamen Errettung der Menschheit, der Pflanzen- und Tierwelt, der Natur, der Erde, die uns alle nährt, machen können. Daraus ergibt sich auf der betrieblichen, wirtschaftlichen Ebene eine große, menschliche und technische Herausforderung, um neue alternative Wege zu beschreiten, die in Zukunft eine Selbstvernichtung ausschließen würde. Fordern wir uns selbst heraus und werden wir kreativ, um dieser Aufgabe jetzt, hier und heute einer Lösung zuzuführen.

Jedes Verschieben und Warten lässt schon heute durch Naturkatastrophen Menschen zu Tode kommen und führt zu irreparablen Schäden in der Natur.

Jeder von uns hat die Möglichkeit, an dem gemeinsamen Werk zur Bewahrung der Schöpfung mitzuwirken. Und der Einsatz, in diese Richtung zu wirken, ist letztlich die Verwirklichung unserer innewohnenden Liebe zu *Sein*. Der arbeitende Mensch ist ein Wesen, welches sich durch sein Tun in dieser Welt verwirklicht und sein innerstes Wesen in diese Welt hineingebirt.

Betrachten wir unseren Körper mit seinen zahlreichen Organen, dann wirkt sich jede Beeinträchtigung auf den ganzheitlichen Befindlichkeitszustand aus. Die Harmonie in dieser Welt, die Homöostase des kosmischen Miteinanders hängt von jedem Einzelnen ab. So ist die größte Verwirklichung eines jeden Individuums, sich in Liebe an die Menschheit, die Welt zu verschenken.

An dieser Stelle nähern wir uns der Demut und dem Dienen. Wir benötigen eine Sichtweise, die uns die innewohnenden Aspekte der Demut und des Dienens so erschließt, dass diese belasteten altmodischen Begriffe, die wir vielleicht hinter dicke Klostermauern verbannt haben, uns mit einem inneren Feuer berühren, dass wir von einer überwältigenden Energie, Schaffensfreude und schöpferischen Kraft beseelt werden, die den Zustand innerer Unzufriedenheit und Gleichgültigkeit dahinbrennt.

Arbeit aus dem Verständnis von Dienen bedeutet, sich selbst in allen schöpferischen Potenzialen zuzulassen, als ganze Person, mit seinen weiblichen und männlichen Aspekten, von seinem tiefen, ursprünglichen, göttlichen Wesen her. Dieses Zulassen ist ein Dienst am eigenen Selbst. Es ist das Zurücknehmen des eigenen Egos, um dem höheren Selbst Raum für seine Entfaltung zu geben. So wird der Dienst an sich selbst ein Dienst an dem Unternehmen, an der Gemeinschaft, an der Welt.

Nur mit meiner eigenen, besonderen Entfaltung meines innewohnenden Wesenskerns stelle ich mich umfassend in den Dienst der menschlichen Gemeinschaft.

Die Erfüllung des Tuns entsteht nicht aus der Möglichkeit noch mehr Geld zu verdienen oder die Karriereleiter hinaufzusteigen, sondern aus der stattfindenden Authentizität mit der eigenen Persönlichkeit und dem damit einhergehenden inneren Frieden. Innen und Außen kommen überein. Es findet keine Zersplitterung und Abspaltung statt, vielmehr fließt der Mensch, der sich ganz zulässt, aus seiner energetischen und seelischen Zerstreuung wieder zusammen und befindet sich in einem synergetischen Prozess des Werdens.

In diesem Prozess verliert Dienen seine frühere Negativbesetzung, der anstrengenden Pflicht und Selbstaufopferung. Dienen wird zur glücklich machenden Erfahrung, zu einem Seinszustand, der von Erfüllung und innerem Frieden gekennzeichnet ist.

Der schaffende, arbeitende Mensch erfährt sich dabei in einer neuen Dimension von kosmischem Bewusstsein und Demut. Die tiefgreifende Entfaltung der eigenen Menschlichkeit ist gleichzeitig mit der Erfahrung der eigenen Göttlichkeit der eigenen Buddha-Natur verbunden und dies bedeutet, sich in der Verbundenheit mit allem zu sehen und zu erleben. Bin ich nur stolz auf *meine* gute Leistung, dann sehe ich nicht die Mutter, die mich unter ihrem Herzen getragen hat, den Vater, der für mich gesorgt hat, meine Geschwister, die mit mir aufgewachsen sind, Oma und Opa, die mich begleiteten, meine Lehrer, die ihr Wissen an mich weitergaben usw. Der Kontext dieser Erkenntnis lässt mich demütig werden im dem Sinne, dass ich meine Leistung auf den richtigen Platz stelle. Das wird für viele Menschen nicht leicht sein, da es doch verlockend ist, zu sagen, dies ist auf meinem Mist gewachsen und die Ehre gebührt mir allein. Echte Demut lässt unser Ego zurücktreten. Dies macht unseren Erfolg nicht geringer, im Gegenteil, wir können ihn mit der ganzen Menschheit genießen. Wir finden dabei zu einem Respekt zurück, der das Dasein der anderen wichtig nimmt.

Diese Zeilen, die ich schreibe, sind das Ergebnis eines langen Werdeprozesses, den ich aber Hunderten von Menschen verdanke, die mir begegneten, die mich das Leben auf ihre spezielle Weise lehrten. Ihnen sei an dieser Stelle noch einmal herzlich gedankt!

Welche Bedeutung hat nun diese Art von Arbeit, das Dienen für den wirtschaftlichen Teil eines Unternehmens? Dies werden sich insbesondere die Skeptiker fragen, die es geschafft haben bis hierhin mit ihrem Lesen zu kommen. Nun, es geht in die Milliarden! Volkswirtschaftlich gesehen. Der einzelne Betrieb, das spezielle Unternehmen wird davon in der Weise partizipieren, als dass die Menschen, die ihrer Arbeit nachgehen, gesünder werden, durch ihre Ausgeglichenheit, ihren inneren Frieden und ihr Glück, das sie empfinden. Wie groß sind doch die Kosten, die durch Krankheit entstehen, die wiederum ihre Ursache in Unzufriedenheit und Unterforderung hat. Es ist ein innerbetriebliches Miteinander, welches den Kostenfaktor aufhebt, der durch Mobbing entsteht und damit auch zur Blockierung von ineinander greifenden Arbeitsabläufen beiträgt. Es wird an vielen Stellen im Unternehmen reibungsloser laufen, weil alle füreinander auf das gegenseitige Wohl und das Erreichen gesetzter Ziele bedacht sind und nicht nur auf ihren eigenen Vorteil, vom Chef bis zur Reinemacheperson. Dadurch werden neue Kräfte frei, mit denen mehr kreative, innovative Ideen umgesetzt werden können.

Die gesamte Arbeitswelt leistet somit einen wesentlichen Beitrag zur Humanisierung der Gesellschaft.

Und gerade weil die Arbeitswelt ein Raum ist, voller Konkurrenz, Neid, Missgunst und Leistung, sind ihre Impulse wichtig, um zu dem „einfachen Menschen" zu kommen, wie Linji, der Begründer des Rinzei-Zen es genannt hat.

Der Wert eines Menschen ergibt sich aus seinem Dasein an sich, in welcher körperlichen, geistigen oder seelischen Verfassung er sich auch immer befindet.

Der Mensch kann seinen Wert nicht durch seine Herkunft oder durch die Anhäufung von vermeintlich großen Taten und Werken erhöhen.

Den Menschen nach beruflichem oder materiellem Erfolg zu bemessen, läuft der Gleichheit aller Wesen zuwider und schafft einen Boden von Neid, Missgunst und Gewalt. Wir müssen unseren Wert in dieser Welt nicht erst erarbeiten und durch sinnvolle, erfolgreiche Leistung belegen. Es reicht, wenn jeder von uns seinen Wert aus der Tatsache der fundamentalen, universellen Verbundenheit heraus bezieht. Unser persönlicher Ausdruck verändert sich, wenn wir uns als wertvoll erachten, anstatt mit gesenktem Haupt unsere Minderwertigkeit vor uns herzutragen. Probieren Sie es!

Welche Auswirkungen hat dies auf unser alltägliches berufliches Tätigsein?

Unser Tun wird aus der Haltung des einfachen Menschen mit gleichem menschlichen Wert eine andere, stärkere Qualität besitzen. Unsere vergangenen und aktuellen Werke haben weiterhin Bestand und jeder Tätige kann auch in Zukunft voll und ganz sein Bestes geben. Der wunderbare Unterschied liegt nur darin, dass Sie sich jetzt nicht mehr aus einer inneren Abhängigkeit heraus anstrengen müssen, um Ansehen von anderen Menschen zu erhaschen. Vielmehr können Sie nun aus einer inneren Gelassenheit und Ruhe heraus Ihre Fähigkeiten einsetzen und „gute Leistungen" erbringen.

Wir können, auf welchen Gebieten auch immer, erfolgreiche Projekte durchführen, ohne andere dabei herabzusetzen und respektlos zu sein. Jeder Mensch ist etwas Besonderes und darf ganz besondere Leistungen vollbringen, aber wichtig ist dabei zu wissen, dass keiner von uns dadurch etwas Besseres ist als sein Mitmensch. Der einfache Mensch geht seinen Weg und schöpft, den neuen sich ergebenden Situationen angemessen, aus seinem inneren Reichtum und bringt sich voll und ganz in den betrieblichen, gesellschaftlichen Prozess ein und trägt somit zur Gestaltung einer friedlichen Welt bei, deren Anliegen es ist, die Schöpfung zu bewahren und durch unsere Präsenz zu bereichern.

Die tote Katze
Schenkt ihren alten Körper
Gerne den Würmern.

Friss oder stirb

Es musste erst so weit kommen, dass der Mensch ernsthaft in seiner Gesundheit gefährdet ist, dass jeder von uns an der gefährlichen Creutzfeldt-Jakob-Krankheit erkranken kann. So sarkastisch es klingen mag, es geht nicht nur um den normalen Bürger, der erkranken kann, sondern darum, dass diese Krankheit keinen Halt macht vor den Türen der Reichen, der Politiker, der Wirtschaftsbosse, der Bankmanager, letztlich vor den Mächtigen, die für die Geschicke der Welt verantwortlich zeichnen, sie lenken und bestimmen.

An den Türen dieser Menschen macht BSE (bovine spongiforme enzephalopathie) nicht Halt, auch sie essen gerne Fleisch. Spätestens seitdem nun in Deutschland die ersten BSE-Fälle bekannt geworden sind, ist sogar dem letzten Bürger klar geworden, dass diese gefährliche Rinderseuche nicht an den Grenzen Halt macht, auch wenn sich dies viele gewünscht haben. So lange nur in England und Frankreich einige Fälle auftraten, konnten wir getrost weiter den wiederkäuenden Tieren Tiermehl zur Fütterung verabreichen.

Die Devise lautete all die Jahre: Nur nicht weiter denken, nicht überlegen, wohin es führen kann, wenn wiederkäuende Tiere, die Vegetarier sind, andere Tiere zerkleinert und verfeinert täglich fressen müssen. Keine Kuh würde ein Schaf und kein Schaf ein Kalb fressen. Diese Tiere benötigen die Nahrung, die sie in der freien Natur fressen würden, nämlich pflanzliche Nahrung. Als die ersten Berichte über das Ausbrechen der Rinderseuche - ich bin geneigt, Menschenseuche zu sagen -, denen die Rinder zum Opfer fielen, die Menschen in Europa aus ihrer fleischfressenden Lethargie herausriss, da versuchten unsere verantwortlichen Politiker über den Weg der landwirtschaftlichen Grenzschließung, das Problem zu lösen. Ein Exportverbot für britische Rindfleischprodukte wurde durchgesetzt und es gab uns deutschen Bürgern für einige Zeit das Gefühl, bei uns sei die Welt noch in Ordnung, nur die anderen müssen ihre Ernährungsmisere wieder ins rechte Lot bringen. Ich will nicht damit sagen, dass diese Maßnahme nicht eine richtige Entscheidung war zum Schutz der hiesigen Bevölkerung. Nein, ich meine damit, dass es respektlos gegenüber den Mitmenschen ist, wenn ich sie zurückstoße und mich nicht mitfühlend an ihre Seite stelle, um eine gemeinsame Lösung zu finden. Wie in vielen menschlichen Bereichen begegnen wir hier den Egoismen, die von Eigennützigkeit geprägt und auf Vorteilnahme aus sind. Da mag sich mancher Fleisch erzeugende, deutsche Bauer insgeheim über das Pech seiner ausländischen Berufskollegen gefreut haben, denn nichts füllt die eigene Tasche so, wie der wirtschaftliche Misserfolg des Konkurrenten.

Doch nur kurz währte das Glück, da brachte der Herbst im Jahre 2000 den ersten BSE-Fall auf den deutschen Teller. Ein Aufschrei ging durch unser Land. Denen, die gerade die Gabel mit einem Stück Rindfleisch an den Mund hoben, blieb der letzte Bissen, noch nicht ganz heruntergeschlungen, im Halse stecken und sie ließen die Gabel wieder sinken, schoben den Teller von sich und schauten ängstlich auf ihr Stück Fleisch.

Wie kann in diesem herrlich durchgebratenen Steak eine so gefährliche, ja todbringende Krankheit stecken?

Über das Wie wurden wir mittlerweile aufgeklärt. Wir, die Menschen, haben es hineingebracht. Nein, nicht wir, die anderen, die, welche das Tiermehl verfütterten, nein, nicht diese armen Bauern, die, welche das Futter verkauften und daran gutes Geld verdienten, nein, nicht die, sondern jene, welche die Unbedenklichkeitserklärung für die Verfütterung von tierischen Produkten absegneten. Sind sie es gewesen? Nein, nicht diese Bürokraten, die an Schreibtischen sitzen und auf Grund von Rechts- und Verwaltungsvorschriften ihre Arbeit tun. Dann sind es die Politiker, welche den Weg frei machen im guten Glauben, es wäre eine sinnvolle Nutzung tierischer Abfallprodukte, wenn diese in den Kreislauf der Natur eingefügt werden. Nein, wie können diese schuldig sein, wenn sie doch nur den Gesetzen des Kapitals, der freien Marktwirtschaft folgen und ihre Arbeit erledigen. Nun, dann ist es ja gut, wir haben den Schuldigen!

Aber bei allem Respekt, um den es ja in diesem Buche geht, wer ist der Markt, der nach bestimmten Gesetzen von Angebot und Nachfrage funktioniert. Wer greift ein, beeinflusst, manipuliert das, was nachgefragt, also trendi werden soll?

Ach, jetzt sind es doch wieder wir.

Ja, so ist es!

Wir kommen nicht darum herum, selbst wenn wir uns gerne aus der Verantwortung davonstehlen wollen. Jeder von uns an seinem Platz in dieser Gesellschaft, ob als Konsument, Dienstleister, Produzent oder Anbieter, jeder ist in dieses Netz eingewoben und verfügt über Entscheidungsspielräume, die eine Wahl verschiedener Verhaltensweisen möglich machen, auch wenn diese Entscheidungsspielräume in ihrer Art und Größe unterschiedlich ausfallen. Wir können dies momentan auf den unterschiedlichsten Ebenen miterleben.

Viele Verbraucher kaufen kein Rindfleisch mehr, andere kaufen Rindfleisch bei Bauern, die ihre Rinder nach tiergerechten, ökologischen Gesichtspunkten aufziehen, d.h. die ihnen pflanzliche Nahrung zur Verfügung stellen und sie nicht zwingen, ihre Artgenossen aufzufressen. Anbieter von Tiermehl ziehen ihre Produkte aus dem Handel, Produzenten überlegen pflanzliche Produkte anzubauen, als Ausgleich für den Ausfall von Tiermehl, Politiker werden schnell und verabschieden in einem kurzen Zeitraum Gesetzesgrundlagen für das Verbot von Tiermehlverfütterung. Wiederum andere Menschen stellen Überlegungen an, wie nun die Tierresteverwertung in sinnvolle Energie umgewandelt werden kann. Eine große Bewegung, ausgelöst durch den Wahnsinn der Rinder, durch unseren selbst erzeugten eigenen Wahnsinn, durch unsere nicht beschreibbare Respektlosigkeit gegenüber den Tieren, bei denen wir auf einem Spaziergang in freier Natur an der Weide stehen bleiben, den Kühen, Rindern und Schafen zuschauen und ihre Ruhe und Schönheit genießen.

Damit sind wir wieder am Ausgangspunkt dieses Kapitels angelangt, unserer nicht zu überbietenden, nirgendwo in der Natur vergleichbaren Respektlosigkeit gegenüber Lebewesen.

Ich möchte Sie in diesem Moment mit dem Verhalten konfrontieren, was wir den Tieren zumuten. Stellen Sie sich vor, Sie wären durch Zwang von außen in eine Situation geraten, in der Sie keine Freiheit darüber besitzen, zu entscheiden, was Sie essen wollen. Sie könnten und dürften nur das essen, was Ihnen geboten wird und dies wären Ihre eigenen Artgenossen, Menschen wie du und ich. Es wäre doch nicht auszudenken, es wäre doch in einem nicht zu beschreibendem Maß entsetzlich, wenn dies geschehen würde. Genauso ist es. Vielleicht klappen Sie an dieser Stelle entgültig das Buch zu und werfen es weg.

Für diejenigen, die weiterlesen:

Ich halte dieses gedankliche „Spiel" für spielenswert, damit wir genau spüren können und uns bewusst machen, was wir als menschliche Wesen tun, die als einzige Spezies auf dieser Erde über ein Bewusstsein verfügen, das ihnen die Möglichkeit gibt, Handeln zu analysieren, Konsequenzen zu erkennen und auf Grund dieses Erkenntnisprozesses sinnvoll zu agieren.

Nun, Tiere haben kein Bewusstsein, aber sie haben einen gesunden Instinkt. Und dieser Instinkt verbietet es ihnen, als Wiederkäuer Artgenossen oder andere Tiere, in welcher Form auch immer dargereicht, zu fressen. Hyänen und Aasgeier machen sich über tote Gnus her, aber ein Gnu frisst kein Gnu, es frisst Gras und wenn es kein Gras mehr gibt, weil die Steppe vertrocknet ist, dann stirbt es eher, wie eine Kuh in unserem Stall sterben würde, ehe sie die Kuh neben sich fressen würde. Kannibalismus ist diesen Tieren fremd, aber nicht den Menschen. Gleichwohl haben wir uns als Spezies Mensch zivilisiert und weiterentwickelt, nur haben wir dabei vergessen, unser doch so hoch entwickeltes Sein auch in Bezug auf die Tiere anzuwenden, die wir sogar als Haustiere bezeichnen und mit ihnen in enger Verbindung leben.

Wir sollten jetzt die Stunde nutzen, um uns Gedanken zu machen über den respektlosen Umgang mit anderen Lebewesen. Ich bin davon überzeugt, wenn wir dies nicht gedankenlos und gefühllos praktizieren, dass Sie dann zu demselben Schluss kommen wie ich, dass wir eine Verfütterung von toten Tieren an andere, lebende Tiere niemals mehr vornehmen dürfen.

Sagt jemand dazu, das ist doch alles sentimentales Gequatsche, dann möchte ich erwidern, bitte überdenken Sie das noch einmal bevor Sie zu diesem Schluss kommen und spüren Sie mit Ihrem Herzen offen und frei von Voreingenommenheit tief in das Geschehen der Tiermehlverfütterung. Durchdringen Sie mit Ihrem Bewusstsein voll und ganz diese Situation, werden Sie zur Kuh, zum Rind, zum Schaf und erleben Sie, was es heißt, als wiederkäuendes Lebewesen zerstückelte, zu Mehl zerriebene Artgenossen oder Teile von ihnen fressen zu müssen. Gerade dadurch, dass wir ein solches Einfühlen und Mitfühlen in unserer Welt nicht genug praktizieren, kommen überhaupt derartige perverse Verhaltensweisen der Menschen zu Stande.

Wir können uns natürlich abtrennen von unserer Fähigkeit mitzufühlen. Wir können auch den gemeinsamen Ursprung von Mensch und Tier verleugnen. Wir können wieder von vorn beginnen und sagen: Haben wir erst einmal ein entsprechendes Serum gefunden, das die todbringende Creutzfeldt-Jakob-Krankheit besiegt, dann ist die Wiedereinführung der Tiermehlverfütterung kein Problem mehr. Das können wir, wir haben die Macht dazu, nicht die Kühe, Rinder und Schafe! Sie sind nur die Opfer unseres Tuns, und haben keine eigene Lobby.

Sie können uns mit angstvollen Augen anschauen, wenn sie zur Schlachtbank geführt werden und wenn ihr Klagen und Schreien so manchen Schlächter im Traum aufschrecken lässt, sein Herz ist nicht mehr zu erreichen, es hat sich schon längst verschlossen gegenüber dem Lebewesen, dem er den Bolzen zwischen die Augen setzt. Derjenige, der Tiermehl in einem ordentlich hygienisch verpackten Sack kauft und seinen Tieren, denen er so manchen wohlklingenden Namen gegeben hat, vorsetzt, auch dieser ist in dem Moment der Fütterung weit von einem Mitgefühl entfernt und dem Bewusstsein, was er da eigentlich verfüttert. Und ich glaube sogar, dass viele Menschen diesen Sachverhalt, der mehr ist, als nur ein Sachverhalt, sondern unsere Herzensbeziehung zu diesen Tieren, die wir aufziehen und verspeisen, ausdrückt, nie richtig durchdacht haben, so wie ich ihn vorher auch nie ganz durchdrungen habe.

Wir können jetzt gemeinsam einen Schritt gehen, in eine neue artgerechte Tierhaltung. Vielleicht erinnern Sie sich an einen Moment in Ihrer Vergangenheit, in dem Sie einer Kuh am Weidenzaun gegenüberstanden und sich gegenseitig anschauten. Dieser Augenblick beinhaltet die Begegnung zwischen zwei Seelenwesen, wobei der vertrauensvolle Blick der Kuh sagt: Schau her, hier bin ich und stehe dir neugierig und vertrauensvoll gegenüber. Eine Kuh, die dem Bauern, dem Mäster, dem Tiertransporter, dem Schlächter gegenübersteht, würde ergänzen: Ich lege mein Wohlergehen in deine Hände. Ich bin dir auf Gedeih und Verderb ausgeliefert. Du, der mich jetzt anschaut, du hast die Verantwortung für mein Leben, für das, was jetzt als Nächstes geschieht.

Jetzt, wo ich diese Sätze fühle und schreibe, beschleicht mich ein leichtes Unwohlsein, in der Hinsicht, dass Sie denken könnten: „Nun spinnt der doch ganz. Wir sind doch nicht mehr im Kindergarten. Wir leben in einer knallharten Welt, da ist kein Platz für eine solche Gefühlsduselei." Ich verstehe Sie nur zu gut, wenn Sie versuchen, aus Ihrer Überzeugung heraus, die Welt so zu lassen, wie sie Ihrer Vorstellung nach ist. Das schafft keine Unruhe und alles kann mehr oder weniger beim Alten bleiben. Sie haben das Recht dazu und ich will es Ihnen nicht streitig machen. Was ich aber will, ist,

Ihnen sagen, es gibt andere Möglichkeiten, die Dinge in der Welt zu sehen und zu begreifen.
Das jahrtausendalte Bodhisattva-Gelöbnis sagt:

Shu jo muhen sei gan do.

Die Lebewesen sind zahllos,
wir geloben sie alle zu retten.

Dies ist eine Sichtweise, die unser Handeln als Menschen ausmachen kann. Sie ist getragen von Respekt und Liebe und bedeutet Achtung und liebevollen Umgang mit anderen Menschen, den Tieren, der Natur und sich selbst.

Um zu dieser Sichtweise zu kommen, ist es notwendig, dass wir uns wirklich vorstellen, wie es ist, den Tieren direkt in die Augen zu sehen, wenn wir die Hand erheben und uns die Botschaft ihrer Seele anhören. Mir fällt gerade ein Kindheitserlebnis ein, das ich Ihnen erzählen möchte und ich spüre, dass dabei mein Herz laut zu klopfen beginnt.

Ich war vielleicht neun oder zehn Jahre alt und mit dreien meiner Freunde in einem kleinen Waldstück unterwegs. Es war eine dichte Schonung und plötzlich standen wir vor einer getigerten Katze, die auf der Erde lag. Bei genauerem Hinsehen, sahen wir, dass diese Katze todkrank war. Sie konnte nur noch den Kopf heben. Würmer hatten schon von ihr Besitz ergriffen und krabbelten aus ihrem Hinterteil. Wir waren völlig entsetzt von diesem Bild und dem Leid, das diese Katze ertragen musste. Wir wussten nicht, was wir tun sollten und der Gedanke, einfach weiterzugehen und dieses arme Tier so liegen zu lassen, bereitete uns Schmerzen. So kamen wir zu dem Schluss, die Katze zu töten. Nun hatte keiner von uns ein Messer dabei und niemand von uns hatte je ein solches Tier getötet. Wir brachen in unserer Verzweiflung einen dicken Knüppel vom Baum und wollten die Katze damit erschlagen, damit sie möglichst schnell von ihrem Leid erlöst sei.

Weinend umstanden wir sie und überlegten, wer den ersten Schlag ausführen sollte. Niemand wollte und es dauerte lange, bis ich mich dazu entschloss. Ich weiß noch, wie die Katze mich anschaute und unsere Blicke sich begegneten, als ich den Knüppel erhob und zuschlug. Auch jetzt, während ich dies Erlebnis aufschreibe, fließen mir die Tränen runter, als wäre es gerade erst geschehen, und dabei ist es 40 Jahre her. Die Katze war nicht sofort tot und wir mussten mehrmals zuschlagen. Wir versuchten ihr Genick zu treffen, damit es schneller ging. Danach verstanden, wir warum es heißt, Katzen haben sieben Leben.

Jeder von uns wird seine Geschichte mit Tod und Tieren haben. Gleich, wie sie auch sein mag, heute ist heute und wir können jetzt überlegen, wie wir diese Geschichte fortsetzen. Es hilft dabei, in Kontakt mit unserem Herzen, mit unseren Gefühlen zu kommen.

Wir können nur Respekt gegenüber anderen Lebewesen erlangen, wenn wir lernen empathisch zu sein. Empathie ist die Fähigkeit, sich einzufühlen in unser Gegenüber. Wir benötigen dazu ein eigenes, offenes Herz, welches empfindsam ist und nicht aus Stein, wie bei dem Ritter Kato aus der Geschichte „Mio, mein Mio" von Astrid Lindgren.

Einfühlen heißt, weich und schwingungsfähig sein und sich in die Gefühlswelt, die Sichtweise des Gegenübers hineinversetzen zu können. Kalt und gefühllos können wir handeln, wenn wir diese wichtige menschliche Fähigkeit nicht ausgebildet haben. Dann erreicht uns nicht der Blick des Lebewesens, das vor uns steht. Es gehört auch Mut dazu hinzuschauen und uns damit zu konfrontieren, was wir sehen. Wie viele Menschen schauen hin, schauen noch in die Augen. Und wie schön Augen sind, wie aus ihnen das Leben schauen kann, wenn es noch nicht erloschen ist. Augen sind dann erst tot, wenn die Verbindung zum Herzen, zur Seele unterbrochen ist, dann fehlt der Glanz, das Leuchten. Der lebendige Gefühlsstrom ist unterbrochen.

Mit unseren Augen können wir bitten, flehen, drohen, hassen, Blitze zucken und Lust leuchten lassen. Wir können mitfühlend blicken und Herzensliebe mit ihnen ausstrahlen. Es hängt davon ab, ob wir uns berühren lassen von dem, was uns gegenüber ist und ob wir uns trauen, diese unsere ureigenste Herzensempfindung zu zeigen.

In dieser Welt, die alles andere lehrt als Berührtwerden, Mitgefühl, Herzenswärme, Liebe, Toleranz und Respekt, benötigen wir Mut und Courage, um diese Qualitäten menschlichen Vermögens zu beleben, um damit die Kälte, Rücksichtslosigkeit, Grausamkeit, Härte, Menschen- und Tierfeindlichkeit zu umfangen. Nur so weicht die Härte auf, erwärmt sich die Kälte, wird Feindlichkeit zur Freundlichkeit, Rücksichtslosigkeit zur Hilfsbereitschaft und Grausamkeit zur Liebe. Ein Dagegenkämpfen ist aussichtslos und kann kein Mittel des friedvollen Miteinanders sein. Kämpfen fordert Gegenwehr heraus, verstärkt die Seite bei unserem Gegenüber, die wir eigentlich als veränderungswürdig ins Auge gefasst hatten. Gleichzeitig geben wir auch dem Samen unserer eigenen Gewalt Nahrung und fördern sein Wachstum. Es ist, wie man so schön sagt, den Teufel mit dem Belzebub austreiben. Leichter ist dies zwar, aber um dem anderen Respekt entgegenzubringen, benötigen wir keine feindliche Haltung, sondern ein liebevolles, achtsames Mitfühlen.

Werden wir angegriffen, kennen die meisten Menschen die entsprechenden Mittel, um aufzurüsten und zurückzuschlagen, wollen sie nicht selbst in einer Opferhaltung zu Grunde gehen. Viel schwieriger ist es, angegriffen zu werden und den anderen in seiner Not, die ihn so handeln lässt, liebevoll zu betrachten. Ich bin davon überzeugt, dass kein Mensch ohne eine innere Not gemein, hinterhältig und grausam handelt. An anderer Stelle werde ich ausführlicher darauf eingehen.

Die derzeitige Gefahr für unsere Gesundheit, die von der BSE-Seuche ausgeht, hält uns Menschen den Spiegel vor, in dem wir unsere Grausamkeit erkennen, mit der wir unsere Mitgeschöpfe Jahrzehnte behandelt haben. Tausende von Rindern müssen notgeschlachtet und verbrannt werden und wir tragen die Verantwortung. Ich bin davon überzeugt, sollten wir den Mut dazu haben, dass eine Begegnung mit einem solchen armen Wesen, ihm in der Todesminute lange genug in die Augen zu schauen, uns umkehren ließe.

Im Kapitel über den respektlosen Umgang mit uns selbst beschreibe ich, wie wir Menschen dazu kommen, uns selbst zu verletzen, und nichts anderes ist es, wenn wir Tieren auf die oben beschriebene Weise Gewalt antun, die letztlich wieder uns selbst trifft. Wir müssen nur erkennen, wie die Zusammenhänge sind, damit wir endlich den Kreislauf der Gewalt und Verletzungen verlassen können.

Das bedeutet: Wir müssen rechtes Denken praktizieren. Rechtes Denken praktizieren heißt, unsere egoistischen Ziele und unsere eigenen Vorstellungen loszulassen, die uns daran hindern, die Dinge so zu sehen, wie sie sind.

Und dies ist nicht schwer!

Wollen wir Fleisch und immer mehr Fleisch, wollen wir dies billig und immer billiger, dann werden wir alles versuchen, um dies auch zu erreichen. Damit verschließen wir aber unseren Blick für die Tiere, die am Leben bleiben und nicht in unserer Bratpfanne landen wollen. Wir übergehen die Angst der Tiere, ihre Not zur Schlachtbank geführt zu werden, ihre Qualen auf den langen Tiertransporten quer durch Europa. Wir verschließen uns vor dem Adrenalinausstoß, den die Tiere in der Todesstunde erleben, vor der Angst, die sie angesichts des Todes die Augen aufreißen lässt und die in jede Muskelfaser fährt und noch dort sitzt, wenn wir sie gebraten und mit Soße und Kräutern übertüncht in den Mund schieben.

Die neuen Vorschriften zum Schutz vor BSE haben grauenvolle Missstände auf unseren Schlachthöfen ans Licht gebracht. Die schlimmsten Szenen wurden in den TV-Berichten weggelassen und trotzdem waren viele Menschen geschockt, von dem, was sie sahen. Betäubte Bullen erwachten wieder und starben einen qualvollen Tod. Ihr schmerzvolles Brüllen übertönte den Maschinenlärm. Blutüberströmt hingen sie am Haken, versuchten sich aufzubäumen und ihrem Leid zu entgehen, während ihnen bei vollem Bewusstsein, die Ohrmarken und dann die Vorderhufe abgetrennt wurden, bis sie nach und nach ganz zerlegt wurden. Das Personal reagierte nicht einmal auf die unzureichende Betäubung, sondern setzte seine brutale Arbeit fort und fügten den Tieren extreme Schmerzen und Leiden zu.

Unsere Respektlosigkeit gegenüber Tieren schreit zum Himmel. Seit Jahren versuchen die unterschiedlichsten Tierschützer die schrecklichen Tiertransporte von den Aufzuchtgebieten bis zu den Schlachthöfen quer durch aller Herren Länder zu verbieten. Es schien, als hätten sie damals Gehör gefunden, und Veränderungen und neue Vorschriften würden humanere, tiergerechtere Lösungen unterstützen. Leider ist dies nicht so. Neue Tiere liegen in den Händen der damaligen Händler. Rinder, Schweine und besonders Pferde, die jedes Kind liebt und die es sich als Freund wünschen würde, leiden unbeschreiblich unter diesen Transporten, falls sie nicht schon vor ihrem Zielort unter den verabscheuungswürdigen Zuständen krepiert sind.

Das Wort gestorben passt hier nicht, weil dies noch etwas mit Würde und Respekt zu tun hätte, was man von diesen Bedingungen wirklich nicht sagen kann.

Wer sorgt dafür, dass dies alles geschehen kann?

Der Verbraucher, der sich darüber keine Gedanken macht und nur daran denkt, möglichst wenig Geld auf die Ladentheke legen zu müssen. Ich merke, wie sehr mich derartige Vorgänge betroffen machen und aufwühlen. Da drängt sich in mir der Gedanke auf, diesen Menschen, die direkt oder indirekt an diesem Geschehen beteiligt sind, eine Fahrt in einem solchen Transporter zu ermöglichen, aber nicht vorne im exklusiven Fahrerhaus eines Lkws, sondern zwischen den Tieren, auf ihnen, unter ihnen, so wie der Platz es ermöglicht, keine Bewegungsfreiheit, mangelndes Trinkwasser, zu wenig Fressen und von Sauberkeit ganz zu schweigen.

Was würde passieren, würde dadurch Mitgefühl entstehen? Ich glaube nicht. Dann eher noch Hass auf die Tiere, anstatt Ärger auf diejenigen, die für solche zu verbietenden Transporte verantwortlich sind.

Aber vielleicht rührt unser Herz der aufgeschreckte Blick eines Pferdes, das seinen Kopf durch die Eisenstäbe seines Gefängnisses zu zwängen versucht, um dem Wahnsinn zu entkommen. Wir, jeder Einzelne von uns, kann entscheiden, ob er Fleisch isst. Wenn Sie Fleischverzehr für notwendig halten, dann sollten Sie sich aber unbedingt Gedanken über eine artgerechte Aufzucht, den Transport und die Tötung der Tiere machen.

Schweine werden in 100 Tagen schlachtreif, dank Kraftfutter und Wachstumsförderern wie Antibiotika. Dass dabei die inneren Organe und das Skelett beim schnellstmöglichen Fleischzuwachs nicht mithalten können, interessiert keinen Menschen, denn die armen Schweine sterben deshalb nicht an etwas anderem, wie der Greenpeace-Agrarexperte Martin Hofstetter feststellte, weil sie nur so kurz leben.

Wo bleibt da der Respekt gegenüber diesen Lebewesen? Wenn der Bauer, der sein Schwein zwar schlachten lässt, ihm aber auf seinem Hof eine artgerechte Lebenszeit ermöglicht ohne Wachstumshormone und vorbeugenden Einsatz von Antibiotikum, dann ist dies eine sehr wichtige, zu fördernde Weise, Tiere zu halten. Diese Tiere leben ein Jahr, bis sie ihr Schlachtgewicht erreicht haben. In großen Zuchtbetrieben stehen möglichst viele Schweine, auf Grund der Intensivhaltung mit minimiertem Personaleinsatz, statt auf Stroh auf kalten, vom Kot glitschigen Spaltenböden aus Beton, über stinkenden Gülleseen und erleben nie ihren ersten Geburtstag. Dies halte ich für zutiefst respektlos.

Betrachten wir die Situation von Geflügel, auf das sich vielleicht viele Mitbürger angesichts der BSE-Krise umstellen. In der Geflügelbranche wird natürlich auch auf billiges Fleisch geachtet. Also muss möglichst schnell und viel erzeugt werden. Masthähnchen und Puten werden nicht wie Legehennen in zu engen Käfigen gehalten, die dort ihr eigenes schweres Schicksal fristen und ausgebeutet werden, sondern auf dem Boden mit Einstreu. In nur 35 Tagen sind Hähnchen schlachtreif. 1970 dauerte dieser Prozess noch 20 Tage länger, bei gleichem Gewicht. Wie bei den Schweinen sorgen

Kraftfutter und Medikamente für das angezüchtete Gewicht. Wobei das Skelett und die Blutgefäße bei den Puten nicht schnell genug mitwachsen können. Dies führt bei der Putenmast für 5 - 10 Prozent der Tiere zum vorzeitigen Tod, meistens durch Aortenabriss. Da der Verbraucher gerne Putenbrust isst, wird auf dieses Gewicht besonders viel Wert bei der Aufzucht gelegt. Die so angemästete überschwere Brust bringt die Tiere immer wieder aus dem Gleichgewicht und lässt sie vornüberkippen.

Ökogeflügel hat doppelt so viel Zeit zum Wachsen und lebt bei Tageslicht mit doppelt so viel Platz wie konventionell gehaltene Tiere. Auch erhalten sie ökologisches Futter. Wer dem Geflügel das Leben schenken möchte, denkt vielleicht an Fisch und hat die Hoffnung, dass dort alles in Ordnung ist. Aber Pustekuchen! Dieses Wort benutzten wir als Kinder, wenn etwas nicht so war, wie wir es dachten.

Die Folgen des steigenden Fischverzehrs sind für viele Fischbestände verheerend. Seit den neunziger Jahren hat die Ozeanfischerei das tragfähige Maß überschritten und es ist nach Aussagen des Worldwatch Institute zu einer Überfischung der Meere gekommen. Die Fischgründe haben keine Zeit mehr sich zu regenerieren. Nach Informationen des Bundesamtes für Naturschutz gelten inzwischen 52 der 70 deutschen Binnenfischarten als gefährdet. Bei den Meeresfischarten sind zeitweise historisch geringe Bestände erreicht. Dies gilt für die Meeresfische wie Scholle, Makrele, Hering, Dorsch, Schellfisch, Wittling und Seelachs. Die Meere sind teilweise so gut wie leergefischt und die großen Fangflotten zerstören ganze Ökosysteme in denen „nutzlose" Fische oder Kleinwale, Schildkröten und Delfine als „Beifang" in den Netzen verenden. Versuche, der Angebotsenge auszuweichen und z.B. auf Lachszucht in den norwegischen Fjorden umzusteigen, verursachte dort so viele Abwässer, wie alle vier Millionen Norwegen zusammen.

Wenn ich diese Informationen zur Situation unserer Tiere aus der *taz* vom 13. Dezember 2000 nicht nur lese, sondern sie mir voll und ganz bewusst mache, dann kann ich nur auf dem Weg des rechten Denkens weitergehen und muss über die Frage zur Tierhaltung hinaus mich weiter fragen, ob wir dort wo wir leben, es nötig haben, Tiere zu züchten, um sie zu töten und zu verspeisen? Oder wäre es auch möglich, auf andere Lebensmittel zurückzugreifen, die nicht den Tod von Tieren nach sich ziehen?

Wir sind keine Tschuktschen oder Eskimos, die auf den Fang von Tieren angewiesen sind, um zu überleben. Ich sehe nicht unser Überleben gefährdet, wenn wir unseren Tierkonsum einschränken oder sogar ganz darauf verzichten. Was ich sehe, ist Leid, Tod und Zerstörung dessen, was die Erde uns anvertraut hat und wo wir verpflichtet sind, diese wunderbare Schöpfung zu bewahren und zu beschützen. Auf der Expo 2000 habe ich im Tempel von Buthan wunderbare Bilder der Landschaft gesehen und dazu stand geschrieben, dass in alter buddhistischer Tradition alle Menschen versuchen, die Natur mit ihren Pflanzen und Tieren zu beschützen und zu bewahren. Einfache Menschen waren auf den Bildern abgelichtet, einfach, aber respektvoll, mitfühlend und liebend, wie mir scheint.

Bitte, sollte uns dies nicht auch gelingen? Dürfen wir tatenlos mit ansehen, wie schon jetzt viele Tiere aussterben und vom Aussterben bedroht sind. Ich habe in meinem Buch „Die 12 Hindernisse auf dem Weg in eine beglückende Gegenwart" schon Jesus aus dem Friedensevangelium der Essener zitiert und möchte dies wieder tun, weil er als Religionsführer sicher vielen Menschen hier näher ist als Buddha. Jesus sagte:

Wahrlich ich sage euch,
von einer Mutter stammt alles was auf Erden lebt.
Darum tötet jeder, der tötet, auch seinen Bruder...
Gehorcht darum den Worten Gottes: „Seht, ich habe euch
alle Pflanzen der ganzen Erde die Samen tragen gegeben,
und alle Bäume mit Früchten, die Samen bringen zu eurer
Speise. Und jedem Tier der Erde und jedem Vogel in der
Luft und allem Gewürm, das auf der Erde kriecht, das mit

dem Atem des Lebens belebt ist, habe ich jedes grüne Kraut zur Nahrung gegeben. Auch die Milch von allem, was sich bewegt und auf der Erde lebt, soll Speise für euch sein, so wie ich die grünen Kräuter gegeben habe, gebe ich euch ihre Milch. Aber Fleisch und das Blut, das es belebt, sollt ihr nicht essen... Aber wer ein Tier ohne Grund tötet, obwohl ihn das Tier nicht angreift, nur aus Lust am Töten oder wegen des Fleisches oder des Felles oder der Stoßzähne wegen, übel ist die Tat, die er begeht, denn er verwandelt sich in ein wildes Tier. Deshalb ist sein Ende auch wie das Ende eines wilden Tieres."
(Szekely, 1983, S.34f)

Natürlich essen wir Mohrrüben, Salate, Getreide usw. Das ist richtig. Aber bitte, gehen Sie in sich und erleben Sie eine Kohlrabi, die Sie aus der Erde ziehen oder einen Apfel, den Sie vom Baum pflücken und essen und vergleichen Sie dies mit einem Kaninchen oder einem Lamm, das Sie töten, braten und dann verspeisen. Bitte tun Sie dies, seien Sie dabei ganz achtsam mit dem was passiert, mit Ihnen, dem Gemüse, dem Obst und den Tieren und ziehen Sie Ihre Schlüsse daraus und übernehmen Sie für die Zukunft bewusste Verantwortung für Ihr Handeln.

Manche Menschen haben Angst, weil sie glauben ohne das tierische Eiweiß krank zu werden. Als ich 1978 Vegetarier wurde, setzte ich mich mit dieser These auseinander und fand in dem Buch der Katalyse-Umweltgruppe in Köln die Aussage, dass es für unsere Gesundheit notwendig ist, verschiedene essenzielle Aminosäuren in genügendem Maß aufzunehmen und das geschieht völlig ausreichend durch eine abwechslungsreiche, ausgewogene, vegetarische Kost.

Wir müssen alles dafür tun, damit wir gesund leben, deswegen ist ausgewogenes Essen eine dringende Notwendigkeit. Unsere Angebote an Obst, Gemüse und Getreidearten sind so vielfältig, dass wir genügend Abwechslung auf unseren Speiseplan bringen könnten.

Wenn es in diesem Punkt für Sie nicht so einfach möglich ist, Klarheit zu finden, dann üben Sie sich im rechten Denken. Fragen Sie sich immer wieder: „Bin ich mir ganz sicher in dieser Hinsicht, dass Tiere getötet werden müssen, damit ich meinen Hunger sättigen kann?"

Stellen Sie sich die Frage bei jedem Stück Fleisch, das Sie essen, aufs Neue, bis Sie eine eindeutige Antwort haben. Denn falsche Wahrnehmungen führen zu falschem Denken und lösen unnötiges Leid aus. Rechtes Denken hingegen führt zu rechtem Handeln und verhindert, dass Leid in dieser Welt entsteht und rechtes Handeln, als ein weiteres Glied in der Kette des achtfachen Pfades, führt dazu, dass allen Lebewesen mit Respekt, Achtung und Liebe begegnet wird.

Ins neue Leben
Larvenhülle entsteigend
Die Libelle fliegt.

Es war einmal....

Mit dem Satz „Es war einmal..." fangen viele Märchen an. Bezogen auf den Umgang mit unserer Natur, mit unserer Welt, auf der wir leben, ist dieser Beginn nicht der Anfang eines Märchens, sondern der Beginn einer Beschreibung der Realität.

Schon jetzt können wir Eltern unseren Kinder erzählen: „Es war einmal eine Welt, in der lebten tausende verschiedener Arten von Lebewesen, zu Wasser, in der Luft und auf der Erde. In dieser Zeit war die Luft rein und das Wasser war reichlich vorhanden und das Besondere war, dass das Wasser sauber war. Die Erde war zu jener Zeit reich an Mineralien und Rohstoffen und ernährte den Menschen, die Tiere und die Pflanzen.

Damals gab es noch Dunkelheit auf der Erde und die Stille. Dies gibt es heute nur an wenigen Plätzen dieser Erde, dort, wo keine Menschen leben.

Den Menschen fehlte es an Respekt vor der Dunkelheit. Sie konnten nicht mehr von ihren Häusern aus in die Dunkelheit gehen. Überall brannten Straßenlaternen, blinkten Leuchtreklamen, kunstvoll wurden Kirchen angestrahlt und riesige Laserstrahler zeigten den Weg zu ihren Tanzpalästen. Sie wunderten sich, dass sie die Sterne kaum noch sahen. Das Schlimme aber an dem Lichtermeer von Abermillionen Glühlampen war, dass sie wie ein Staubsauger auf die Insekten wirkten. Langsam dezimierte sich die Zahl der Mücken, Motten und Nachtfalter. Daraufhin fanden die Frösche, Fledermäuse und Vögel weniger Nahrung. Du weißt sicherlich, wo diese Entwicklung hinführte. Dabei hätten Natriumlampen, deren gelbes Licht Insekten und Vögel weniger anzieht, schon Abhilfe leisten können. Zugvögel gerieten immer häufiger in die Lichtkessel der Großstädte. Aber wie überall gab es auch dort einen kleinen „Dunkelheitshoffnungsschimmer." Einige Regierungen erließen ein *Gesetz zum Schutz der Dunkelheit*, wie z.B. die Lombardei in Italien, Fauquier Country in Virginia und die spanische Region Katalonien.

Die Stille zerstörten die Menschen, indem sie immer mehr Maschinen bauten, die Lärm erzeugten, kleine wie große. Lange bemerkten sie nicht, dass die Arbeitserleichterung, die sie erhofften, durch den Lärm der benutzten Geräte zerstört wurde. Ich erinnere mich noch an die alten Männer, die mit einer Sense das hohe Gras schnitten oder mit einem Reisigbesen die Blätter zusammenkehrten. Die Menschen versuchten Zeit einzusparen, alles musste schneller gehen und so saugte bald jeder das Laub in seinem Garten mit einem speziellen Blattsauger ein. Gegen den Lärm trugen sie Kopfhörer. Genau wie die Menschen, die keine Sense mehr benutzten, sondern ein mit einem Benzinmotor betriebenes Grasschneidegerät. Du hast Recht, natürlich konnten sie dann nicht mehr den Gesang der Vögel in ihrem Garten und den Parks hören, der das Arbeiten an der frischen Luft sehr bereicherte. Der Samstag im Garten pervertierte zu einer Lärmorgie der Nachbarn, die sich gegenseitig in die Häuser zum Kaffeetrinken zurücktrieben, da irgendjemand immer seinen Rasenmäher, seinen elektrischen Häcksler, seine Grasschneidemaschine, seine Kettensäge oder seinen Blattsauger anhatte. Es ist natürlich richtig, dass das eigentlich die kleineren Lärmfaktoren waren. Viel krankmachender war der Lärm, der durch Auto-, Lastwagen-, Bahn- und Fluglärm entstand. Zwölf Millionen Menschen litten deshalb unter Dauerstress. Jedes Jahr wurden allein in Deutschland 2400 Lärmtote beklagt, die an akuten Herzinfarkten starben. (Greenpeace-Magazine 4/2001). Es bewahrheitete sich, was vor 100 Jahren der Arzt Robert Koch vorausgesagt hatte: *„Eines Tages wird der Mensch den Lärm ebenso unerbittlich bekämpfen müssen wie die Cholera und die Pest."* Ein Gesetz, das den Menschen einen Schutz vor Lärm sicherte, wurde diskutiert, aber immer wieder verschoben. In der Industrie gab es sogar Entwicklungen, die z.B. den Autoreifenlärm um mindestens die Hälfte reduzierte oder die Flugzeugturbinen zum Schweigen bringen konnten, aber wie das so war, bis sich eine Entwicklung durchsetzte, gingen Jahre ins Land und die Menschen wurden weiterhin krank vom Lärm und viele von ihnen starben daran.

Aber die Menschen dieser Zeit verstanden es nicht, achtsam und liebevoll mit ihrer Welt umzugehen. Sie vergifteten die Flüsse, die Meere und die Erde, verpesteten die Luft und zerstörten die Wälder.

Sie vergaßen nach den göttlichen, kosmischen Gesetzen zu leben, den Worten, die Jesus ihnen zur Orientierung gab. Er hatte ihnen gesagt:

Sucht nicht das Gesetz in den Schriften,
denn das Gesetz ist Leben, während die Schrift tot ist...
In allem Lebendigen ist das Gesetz.
Ihr findet es im Gras, im Baum, im Fluss, im Berg,
in den Vögeln des Himmels, in den Fischen des Meeres;
doch sucht es hauptsächlich in euch selbst...
Gott schrieb die Gesetze nicht auf Buchseiten, sondern in eure Herzen und euren Geist.
Sie sind in eurem Atem, eurem Blut, euren Knochen,
in eurem Fleisch, euren Eingeweiden, euren Augen und Ohren und in jedem kleinen Teil eures Körpers.
Sie sind gegenwärtig in der Luft, im Wasser, in der Erde, in den Pflanzen, in den Sonnenstrahlen, in den Tiefen und Höhen.
Sie sprechen zu euch,
damit ihr die Sprache und den Willen des lebendigen Gottes verstehen könnt.
Aber ihr schließt eure Augen, um nicht zu sehen,
verstopft eure Ohren, um nicht zu hören.
Wahrlich ich sage euch,
dass die Schriften das Werk der Menschen sind,
aber das Leben und alle seine Heerscharen
sind die Werke Gottes.
Warum hört ihr nicht auf die Worte Gottes,
die in seine Werke geschrieben sind?
Und warum studiert ihr die toten Schriften, die aus der Hand der Menschen stammen?

(Szekely, 1983, S.11f.)

Die Vernichtung der Artenvielfalt war ein unverantwortliches, menschliches Handeln, das auf kurzfristige ökonomische Vorteile ausgerichtet war. Dazu trug die Schuldenkrise bei, in welche die Entwicklungsländer durch die Industriestaaten gedrängt wurden. Um ihre Schulden zu bezahlen exportierten die Entwicklungsländer immer mehr Rohstoffe, Agrarprodukte, Metalle, Holz und Wasserkraft. Dies geschah vielfach auf Kosten von Urwäldern und anderen Schätzen der Natur und trug zum Verlust von Tausenden von Tier- und Pflanzenarten bei. Die Dritte Welt konnte nichts anderes anbieten als ihre eigenen Ressourcen. Und da dies alle taten, sanken drastisch die Rohstoffpreise und die Entwicklungsländer waren gezwungen, noch mehr ihre eigenen Naturschätze zu verscherbeln. Bis heute hat der Raubbau der Ressourcen nicht aufgehört, da ein dramatisch zunehmender Rohstoffverbrauch diesen Kreislauf weiter anheizt. Für die Artenvielfalt an Tieren und Pflanzen bedeutete dies weiterhin, dass täglich 50 Arten von der Erde für immer verschwinden.

Natürlich gab es in dieser Zeit schon Menschen, die diese Entwicklung erkannten. Darunter waren u.a. Wissenschaftler und Forscher, die auf gesicherten Grundlagen Prognosen für die Zukunft erstellten und den Menschen z.B. in dem Bericht Global 2000 aus dem Jahre 1980 warnten, weiterhin so respektlos mit der Schöpfung umzugehen. Besonders engagierte und mutige Menschen fanden sich in Organisationen wie Greenpeace zusammen, erstiegen die hohen Industrieschlote und machten auf die Verschmutzung der Luft aufmerksam. Andere setzten sich in kleine Schlauchboote und riskierten ihr Leben, in dem sie den riesigen Ozeandampfern, die gefährliche Güter transportierten, den Weg versperrten. Eine große Zahl von kritischen Menschen besetzten zur damaligen Zeit Schienen und Straßen, auf denen radioaktive Atomtransporte verlagert wurden. Sie wurden von Wasserwerfern vertrieben oder der Polizei weggetragen, die für den reibungslosen Ablauf der Transporte sorgen mussten. Die Atomlobby versuchte mit allen Mitteln ihre Macht zu erhalten, ebenso die Industriekonzerne, welche die Erde weiter ausbeuteten, und die Zahl der Menschen, die auf regenerative Energien bauten und sich dafür einsetzten, wuchs sehr langsam, um kurzfristige bedeutsame Veränderungen zu bewirken.

Damals gingen Nachrichten um die Welt, welche die Szenarien verdeutlichten, die sich auf der Erde abspielten, z.B. war 1980 vorausgesagt, dass das Wasser, und damit ist besonders reines Trinkwasser gemeint, sich drastisch verknappen würde. Allein in den dann folgenden 25 Jahren stieg der Wasserverbrauch um 200 - 300%. Davon schluckte den größten Anteil mit etwa 90% die Landwirtschaft für die künstliche Bewässerung und die Industrie für ihre Produktion. Die zum damaligen Weltwassertag von den Vereinten Nationen veröffentlichten Zahlen ergaben, dass alle acht Sekunden ein Kind an den Folgen unsauberen Wassers starb und jeder zweite Bewohner eines Entwicklungslandes durch verschmutztes Wasser mindestens an einer Seuche litt. Der Tribut, den die Menschheit für die Verschmutzung ihrer Wasseradern zahlte, betrugt 3,3 Milliarden Krankheiten und alle acht Sekunden starb ein Kind an den Folgen dieser Wasserverschmutzung. Das bedeutet: zusammen mit den Erwachsenen 5,3 Millionen Tote pro Jahr!

Wenn du bedenkst, wie wunderbar ein Glas reines, frisches Wasser ist, dann ist es fast unmöglich zu verstehen, dass die damaligen Menschen nicht sofort alles taten, um dieser Entwicklung entgegenzutreten. Du fragst, wie dies sein konnte? Bedenke, dass die mächtigen, einflussreichen Leute in den reichen Industrieländern lebten, und die tranken so viel sie wollten, duschten sich zweimal am Tag und wuschen ihre schmutzigen Autos mit Wasser, welches Trinkqualität besaß. Sie kannten mit ihren hygienisch geputzten Badezimmern, mit Wasserkränen, aus denen geklärtes Trinkwasser floss, keine Krankheiten, die durch verseuchtes Wasser ausgelöst wurden, wie z.B. die Schistosomiasis (eine

Wurmerkrankung), Denguefieber, Onchozerkose (Flußblindheit), Trachoma (Erblindung), Malaria und Diarrhöe. Viele Infektionen, unter denen diese Menschen litten, rührten von kontaminiertem Wasser und Lebensmitteln her, andere indirekt von krankheitsübertragenden Organismen, wie Moskitos, die im Wasser brüteten.

Bis zum Jahr 2025 drohten zwei Drittel der Weltbevölkerung außerdem die Wassernot. Seuchen, soziale Missstände und schwere wirtschaftliche Einbußen kamen auf 45 Nationen zu, bei gleichbleibender Süßwasserverschwendung. Die Menschen aus der damaligen Zeit hatten derartige ressourcenintensive Lebensgewohnheiten, dass innerhalb von 50 Jahren die Ausbeutung von Flüssen, Seen, Reservoirs und Grundwasser sich vervierfacht hatte. Der größte Süßwasserverschwender waren nicht die einzelnen Menschen, sondern die Industrie und Landwirtschaft, die etwa 90% des Wassers verbrauchte.

Technische Verbesserungen zur Einsparung von Wasser wurden teilweise nur halbherzig vorangetrieben und setzten sich nicht flächendeckend durch. Mit guten Beispielen gingen im privaten Wasserverbrauch diejenigen voran, die allein mit einer neuen, bewusster genutzten Toilettenspülung den Wasserverbrauch um 84% senkten und Waschmaschinen nutzten, die mit einem Drittel der Wassermenge auskamen. Viele Haushalte setzten sparsame Duschköpfe ein, die 2 Liter pro Minute verbrauchten anstatt 10–30 Liter. Installationen, die Regenwasser für die Toilettenspülung und Waschmaschine nutzbar machten, senkten die Entnahme aus dem öffentlichen Wasserversorgungssystem um bis zu 90 %.*

Im industriellen Bereich, wo der Verbrauch ja erschreckend hoch lag, gab es natürlich auch revolutionäre Verbesserungen. Da die Menschen früher gerne lasen und schrieben, benötigten sie viel Papier. Die Papierherstellung war sehr wasserintensiv. So benötigte man um das 19. Jahrhundert für 1 kg Papier 1000 kg Wasser. Innerhalb von 90 Jahren

---

* Quelle auch für folgende Seiten: E.U. Weizsäcker von, u.a., Faktor Vier

verringerte sich der Verbrauch immerhin auf 64 kg. Dies war aber immer noch recht viel. Über den Druck der Erhöhung der Abwassergebühr bemühten sich die Techniker erneut um eine Reduzierung. Und siehe da, es gelang ihnen. Sämtliches Wasser aus dem Produktionsprozess wurde aufgefangen und für die Wiederverwertung gefiltert und mit etwas frischem Wasser angereichert, so dass für 1 kg Papier nur noch 1,5 kg Wasser nötig war. Wir können an diesem Beispiel sehen, wie der Mensch in der Lage ist, Entwicklungen voranzutreiben, um zu guten Ergebnissen zu kommen, wenn ihm das wirklich wichtig ist und er die Notwendigkeit erkennt. In diesem Fall scheint es so, als hätten die Menschen ihr Ohr an das Süßwasser-Reservoir gelegt und die Not des Wassers verstanden. Eher wird es aber, und da hast du Recht, der wirtschaftliche Druck gewesen sein, um die Produktionskosten zu senken. Vielleicht kann sich jeder diesen Entwicklungsschritt bei der Produktion von Papier gut vorstellen, aber schlechter bei Produktionen im High-Tech-Bereich. Deshalb möchte ich dafür ein Beispiel geben: Mitsubishi Semiconductores America entwickelte Verfahren zur Senkung des Wasserverbrauchs für die Herstellung ihrer Mikrochips in North Carolina. Trotz Erhöhung der Produktion um 30% senkten sie ab 1991 den Wasserverbrauch um 70%. Chemikalien für die Wasserreinigung wurden gespart und der Sonderabfall ging seit 1992 um 75% zurück. Dazu kam noch, dass der für unsere Luft so gefährliche FCKW-Ausstoß ganz gestoppt und der Bleianteil im Schlamm um 97% reduziert werden konnte. Die Zahlen sprechen deutlich dafür, wie groß der Dank der Umwelt gewesen sein muss und wie vorteilhaft sich diese Maßnahme auf die Reduzierung der Produktionskosten auswirkte. Ein letztes Beispiel in diesem Bereich: Die weltweit führende Rasierklingenfirma Gilette reduzierte ihren Wasserverbrauch von 1972 bis 1993 in South Boston für die Herstellung einer Rasierklinge um sage und schreibe 96%. Daneben konnte sie ihren Sonderabfall zwischen 1987 und 1993 sogar um 97% verringern.

Wie du weißt, benötigen die Menschen seit jeher Kleidung nicht nur um ihre Blöße zu verdecken, sondern im Wesentlichen, um sich nach den neuesten modischen Maßstäben zu kleiden. Dies hing natürlich auch von den finanziellen Möglichkeiten ab, über die der Einzelne verfügte. In den reichen Industrieländern lag der Pro-Kopf-Verbrauch im Jahr bei 20 kg, in den Entwicklungsländern bei 1 kg Textilien. Baumwolle nahm dabei den größten Anteil mit 18 Millionen ein. Aber jetzt kommt das, was für ihren Wasserverbrauch bedeutsam war: Für 1 kg Baumwollfasern wurden gewöhnlich 5000 kg Wasser benötigt. Das macht die unvorstellbare Menge von rund 100 Milliarden Tonnen Wasser aus. Du kannst sicherlich gut verstehen, dass dieser enorme Wasserverbrauch nicht nur vielerorts zur Bodenerosion führte, sondern auch örtlich Wassermangel verursachte. Dass dieser hohe Wasserverbrauch durchaus veränderbar war, zeigte der deutsche, mittelgroße Textilhersteller Brinkhaus in Warendorf. Benötigten sie 1987 noch für 1 kg Baumwollbekleidung 165 l Wasser, so konnte der Wasserverbrauch in den folgenden Jahren um 80% gesenkt werden. Dies führte gleichzeitig zu einer Reduzierung des Abwasservolumens um 92%.

Das sind Zahlen, da fragst du ganz berechtigt: „Warum versuchen nicht alle Industrieunternehmen dem nachzueifern?" Die Menschen haben damals diese Erfolge zu wenig publiziert und sie waren zu sehr mit anderen Dingen beschäftigt. Du kennst doch die Eigenart des Menschen. So lange es an einer Stelle noch nicht brennt, kümmert sich die Mehrzahl nicht darum. Erst wenn sie aus wirtschaftlichen oder persönlichen Gründen aus ihrer Lethargie gestoßen werden, beginnen sie wie aufgescheuchte Hühner durcheinander zu laufen und hektisch nach Lösungen zu suchen. Das Bewusstsein um die weltweite kritische Lage von Luft, Wasser und Erde verdrängten die Menschen, wie viele Dinge, die ihnen unangenehm waren. Aber auch hier gab es natürlich Ausnahmen.

Ich möchte dir kurz von dem Pflanzengenetiker Dr. Jackson erzählen. Das war ein Mann, der Schluss machen wollte mit dem Krieg der Landwirtschaft gegen die Erde. Er sah den Umgang mit der Erde mit den Augen der Indianer.

Angefangen hatte wahrscheinlich alles mit der Geschichte, dass ein Indianer einem weißen, neu angesiedelten Farmer zusah, wie dieser mit seinem Pflug die unberührte Prärie bearbeitete. Ausdruckslos sah der Indianer zu, wie die dichten Grasmatten zerschnitten und umgedreht wurden, so dass die Wurzeln in die Luft ragten. Nach einer Weile hielt der Farmer inne und fragte ihn: „Nun, was denkst du?" Der Indianer antwortete: „Falsche Seite oben!", und ging weg.

Und dieser Dr. Jackson erkannte wie dieser Indianer, dass die Erde sehr respektlos behandelt wurde. Die Pflugwirtschaft verwandelte weite Gebiete der Erde mit einer ehemals gesunden Flora in geordnete Flächen von Monokulturen. Die „falsche" Seite liegt, wie du sicherlich ahnst, immer noch oben und dies führte durch die Erosion zu einem gewaltigen Verlust des Mutterbodens.

Um dir ein Beispiel zu nennen: *Pro Sekunde* zieht etwa *eine Lastwagenladung* aufgeschwemmter Muttererde durch den Mississippi an New Orleans vorbei. Der Tag hat viele Sekunden. Das entspricht 86.400 Lastwagen verlorener Erde. In einem Jahr geht ein riesiger Berg aus 31.536.000 Lastwagen Mutterboden verloren. Und ich spreche nur vom Mississippi! Die Zahl, die sich ergibt, wenn weltweit alle Flüsse, die Muttererde wegschwemmen, zusammengerechnet werden würden, scheint mir eine Größe anzunehmen, die ich nicht erfassen kann. Auf nackten Felsen kann der Mensch nichts anbauen, dort wachsen allenfalls Moose und Flechten.

Wes Jackson entwickelte zusammen mit anderen Wissenschaftlern deshalb das Konzept der mehrjährigen Mischkultur. Sie lernten dabei von der Prärie und züchteten mehrjährige widerstandsfähige Getreidesorten. Der Samen wurde beim Anbau gemischt und so konnten sich die Getreidesorten gut ergänzen und prächtig gedeihen. Die eine Sorte holte den Stickstoff aus Boden und Luft, die nächste produzierte Herbizide gegen unerwünschte pflanzliche Konkurrenten und die dritte wehrte Insektenangriffe ab. Das Besondere war dabei, die vielen verschiedenen Getreidearten gediehen Jahr für Jahr aufs Neue ohne Aussäen, Bewässern und Pflügen. Sie waren frei von Pflanzenschutz- und Düngemittel. Bei dieser Art von Landwirtschaft entstand keine Bodenerosion und der fruchtbare Mutterboden konnte für die nächsten Generationen dort bleiben, wo er war, und der Krieg zwischen Menschen und Erde hatte mit einer solchen Produktionsweise ein Ende. RESPEKT gegenüber der Natur wurde in diesem Fall wieder groß geschrieben und so wurde auch entsprechend gehandelt.

Ein besonderer Mann war der Salzburger Bergbauer Sepp Holzer. Er schuf dort, wo seine Vorfahren und Nachbarn nur Fichten und Legföhren kannten, einen Garten Eden, in dem Gemüse und Obst wuchsen. Selbst Agrarforscher staunten über den alternativen Landbau, der eine fruchtbare Wunderwelt in „Österreichs Sibirien" möglich machte. In 1400 Metern Höhe und bei einer Jahresdurchschnittstemperatur von nur 4,2 Grad und Frost bis minus 20 Grad gediehen Pflaumen, Kirschen, Pfirsiche und sogar Orangenbäume.

Holzer hatte den Hof von seinem Vater geerbt und merkte sehr bald, dass ihm Pestizide und Düngemittel zuwider waren. Seine Handlungsanweisung bekam er aus der Natur: „Es geht nur mit der Natur, nicht gegen sie. Die moderne Landwirtschaft macht fast alles falsch: Die Pflanzen werden süchtig gemacht, die Erde ausgelaugt – das ist ein Verbrechen an der Natur." Er experimentierte auf trockenem, steinigem, von der Fichten-Monokultur versauertem Boden und machte die Erde durch Klee, Lupinen, Zitronenmelisse und Regenwürmern wieder fruchtbar. Die abgeschlagenen Fichtenstümpfe impfte er mit Hallimasch und verwandelte sie so in natürliche Feuchtigkeitsspender für den Acker. Nach dem Prinzip der so genannten Permakultur, einer von dem Australier und Träger des Alternativen Nobelpreises Bill Mollison schon Ende der siebziger Jahre geprägten Kreislaufwirtschaft, legte er Ökosysteme an, in denen sich Pflanzen und Tiere wechselseitig ergänzten. Viele Menschen suchten ihn auf und wollten von ihm lernen, sodass er sogar Projekte in Kolumbien, Brasilien und Ecuador betreute.

Aber all diese sehr positiven Entwicklungen waren einer großen Veränderung unterworfen. *Und das war der Klimawandel!*
Durch Tiefbohrungen in der Antarktis konnte die chemische Zusammensetzung winziger Luftblasen analysiert und damit die Kohlendioxydkonzentration über die letzten 160.000 Jahre festgestellt werden. Ein Vergleich mit der veränderten Temperatur in diesen Jahren ergab eine sensationelle Korrelation zwischen der Kohlendioxydkonzentration und der Durchschnittstemperatur, bekannt als Vostok-Sensation.

Durch das exzessive Verfeuern fossiler Brennstoffe, wie Kohle, Mineralöl und Erdgas, wurde das ökologische Gleichgewicht empfindlich gestört. Und dies, obwohl der Ozean allein ein Drittel des vom Menschen produzierten Treibhausgases CO_2 aufnimmt und so den globalen Temperaturanstieg dämpft. Aber auch die Aufnahmekapazität des riesigen Weltmeeres verringerte sich. Schon damals zeigten sich Auswirkungen durch die ständige Kohlendioxidaufnahme, die die Chemie des Meeres veränderte. Aber wie es mit der Natur so ist, die Veränderungsprozesse gehen langsam vor sich und sie reagiert nicht direkt, schlagartig wie ein Hund, dem man auf den Schwanz tritt, sondern langsam und verhalten.

Das ist auch ein Grund dafür, warum viele Menschen von damals dachten, so schlimm wäre die Situation auf der Erde nicht und sie hätten noch viel Zeit, um wirkungsvolle Maßnahmen zu ergreifen.

Mittlerweile sank der pH-Wert des Meerwassers und es wurde langsam sauer. Das bekamen die Tiere und Pflanzen im Meer zu spüren. Den Kalkalgen und anderen kleinen, für das Nahrungssystem des Meeres wichtige Organismen, fiel es zunehmend schwerer, ihren schützenden Kalkpanzer aufzubauen und sie setzten eine Artenverschiebung in Gang, die sich auf die Stoffflüsse im Meer und somit wieder auf das Klima auswirkten. (Projekt: Joint Global Ocean Flux Study, JGOFS, 2000)

Die Konzentration des Treibhausgases Kohlendioxid nahm in der Atmosphäre ständig zu und in den 150 Jahren, in denen die Industrialisierung auf dem blauen Planeten Einzug gehalten hatte, wurden ihre Folgen offenkundig.

Die Erde heizte sich auf!

Das bedeutete, dass die Eisschicht in der Arktis schmolz und die Gletscher beständig zurückgingen. Eine Studie der NASA zeigte, dass das Grönlandeis rapide abschmolz. *51 Kubikkilometer* Eis ging *pro Jahr* verloren. Allein das reichte aus, um den Meeresspiegel um 1,3 mm pro Jahr steigen zu lassen. Weltweit wuchsen in dieser Zeit die Wüsten und Dürregebiete. Wirbelstürme verwüsteten ganze Länder.

Der Klimawandel ließ die Meeresspiegel seit 1900 um 20 cm ansteigen. Die Vorsitzenden des IPCC (Intergovernmental Panel on Climate Change) erwarten einen Anstieg der Lufttemperatur bis zum Jahre 2100 um 5,8 Grad und nicht mehr, wie ursprünglich angenommen, um 3,5 Grad. Das bedeutete einen weiteren Anstieg der Ozeane um bis zu 90 cm. Ein derartiger Anstieg der Meere bedeckte riesige Küstenregionen wie Bangladesh und Ballungsräume von Milliarden Menschen wurden überflutet. Die Inselstaaten der Südsee mussten evakuiert werden und traumhafte Inselarchipele, an denen sich die Menschen erfreut hatten, versanken für alle Zeiten in den Meeren. Die Niederlande versuchten ihre Deiche zu erhöhen, da ein Drittel der Staatsfläche unter dem Meeresniveau lag. Aber auch das hatte seine Grenzen, da sie zu schwer wurden und wegsackten. Vor allem in den unterentwickelten Regionen der Erde war das ökologische Gleichgewicht völlig aus der Balance geraten und dies entzog Milliarden von Menschen die Lebensgrundlage. Riesige Völkerwanderungen setzten damals ein und es entstanden Kriege um die wertvollen Überlebensräume.

Die Menschen gründeten, aufgeschreckt durch diese Ergebnisse, neue Organisationen wie das IPCC, in denen namhafte Wissenschaftler vertreten waren, und sie beriefen Weltklimakonferenzen mit allen Regierungsvertreter ein, um wirtschaftliche und politische Konsequenzen zu beschließen.

Mittlerweile weißt du ja, dass Macht und Wirtschaftsinteressen den Menschen leiten. Wie könnte es da anders sein, wenn es um so existenziell wichtige Entscheidungen ging, wie die Zukunft der Erde und das Leben der Kinder, die die Menschen in die Welt gesetzt hatten.

Eine der größten, aber auch einflussreichsten Umweltsünder, war die USA. Und ihr damaliger Präsident Bush ließ sich von den mächtigen Industriezweigen lenken und blockierte zehn Jahre nach dem Erdgipfel in Rio und drei Jahre nach der Klimakonferenz in Kyoto die letzte Klimakonferenz im Jahre 2001 in Den Haag. 160 teilnehmende Staaten mussten sich davon verabschieden, dringende konkrete Maßnahmen zum Schutz der Natur und der Menschen zu vereinbaren und endlich umzusetzen, wie es erforderlich gewesen wäre. Die Zukunft der Erde war den Interessen der Mächtigen der USA-Wirtschaft untergeordnet. Die Bruchstelle der Klimaverhandlungen war die Frage, in welchem Umfang Wälder und Grasland als konkrete Kohlendioxidspeicher gelten und durch konkrete Klimaschutzmaßnahmen ersetzt werden konnten. Um das Kyoto-Protokoll zu retten, trafen sich im Sommer 2001 noch einmal über 150 Politiker, gaben letztlich nach und räumten den USA, Kanada und Japan ein, ihre Wälder großzügig als Kohlenstoffspeicher anzurechnen. Du hast völlig Recht, wenn du fragst, was ein solcher Mann als Präsident eines Landes denkt, wo seine Verantwortung und sein Respekt geblieben ist, wenn er den neuesten wissenschaftlichen Report des IPCC, der auf 2000 Seiten niedergeschrieben und von rund 3000 renommierten, internationalen Wissenschaftlern verfasst wurde, abtun kann und an der Existenz der Klimaerwärmung zweifelt.

Er hatte seine Ohren den Wirtschaftsbossen geliehen und nicht den Vögeln. Andere Menschen taten dies, wie die Mitglieder des NABU (Naturschutzbund Deutschland), und hielten ihre Beobachtungen in wissenschaftlichen Langzeitstudien fest, die sie in verschiedenen Ländern Europas durchführten. Das Ergebnis zeigte, dass die Vögel auf ihre Weise auf die Klimaveränderung reagierten. Viele Arten verlegten ihre Brutzeit um durchschnittlich neun Tage vor ihrem normalen Nestbau. Andere Vogelarten zogen erst gar nicht mehr in den Süden, sondern blieben in dem milder werdenden Norden.

Zu wenig erkannten die Mächtigen, bzw. nahmen keine Rücksicht darauf, dass sie in einer Schicksalsgemeinschaft lebten mit den gegenwärtig lebenden Menschen, an welchem Ort der Welt auch immer, den Noch-nicht-geborenen-Menschen und der gesamten Mutter Erde.

Viele der jungen Leute engagierten sich damals und trafen sich zu eigenen Klimakonferenzen, wie der dritten im Jahre 2001. Sie nahmen die Bundesregierung und den Bundesrat in ihre Pflicht, sich für den *Artikel 20* des *Grundgesetzes* einzusetzen, der besagt, *dass die Lebensgrundlagen der in Deutschland lebenden Menschen zu schützen und zu bewahren sind.*

Die junge Generation dachte über das Morgen hinaus an die Zukunft, an ihre eigenen Kinder und deren Nachkommen. Sie empfanden es als ungerecht und konnten es nicht begreifen, dass die jetzt handelnde Generation in einer derartig schwerwiegenden Respektlosigkeit gegenüber ihnen und der Erde handelte. Es waren doch ihre Väter und Mütter!

Ich sehe an deinem entsetzten Gesicht und den Tränen in deinen Augen, dass auch dein Herz es nicht verstehen kann.

Die Kinder dieser Eltern fühlten sich nicht gesehen, verstanden und respektiert, sondern ungeliebt und allein gelassen. Sie fragten ihre Eltern, die jetzt handelnde Generation:

Warum verbraucht, verbrennt und zerstört ihr die in Millionen von Jahren angesammelten Naturschätze in so einer kurzen Zeitspanne?
Warum beraubt ihr uns der natürlichen Lebensbedingungen und lebt nach dem Motto „nach uns die Sintflut"?
Warum wirtschaftet ihr auf eine Weise, welche die Artenvielfalt dezimiert, Luft, Gewässer und Böden vergiftet, die schützende

Ozonschicht zerstört und unkontrollierbare Klimaveränderungen zum großen Schaden euer Kinder anrichtet?

Die jungen Menschen appellierten an die Erwachsenen, ihre Eltern:

Ihr habt uns in die Welt gesetzt, also macht sie uns nicht kaputt!
Hört auf, von der Erde mehr zu nehmen als nachwächst!
Hört auf, der Erde mehr zuzumuten als sie wegstecken kann!
Gebt dem Schutz unserer tatsächlich bedrohten natürlichen Lebensgrundlagen mindestens den gleichen Rang wie dem militärischen Schutz der Landesgrenzen vor eingebildeten Feinden!

Wir werden euch dabei helfen!

Damit nahmen sie sich selbst in die Verantwortung und einer von ihnen erinnerte sich an ein altes Sanskrit-Wort, nach dem sein Opa gelebt hatte:

samyak karmanta - Rechtes Handeln.

Er erklärte ihnen: Rechtes Handeln bedeutet heilsames Handeln und gehört zu dem edlen, achtfachen Pfad des Buddha Shakyamuni zur Überwindung des Leidens. Es geht darum Liebe und Gewaltlosigkeit zu entwickeln und niemandem, auch nicht der Natur Schaden zuzufügen.

Damit es für jeden jungen Menschen konkreter und damit greifbarer werden konnte, riefen sie sich und alle Erwachsenen dazu auf, rechtes Handeln als tägliche Übung zu praktizieren und sprachen:

Im Bewusstsein des Leides,
das durch die Zerstörung von Leben entsteht,
bin ich entschlossen,
Mitgefühl zu entwickeln und Wege zu beschreiten,
die dazu beitragen, Luft, Wasser und Erde nicht zu belasten

und das Leben von Menschen, Tieren, Pflanzen und Mineralien zu schützen.
Ich bin entschlossen,
nicht zu töten
und es nicht zuzulassen, dass andere töten.
Ich werde keine Form des Tötens entschuldigen – weder in der Welt noch in meinen Gedanken oder in meinem Lebensstil.

Und was meinst du, wie das Märchen ausgegangen ist?
Ja, genauso ist es gewesen!
Dieser Samen trug immer mehr Früchte...."

Kleines Beispiel als Nachtrag zum aufkeimenden Samen:

Nachdem die Menschen aus Unwissenheit und Furcht den Bartgeier als vermeintlichen Viehdieb in den Alpen vollständig ausgerottet hatten, begannen sie, seine Art erneut anzusiedeln. Und siehe da, sie hatten Erfolg. Der Bartgeier, der ein Aasfresser ist mit einer Flügelspannweite von über drei Metern, deutlich größer als der Steinadler, brütet wieder und seine Anzahl ist mittlerweile auf etwa 60 Exemplare angewachsen.

Blühende Blumen
Neben dem Abfallhaufen
Wem gebührt Achtung?

Leid und Krankheit

Zwei getrennte Begriffe und doch bis ins Tiefste miteinander verbunden und unabdingbar zu unserem Leben gehörend. Seit Menschengedenken sind sie aber den dunklen Seiten des menschlichen Lebens zugeordnet. Das Leid, die Krankheit, werden abgelehnt, verdrängt und mit allen Mitteln der modernen Medizin bekämpft. Kommt eines schleichend oder fällt über uns her, so werden wir Menschen aus unserer Bequemlichkeit gerissen, aus unserer Starrheit und unserem alltäglichen Trott. Wir Menschen wollen uns aber nicht unterbrechen, stören lassen. Einmal auf eine Spur gesetzt, wollen wir nicht aufgehalten werden und uns mit unbequemen Themen auseinandersetzen müssen. Wenn schon, dann bitte freiwillig! Aber wer setzt sich freiwillig mit Leid und Krankheit, mit seinem Inneren, mit seinen Mustern und Schattenseiten auseinander? Da ist es viel leichter, über andere zu reden, ihre Unzulänglichkeiten ans Tageslicht zu zerren und sich darüber „das Maul zu zerreißen".

Krankheit schafft Leid, aber Leid geht darüber hinaus, ist umfassender und kann auch hervorgerufen werden durch Alter, Trennung von liebgewonnenen Menschen, Verlust von Arbeit, Heimat und Wohnung, um nur einiges zu nennen.

Krankheit ist eine unliebsame Bremse. Betrachten wir sie mal nicht als lästiges Übel, sondern sehen sie aus einer anderen Perspektive, könnten wir ihr gegenüber ein anderes Verhältnis gewinnen. Unsere Umgehensweise mit uns, mit unserer Krankheit sagt viel über unsere gesellschaftliche Ausrichtung und unser menschliches Verständnis aus. Wir sollen funktionieren und wir wollen funktionieren. Und wenn ein Mensch, dies mag unterschiedliche Gründe haben, nicht so funktioniert wie er sollte, rennt er gleich los zu jemandem, der ihn wieder funktionstüchtig macht. Der Bereich des Gesundheitswesens, zu dem ich in diesem Zusammenhang ebenso die Pharmaindustrie rechne, ist riesig groß und weiß für jedes Zipperlein und alle schweren Krankheiten eine Rezeptur, die zumindest Erfolg verspricht, wenn dies auch nicht immer der Fall ist. Es ist symptomatisch für unsere Gesellschaft, dass wir keine Zeit fürs Kranksein haben, so wie wir auch keine Zeit für Abschied, Trauer und Tod haben. Ich frage Sie, ist dies respektvoll gegenüber der Krankheit? Werden wir ihr da gerecht? Ist sie nicht vielmehr ein Zeichen, ein Hinweis auf einen Zustand, der unser persönliches Da-Sein betrifft, als nur ein lästiges Übel, das möglichst schnell wieder beseitigt werden muss?

Krankheit und Leid sind eine Brücke zu unserem Wesen, zum Wesentlichen.

Deshalb benötigen wir ein neues Verhältnis zu ihnen. Sie alle werden die Erfahrung kennen, dass Sie kleine Beschwerden nicht so ernst genommen haben, weil Sie vielleicht nicht genügend Zeit dafür hatten und dass sich die Beschwerden dann verstärkten und zum Schluss sogar in einer „echten" Krankheit mündeten.

Damit findet eine Eskalation der Symptomatik statt, bis wir sie vielleicht nicht mehr verdrängen können und uns ihr widmen müssen. An dieser Stelle kommt es dann darauf an, ob wir schnell zu Rezepturen greifen, um die Symptome zu bekämpfen, oder ob wir auf die Krankheit zugehen, um ihr Kommen und ihre Hindergründe zu verstehen.

Jeder Mensch, der in diese Welt hineingeboren wird, ganz gleich an welchem Ort unserer Erde, ist in seiner Einmaligkeit eine göttliche Erscheinung, ist ein Wesen, welches durchdrungen ist von der Buddha-Natur. Weil dies so ist, benötigt jeder Mensch, bis in sein hohes Alter und zum Tode hin, höchsten Respekt von seinen Mitmenschen. Und dies losgelöst von Bedingungen und Erwartungen, die an ihn geknüpft werden. Das heißt, der Respekt und die Liebe, die einem Menschen entgegengebracht werden, müssen unabhängig von dem sein, was er in dieser Welt leistet. Erst wenn Kinder mit diesem Hintergrund aufwachsen, besitzen sie eine gute Grundlage für ihre weitere persönliche Entwicklung und geistig emotionale Entfaltung. Menschen, die in einem derartig positiven Kontinuum aufwachsen durften, sind getragen von Vertrauen, sich selbst, ihren Mitmenschen und ihrer Umwelt gegenüber. Krisen, die sie zu bewältigen haben, die mit Leid oder Krankheit einhergehen, erschüttern sie nicht bis in ihre Grundfesten hinein. Sie haben vielmehr die Möglichkeit, sich mit ihnen konstruktiv auseinander zu setzen. Dies bedeutet, einer leidvollen Situation, z.B. die Trennung von einem geliebten Menschen, oder einer Krankheit mit Respekt zu begegnen. In diesem Sinne verstanden, ist der Umgang mit der Krise, ein vom Willen der Erkenntnis getragenes Reflektieren der dazu gehörenden auslösenden Gegebenheiten. Die meisten Menschen neigen dazu, Krankheit sofort und ausschließlich mit Medikamenten zu bekämpfen, anstatt In-sich-zu-gehen, um aus der einseitigen, organisch isolierten Betrachtungsweise in eine ganzheitliche Auseinandersetzung zu kommen.

Nehmen wir einen Menschen, in dessen Körper sich ein peptisches Ulkus gebildet hat, also eine akute oder chronische Geschwürbildung, die den Teil des Verdauungstraktes befällt, der den Magensäften zugänglich ist. Auch der Nachweis des Helicobacters darf nicht dazu führen, die unterdrückten Liebes- und Abhängigkeitswünsche des Ulkuskranken und dessen Auswirkungen im zwischenmenschlichen Bereich außer Acht zu lassen. Bleibt der Blick nur auf der symptomatischen Seite hängen, bei der Auftreibung des Magens, dem sauren Aufstoßen, der Übelkeit und der damit einhergehenden Geschwürbildung, wird nur eine medikamentöse Behandlung bzw. ein chirurgischer Eingriff vorgenommen. Natürlich, und dies möchte ich noch einmal deutlich sagen, ist eine derartige Vorgehensweise unter bestimmten Gegebenheiten sogar zwingend notwendig, wenn es z.B. zum Teerstuhl oder Bluterbrechen kommt. Aus ganzheitlicher ärztlicher oder therapeutischer Sicht würde die Behandlung spätestens aber nach Abschluss der ärztlich notwendigen Versorgung ausgeweitet, um die Psychodynamik des Patienten zu betrachten, die mit den somatischen Faktoren zur Krankheitsentstehung beigetragen hat. Dazu gehören die auslösende Situation, die damalige Familienstruktur, die kindlichen unerfüllten Wünsche und der damit entstandene Grundkonflikt.

An dieser Stelle wird der Krankheit mit dem nötigen Respekt begegnet. Symptome bringen immer Botschaften mit, die uns auf Schattenseiten in uns aufmerksam machen. Treten wir ihnen nicht mit der notwendigen Demut gegenüber, verhärten wir uns gegen uns selbst und es kann keine Wandlung geschehen, die uns heil werden lässt. Eine Krankheit ist ja nichts uns Fremdes, etwas was außerhalb von uns liegt, mit dem wir eigentlich nichts zu tun haben. Die Krankheit sind wir selber. Von ihr können wir uns nur theoretisch durch dualistisches Denken trennen. Kopfschmerzen, Rheumatismus oder ein Tinitus betreffen uns immer ganz, wirken auf unsere gesamte Persönlichkeit ein. Weil dies so ist, müssen wir die Krise mit unserer ganzen Persönlichkeit lösen und sie nicht nur einem Arzt überlassen.

Respektvoll sind wir dann, wenn wir unseren eigenen inneren Arzt, Lehrer, Meister oder Heiler zurate ziehen, indem wir uns nach innen hin öffnen, um die Botschaften zu entschlüsseln, die Zusammenhänge zu verstehen und unser Verhalten, unsere Lebensweise, wenn nötig, verändern. Es reicht also noch lange nicht aus, etwas mit dem Kopf verstanden zu haben. Ändern wir uns nicht, bleib alles, wie es ist, und die Krankheit hat weiteren Nährboden für ihr Wiederauftreten bzw. für ihre Ausweitung. Wir sollten lernen, uns gerade in Zeiten der Krankheit und des Leids sehr ernst und wichtig zu nehmen. Wir haben ein Recht auf Entwicklung, dass es uns gut geht, dass uns alle Wege zur Entfaltung offen stehen und wir gesund bleiben. Das Verständnis über Krankheit und unser Umgang mit uns selbst als kranke Menschen ist insofern eingeschränkt, als sich viele Menschen in volle Arztpraxen setzen, stundenlang warten, um dann in wenigen Minuten, diagnostiziert und „rezeptiert" zu werden. Sie gehen zwar mit unguten Gefühlen nach Hause, fühlen sich nicht richtig verstanden, weil alles so schnell ging, die Sprache der Ärzte, die von einem Sprechzimmer ins nächste eilen, nicht verstehen und als Konsequenz aus dieser nicht gerecht werdenden Behandlung auch die verschriebenen Medikamente häufig nicht einnehmen. Wo bleibt da der Respekt gegenüber der Krankheit, dem Menschen, seiner Würde, dem Anspruch auf eine, auf den ganzen Menschen ausgerichtete Behandlung, die auch seine Ängste, seine menschlichen und finanziell-materiellen Nöte und Sorgen sieht?

Stellen Sie sich vor, Sie würden mit Ihrer Migräne, Ihren Schweißausbrüchen, Ihrer Schlaflosigkeit, Ihren Ängsten als ganzer Mensch gesehen, der in einem bestimmten familiären, sozialen, beruflichen und wirtschaftlichen Kontext steht. Gesehen werden bedeutet, dass andere Menschen uns in unseren Zusammenhängen wahrnehmen, dass sie Achtung vor unseren Gefühlen, unseren Empfindungen, unserem So-Sein ausdrücken und die nötige Zeit haben, angemessen auf die vorhandene Problemlage einzugehen. Welch eine andere Qualität von menschlichem Umgang: Mit-Einander!

Ein anderes Beispiel bietet der Bereich der Schlafstörungen. 10% der Menschen in unserem Land leiden unter Schlafstörungen. Die häufigsten Ursachen sind psychische Probleme, wie Störungen der zwischenmenschlichen Beziehungen und unterschiedliche Ängste. Nahe liegend wäre eine Auseinandersetzung mit den vorliegenden Konfliktbereichen, um die Schlafstörungen zu beheben. Leider, und dies ist respektlos und unverantwortlich gegenüber den hilfesuchenden Menschen, werden immer noch diese Symptome vorschnell mit Medikamenten behandelt. Dabei führt die überwiegende Zahl der Einschlafmittel schon nach kurzer Zeit der Einnahme zu einer schwerwiegenden Verschlechterung des Schlafes, wenn man sie wieder absetzt, was letztlich eine weitere Einnahme erforderlich macht. Bei synthetisch hergestellten Schlafmitteln, die mit Benzodiazepinen wirken, besteht die große Gefahr, süchtig zu werden. Ein plötzlicher Einnahmestopp kann sogar zu lebensbedrohlichen Entzugserscheinungen führen.

Es wird also Leid, Verschlechterung des Krankheitsbildes und Abhängigkeit von der Pharmaindustrie und den Ärzten, die solche Medikamente verschreiben, billigend in

Kauf genommen. Wir bewegen uns hier in einem Raum, der durch seine wirtschaftlichen Interessen bestimmend ist.

Ähnliche Erfahrungen mache ich im Bereich psychischer Störungen. Die Nutzen und Risiken von Arzneimitteln sind in dem Buch, „Bittere Pillen" von Langbein und anderen wissenschaftlichen Fachleuten eindeutig beschrieben. Obwohl dies so ist, werden viele Patienten ambulant und auch stationär mit Medikamenten behandelt, die wieder einmal überwiegend durch die Benzodiazepine in die Sucht führen. Durch ihre Wirkweise können (z.B. bei Benzodiazepin-Tranquilizer) schon nach einigen Wochen der Einnahme, beim Absetzen die Symptome verstärkt hervorgerufen werden, gegen die sie eigentlich wirken sollen.

Neuroleptiker, die bei Psychosen akute psychotische Schübe beenden können und auch Rückfälle verhindern helfen, werden aber auch von einigen Herstellern gegen psychosomatische Beschwerden, Einschlafstörungen, Konzentrationsschwäche und depressiv gefärbte Verstimmungszustände angepriesen. Hier werden Menschen in unheilbare Dyskinesien wie Grimassieren, Unruhe, Zittern und Wippen getrieben, da auch bei niedriger Dosierung derartige Spätfolgen nicht ausgeschlossen werden können.

Wir Menschen sehen nicht die Lern- und Reifungschancen in den Schwierigkeiten und Krankheiten, die uns das Leben entgegenbringt. Vielmehr möchten wir weglaufen und uns mit dem Außen beschäftigen und nicht den Blick nach innen wenden. Wir fühlen uns gestört und möchten mit dem, was uns zu beeinträchtigen scheint, nichts zu tun haben. Kennen Sie nicht den Wunsch, ich wandere lieber aus, dann habe ich wenigstens damit nichts mehr zu tun? Dazu eine kleine Geschichte aus dem Zen:

Ein Zen-Meister fragt seinen Schüler, der sich von ihm verabschieden wollte, um in die Ferne zu ziehen:
„Wohin gehst du und warum gehst du fort?"
Sein Schüler antwortete: „Ich gehe, um mich selbst zu finden."
Daraufhin wies ihn der Meister zurecht:

„Wie kannst du dich woanders finden als dort, wo du dich verloren hast!"

Wenn wir krank sind, dann sind ja die Beschwerden nichts von uns Getrenntes, sondern wir sind die Krankheit und wir sind die Beschwerden selbst. Es ist natürlich sehr verführerisch, Symptome von uns zu trennen und sie isoliert von einem Arzt behandeln zu lassen. Aber letztlich benötigen wir eine Sichtweise, die uns ganz einbezieht, und dann können wir auch den Blick dorthin richten, wo wir uns verloren haben, wo wir aus dem Gleichgewicht gefallen sind. Bevor sich eine Krankheit somatisiert, ins Körperliche sinkt, sind wir schon auf der geistigen und seelischen Ebene mit Ereignissen, Situationen verstrickt, die eine angemessene Lösung erfordern. Erst wenn wir diese Ebene nicht wahrnehmen und die inneren Konflikte auf Grund unserer Verdrängungsmechanismen ungelöst bleiben, müssen sie ins Stoffliche sinken, um uns von dort auf das ungeklärte Problem hinzuweisen. Mit dem nötigen Respekt gegenüber unseren Symptomen, einer Dankbarkeit für ihren Hinweis, dass wir in unserem Leben etwas Wesentliches übersehen, können wir durch eine innere Auseinandersetzung den Weg der Klärung und Neuorientierung gehen.

Erkennen wir, dass Krankheit den Zustand der Unvollkommenheit, der Verletzlichkeit und Sterblichkeit, des Nichtheil-seins meint, dann verliert sie ihre Bedrohlichkeit. Im Lichte einer anderen Betrachtungsweise können wir anders mit ihr umgehen. Wir sehen in den Symptomen den Versuch einer Selbstheilung, gelebte Einseitigkeiten zu korrigieren, einen ungelebten Pol mehr ins Leben zu bringen und uns auf gemiedene Konfliktbereiche hinzuweisen.

Ein praktisches Beispiel mag dies veranschaulichen: Eine 54jährige Frau kommt in meine Praxis und schildert, dass seit Wochen ihr Gehen häufig völlig blockiert ist. Nur unter großer Anstrengung könnte sie sich dann noch aus dem Sessel erheben und zur Toilette gehen. Sogar eine nervenärztliche Abklärung war ohne Befund geblieben. Nach einigen Sitzungen kamen wir der Ursache auf den Grund. Sie lebte seit einem Jahr mit einem neuen Lebenspartner zusammen und dieser ging immer mehr dazu über, sich von ihr bedienen zu lassen. Sie war es aus ihrer ersten Ehe, ihr Mann war vor drei Jahren verstorben, so gewöhnt gewesen, den Mann zu bedienen. Sie lebte danach allein und in einer neuen Selbstständigkeit. Hier entzündete sich ein bis zu diesem Zeitpunkt unbewusst gebliebener innerer Konflikt. Auf der einen Seite kannte sie die Rolle und begann diese wieder auszufüllen, aber andererseits wehrte sich ihr neues Selbstverständnis als Frau dagegen. Dieser unbewusste seelische Konflikt fand eine Lösung in ihrer stärker werdenden Unfähigkeit zu gehen. Erst das Erkennen, die bewusste Entscheidung für die Haltung: „Ich bediene dich nicht weiter", und die Auseinandersetzung mit ihrem Partner ließ das Symptom wieder verschwinden.

Krankheit und Leid spricht im Menschen auch immer seine Fähigkeit zum Trauern an. Weinen, traurig sein, erfährt in unserer Kultur wenig Respekt und wird vermieden und abgewertet. Und gleichsam ist es eine große menschliche Fähigkeit und hat ihren Wert in der Wiederherstellung des inneren Gleichgewichts und dem Öffnen für das weitergehende Leben. Ungelebte Trauer führt häufig zu einer inneren gefühlsmäßigen Verstopfung. Die mit der Trauer zusammenhängenden Gefühle, wie Schmerz, Verzweiflung, Wut, Schuldgefühle und Erleichterung, können nicht abfließen. Sie werden nicht losgelassen. Das bedeutet, dass der Mensch, der nicht ausgetrauert hat, innerlich mit seinen unerledigten Gefühlen besetzt ist. Sein Herz ist somit noch nicht wieder frei für die anderen Dinge des Lebens, die auf ihn zukommen. Im Buch Sirach der Bibel heißt es (Kapitel 38, Vers 19):

Verharren in Trauer greift ans Herz!

In der Trauer begegnen wir wieder dem Thema „Loslassen". Das Leben ist ein Sterbe- und Werdeprozess und von einem ständigen, unaufhörlichen Wandel bestimmt. Der Mensch, der nun aus Angst vor seinen Gefühlen oder weil ihm die Umwelt keinen Raum für seine Gefühle lässt, nicht trauert, haftet an der Vergangenheit. Er erlebt keine Befreiung durch die Trauer, erlöst sich nicht von ihr und findet nur schlecht den Weg in das gegenwärtige Leben zurück.

Trauer ist ein enorm wichtiger Prozess für den Frieden in sich selbst und den Frieden auf dieser Erde. Ohne Trauer habe ich keine Beziehung zu meiner Krankheit, zu meinem Leid. Und habe ich keine Beziehung zu meinem Leid, ist auch meine Empfindung zum Leid anderer Menschen unterbrochen. Es führt zu einer emotionalen Verflachung oder Abgestumpftheit. Die Empfindungsfähigkeit, das Mitschwingen können mit eigenen schmerzhaften Gefühlen, ist eine Voraussetzung für das Mitgefühl anderer Menschen gegenüber. Menschen, die Gewalt leben, haben sich fast immer von ihren Gefühlen abgeschnitten und können nicht mit dem Opfer mitfühlen. Wäre es ihnen möglich mitzuempfinden, wäre ihre Aggressivität gebremst.

Krankheit und Leid betrifft stets den ganzen Menschen in seiner Geist-Körper-Seele-Einheit. Wir können nicht nur isoliert krank sein, auch dann nicht, wenn nur der Arm betroffen ist. Wir sind immer gefühlsmäßig und geistig involviert. Genauso ist es mit unserer Trauer, sie umfasst den ganzen Menschen. Wer muss Abschied nehmen, trauern bei dem Verlust eines geliebten Menschen, der Gesundheit, der Heimat, der Berufstätigkeit, der Männlichkeit, der Weiblichkeit, der Jugend, der Liebe? Immer der *ganze Mensch*!

Trauern auf der körperlichen Ebene kann u.a. verbunden sein mit einer Beklemmung auf der Brust, einem zugeschnürten Hals, einem Leeregefühl im Magen, Herzklopfen, Energielosigkeit, Zittern und Schwäche. Auf der anderen Seite können auch heftige Weinattacken, tiefes Schluchzen, heftige Atmung, ein Geschütteltwerden und befreiendes Lachen auftreten. Auf der seelischen Ebene können sich Hilflosigkeit, Teilnahmslosigkeit, Abgestumpftheit, Schuldgefühle, Angst, Sehnsucht, einstellen. Ebenso sind Ärger, Wut, Erleichterung, Befreiung und Freude möglich. Geistig können Menschen in ihren Gedanken und Fantasien festhängen an dem, was sie verloren haben. Aussichtslosigkeit und Hoffnungslosigkeit können sie plagen, aber auch neue Lebensperspektiven und –pläne können sich eröffnen.

Bei Trauerfällen verbergen sich die Mitmenschen häufig hinter einem falsch verstandenen Respekt. Es geht darum, sich nicht zu trauen, den Trauernden auf seinen Verlust, auf seinen Schmerz anzusprechen. Dahinter verbirgt sich aber eine Unsicherheit, nicht zu wissen, wie man mit dem anderen umgehen soll.

Geschrieben steht im Buch Sirach (Kapitel 7, Vers 34):

> *Bleibe den Weinenden*
> *nicht fern*
> *und traure*
> *mit den Trauernden!*

Andererseits haben manche Trauernde Angst, mit ihren Gefühlen nicht angenommen zu werden, oder sie haben Angst vor der Intensität der Beziehung, vor dem Trost. Gerade trauernden Männern fällt es schwer, sich schwach und weinend zu zeigen.

Im Sinne von aktiver Trauerbewältigung, die in einem bestimmten Prozess abläuft und sich auch über einige Jahre hinziehen kann, ist es nicht hilfreich, die betroffene Person über den Schmerz wegzutrösten. Ein trauernder Mensch benötigt mitfühlende Anteilnahme, Verständnis, Angenommensein und Raum für seine Gefühle.

Trauen wir uns zu trauern!

Das Leid des Menschen ist in einigen Bereichen durch ihn selbst hervorgerufen, ohne dass von außen direkt oder indirekt eingegriffen wird. Ich meine damit, dass wir Leid schaffen, indem wir z.B. an Situationen anhaften, die der Vergangenheit angehören, dass wir durch unsere Begierden Zustände herbeiführen, die innere Spannungen, Unwohlsein, Missmut und Ärger hervorrufen, dass wir unabänderliche Dinge nicht annehmen wollen, dass wir das Leben nicht wirklich leben, weil wir mit dem Kopf in der Zukunft oder der Vergangenheit stecken.

Respektieren heißt auch annehmen, anerkennen von Menschen, Situationen und Gegebenheiten.

Es ist normal, dass Kinder, die erwachsen werden, das Haus, die Familie verlassen, um ein eigenständiges Leben aufzubauen. Gerade diese notwendige Trennung ist für viele Mütter fast unannehmbar, wenn sie ihr ganzes Leben auf die Kinder ausgerichtet hatten. Sie durchleben nicht aktiv diesen Abschiedsprozess, sondern hängen häufig noch innerlich an der alten, gemeinsamen Lebenssituation fest. Sie wollen es nicht wahrhaben, dass es für die Kinder Zeit ist zu gehen. Sie werden depressiv und richten ihren Blick nicht auf die neuen Möglichkeiten, die diese Veränderung mit sich bringt. Mütter, die ihre erwachsenen Kinder nicht loslassen können, respektieren nicht die Entscheidung ihrer Kinder. Sie machen ihnen unter Umständen noch Schuldgefühle und das Gehen schwer. Es mag sein, dass diese Mütter in ihrem bisherigen Leben versäumt haben, sich um das eigene Selbst ausreichend zu kümmern und nur Befriedigung fanden, indem sie ihre Kinder in den Vordergrund stellten. Was auch immer für Hintergründe dafür verantwortlich waren, sie hatten nicht gelernt, sich selbst als eigenständige Wesen zu betrachten und zu respektieren, mit ihren persönlichen Wünschen und Bedürfnissen. Die entscheidende Trennung von ihren Kindern ermöglicht aber jetzt, ganz bewusst anzuhalten, sich hinzusetzen und das bisherige Leben zu reflektieren.

Erst in diesem Prozess liegt die Möglichkeit, sich mit der neuen Situation zurechtzufinden und offen zu werden für das jetzige Leben. Ein Anhaften an: „Es wäre doch schön, wenn..." bindet den Menschen an längst Vergangenes oder Zukünftiges und verschließt ihn für den Reichtum, die Vielfalt und Schönheit des gegenwärtigen Augenblicks. Deutlich sei noch einmal unterschieden zwischen einem Trauerprozess, den ich aktiv durchlebe und damit auch abschließe, und dem Festhalten an Altem, das ich partout nicht loslassen will und mich somit einem anstehenden Wandel widersetze. Hier bleibt nur Leid, Schmerz und Unzufriedenheit.

Andere leidvolle Situationen ergeben sich aus unseren Begierden, aus einem permanenten Unbefriedigtsein, das sich spätestens dann einstellt, wenn das, auf welches sich unsere Begierde gerichtet hat, für uns verfügbar ist und sich damit die neuen Wünsche nach mehr, nach anderem regen.

Ein Angetriebensein durch innerliche Begierden lässt keine Ruhe, keinen inneren Frieden entstehen. Es bleibt eine Unzufriedenheit zurück, welche die Feder für neue Begierden ist und den Menschen abhängig macht von äußeren Produkten, die immer nur für eine kurze Weile das Gefühl aufkommen lassen, endlich glücklich zu sein. Die Begierden an sich sind so alt wie die Menschheit selber und nicht erst das Produkt unserer modernen konsumgesteuerten Gesellschaft, deren Wachstum zum großen Teil abhängig ist von der Vermarktung menschlicher Begierden. Der Einzelne kann sich dem nicht völlig entziehen, aber es ist möglich, über die Erkenntnis der Zusammenhänge der persönlichen Begierden einen Weg zu finden, der mehr auf das Erreichen innerer Harmonie ausgerichtet ist.

Im Bodhisattva-Gelöbnis heißt es:

Bon no mujin sei gan dan.

*Obwohl meine Illusionen und Begierden
unerschöpflich sind,
will ich sie alle mir selbst in den Dienst geben.*

Der Ausstieg aus dem Kreislauf des Zwanges, sich immer wieder von den Begierden leiten zu lassen, führt aus dem leidvollen Dasein in eine neue Freiheit, die verbunden ist mit der Begegnung des wahren Selbst.

Inneres Erfüllt-Sein ist nicht durch äußeres Konsumieren zu erreichen. Es gibt genug Menschen, die eine lange Zeit hinter den Errungenschaften der Wirtschaft hergelaufen sind, bis sie eine Erfahrung machten, dass auch ein Weiteres mehr an Haben nicht wirklich glücklich macht. Häufig stellt sich dann erst der Moment ein, über den Sinn dieses Strebens, den Sinn des Lebens nachzudenken. Diese Lebensphase kann geprägt sein durch depressive Stimmungsphasen, durch die Suche nach neuen Lebensaufgaben, durch den Wunsch aus dem Alltag auszubrechen, durch die Flucht aus Beziehungen in neue Partnerschaften. Es ist eine Krise, die den ganzen Menschen in seinen Grundfesten treffen und erschüttern kann. Vergleichbar ist diese Midlifecrisis mit ihrem ganzen Leid, Schmerz, der Verzweiflung darüber, ob man vielleicht sein bisheriges Leben vertan hat, mit der Pubertät eines Jugendlichen, dem das Kindliche fremd geworden, der in seinen alten Verhaltensweisen, seinen alten Interessen, keinen Halt mehr findet, der innerlich durchgeschüttelt wird, um sich nach neuen Ufern aufzumachen, die aber noch im Verborgenen liegen.

Die Alternativen, die sich uns Erwachsenen bieten, sind sehr klar und eindeutig. Wir können unserer Krise mit Respekt begegnen, sie annehmen und uns mit ihr auseinander setzen und offen werden für unser Herz, das eine neue, andere Orientierung anmahnt. Oder wir schütten das krisenhafte Aufgerütteltsein zu, indem wir weitere neue Begierden ausleben, mit Medikamenten unsere Depression bekämpfen, vielleicht auch andere Suchtmittel wie Alkohol, Drogen, Arbeit, Spiel einsetzen, damit wir die innere Herzensstimme überhören, sie mundtot machen.

Der Mensch kann alte Strukturen, Muster und Mauern aufbauen und verstärken und somit seinen alten eingefahrenen Weg weiterhin begehen oder er kann sich trotz aller Ängste und Unsicherheiten öffnen für eine neue, wenn auch zunächst unbekannte Entwicklung.

Die moderne Wissenschaft und Forschung sowie die fortschreitende Technologie ist bemüht, das menschliche Leid zu reduzieren, wenn möglich sogar ganz aus unserem Leben zu eliminieren.

Die neue Präimplantationsdiagnostik (PID) untersucht bei einer künstlichen Befruchtung den Embryo auf genetische Schäden. Und erst dann wird, wenn festgestellt worden ist, dass keine Abnormalitäten bzw. Behinderungen vorliegen, der Embryo in die Gebärmuter einer Frau eingepflanzt. Die kleinen, gewordenen Lebewesen, die mit Makel behaftet sind, mit denen in unserer Gesellschaft keiner mehr etwas zu tun haben will, würden anschließend getötet oder zu wissenschaftlichen Zwecken beforscht und danach getötet.

Leben wird hier mit dem Leben anderer Lebewesen bezahlt.

Würde die Präimplantationsdiagnostik legalisiert, was bisher in Deutschland noch nicht der Fall ist, würden wir einen Weg beschreiten, der wie es unser Bundespräsident Johannes Rau formulierte: *„...das Tor weit öffnet für biologische Selektion, für eine Zeugung auf Probe."*

Natürlich ist es ganz normal, dass sich Menschen gesunde Kinder wünschen, aber ein Recht auf ein gesundes Kind hat niemand. Wenn ich nur ein Kind unter den Bedingungen akzeptiere, dass es meinen Qualitätsmaßstäben entspricht, dann kann ich nicht um den Preis der Vernichtung, der Tötung eines behinderten Kindes, ein gesundes Kind wollen.

Das Gleiche gilt für das Klonen von Menschen und für die „verbrauchende Forschung" mit embryonalen Stammzellen. Es ist ein Angriff auf die Individualität des menschlichen Seelenwesens und auf die Würde des Menschen. Unvorstellbar wäre ein menschlicher Schrottplatz für Ersatzteile und Embryonenfarmen als Massenvermarktung menschlichen Lebens. Es ist auch möglich, mit „adulten" Stammzellen zu forschen und Krankheiten zu heilen. Diese entstammen aber dem erwachsenen Menschen und es ist nicht nötig, dass dafür ein werdender Mensch sterben muss!

Die Würde des Menschen ist nach dem Grundgesetz ein schützenswertes Gut. Und Menschsein beginnt nicht erst mit unserer Geburt, sondern mit unserer Empfängnis. So hat der Deutsche Bundestag im Jahre 1990 die befruchtete Eizelle als

Beginn des schutzwürdigen Lebens festgelegt. Diese, auch in meinen Augen richtige ethische Entscheidung verbietet es, den Menschen als Ware zu betrachten, als Objekt wirtschaftlichen und wissenschaftlichen Handelns.

Wer oder was kommt denn da auf diese Welt durch den Akt der Zeugung, durch den biologischen Prozess von Einswerdung zwischen männlichem Samen und weiblicher Eizelle? Und wo kommt dies, was sich da mit eigenständigem Bewusstsein inkarniert, denn her?

Wir betreten mit diesen Fragen den Raum der Transzendenz, den Raum, der über diese Welt hinausgeht. Aus diesem Grund darf auch eine Medizin, die in dieser Welt existiert und sich manifestiert, nicht in ein Leben eingreifen, das viel umfassender ist, als die Reduzierung eines menschlichen Wesens auf ein Objekt der Forschung, das in Raum und Zeit begrenzt zu sein scheint.

Teilhard de Chardin sagte:

Konkret gibt es nicht Materie und Geist,
vielmehr existiert nur die geistwerdende Materie:
Der Stoff des Universums ist Geist-Materie.

Anders ausgedrückt ließe sich sagen, aus der Leerheit entsteht die Form, oder aus der Gottheit entstehen all die Erscheinungen, die auf dieser Welt existieren. Was wir durch unser dualistisches Denken trennen können, ist in Wahrheit *Eins* und kann nur zusammen auftreten, wie ein Lied nur durch den Sänger und ein Tanz nur durch die Tänzerin. So manifestiert sich durch einen Embryo die göttliche Existenz oder Buddha-Natur. Und meine Erfahrungen als Reinkarnationstherapeut zeigen eindeutig, dass das menschliche Wesen vor seiner Wieder-Geburt mit Bewusstheit seine Empfängnis miterlebt und schon immer anwesend ist, auch wenn manche Menschen meinen, in so einem frühen Zustand der Entwicklung kann noch nichts da sein, was man menschlich nennen könnte und was eine schützenswerte Würde besitzt.

In der Frage der Zulassung der Präimplantationsdiagnostik und des Klonens benötigen wir also eine ganzheitliche Betrachtung des Menschseins und diese verbietet eine Selektion in menschenwürdiges und -unwürdiges Leben. Insbesondere müssen wir darauf achten, dass nicht durch hochrangige Ziele der wissenschaftlichen Forschung, Profilierung von Wissenschaftlern und Bestrebungen nach größerer Wirtschaftlichkeit, ethische Grundsätze aufgeweicht werden, auch dann nicht, wenn dies in anderen Ländern praktiziert wird. Die Argumente den Anschluss zu verlieren oder wirtschaftlich ins Hintertreffen zu geraten, sind in keinem Fall ein richtungsweisender Maßstab für Entscheidungen, die das menschliche Leben und dessen Würde betreffen.

Nehmen Sie sich Zeit Ihr Leben hinsichtlich selbsterfahrener Leidsituationen zu betrachten.
    Wozu hat Sie Ihr Leid geführt?
    Was ist daraus erwachsen?
    Ich bin mir sicher, dass Sie ähnlich wie ich erkennen können, Leid führte zu einer erweiterten Sichtweise über das Leben selbst, zu einem neuen Verständnis von Zusammenhängen, Seinsweisen und wahrscheinlich zur Erfahrung tieferer Gefühlsqualitäten wie Schmerz, Trauer, Zorn, Einsamkeit. Schauen Sie weiter, werden Sie wahrnehmen, dass daraus wiederum Mitgefühl erwachsen ist gegenüber Menschen, die ähnliche Erfahrungen machen mussten. Häufig höre ich die Sätze: „Erst nachdem ich diese Erfahrung selbst gemacht habe, konnte ich andere Leute besser verstehen," oder „Ich glaube, ich musste das erst am eigenen Leib erfahren, um zu erkennen, wie es anderen damit geht."
    Leid trägt Früchte!
    Die Früchte des Mitgefühls und Verständnisses und tieferen Fühlens führen uns verstärkt in das Leben hinein. Jetzt, in diesen Augenblick! Wir erkennen die Vergänglichkeit und genießen den Moment unseres gegenwärtigen Lebens. Wir können anders lachen, Lust und Freude leben, weil wir intensiver eintauchen in die Welt der Gefühle und Emotionen. Die Bandbreite unseres menschlichen Daseins wird umfassender. Das Leben gewinnt mehr an Bedeutung und Sinn.

Leid aus der Welt zu verbannen, würde gleichzeitig bedeuten das Leben zu verbannen. Leid und Freude sind zwei Seiten einer Medaille. Was würde passieren, könnte der Mensch den Herbst verbannen, das leidvolle Sterben der Natur? Wo bliebe die Ruhezeit für die Erde, wo das Laub für den Boden und die Insekten, wie sollte der Frühling eine neue Pracht hervorbringen, wenn die alte Blüte sich nicht verabschiedet hätte? Wie sollte Getreide und Gemüse zur Reife kommen, wenn es nicht seinen Samen verzehren würde?

Schauen wir uns um. Welchen Menschen würden Sie in Ihrem Umkreis verlieren, wie sähe ein „bereinigtes" Deutschland, eine „bereinigte" Welt aus? Oder wären wir bei früherer Präimplantationsdiagnostik selbst am Leben auf dieser Erde gehindert worden? In Fragen der Euthanasie schwingen sich Menschen auf den Richterstuhl und maßen sich an, zwischen lebenswert und lebensunwert zu entscheiden. Menschliches Leben darf nicht instrumentalisiert werden und nie dazu führen, dass sich behinderte Menschen rechtfertigen müssen, warum sie weiter leben wollen.

Sehen wir bei der Auseinandersetzung mit dem Klonen von Menschen auf das Argument: „Wenn wir Embryonen nicht zu Forschungszwecken klonen, dann bedeutet dies für viele kranke Menschen, dass wir ihnen nicht helfen können."

Ich empfinde schon in der Wortwahl eine eklatante Verzerrung, die darin besteht, dass einmal der Mensch, der geborene Mensch, als „Mensch" bezeichnet wird und auf der anderen Seite das Wort „Embryo" steht, leer und entseelt; in ihm ist nichts Menschliches mehr zu finden. Ein *„im Wachstum begriffener kleiner Mensch"* wäre wesentlich zutreffender und würde die ihm eigene menschliche Würde mit dem *„im Wachstum begriffenem größeren Menschen"* gleichsetzen. Der Wortwahl kommt gerade in dieser Auseinandersetzung eine besondere Bedeutung zu und sie ist mit entscheidend für den Umgang und die entstehenden Emotionen mit diesem ethischen Thema.

Es gibt Personen, die sich nicht damit abfinden können, dass der Mensch vergänglich ist und in diesem Leben vielleicht Erfahrungen von Leid durchleben muss, die für seine seelische Entwicklung bedeutsam sind.

Es kommt nicht so sehr darauf an, wie lange wir leben und mit welchen gesundheitlichen Einschränkungen, sondern *wie* wir leben und *wie* wir unser Leben, unser persönliches Leid annehmen. Ich möchte an dieser Stelle nicht missverstanden werden. Natürlich vertrete ich die Meinung, dass alles menschenmögliche getan werden muss, um das Leid eines Menschen zu lindern. In meinem Familienkreis habe ich selbst Angehörige verloren, die unheilbar erkrankt waren und „zu früh" sterben mussten. Auch für mich als Hinterbliebener bedeutete es eine emotionale Auseinandersetzung mit Krankheit, Leid und Tod, sowie meinen eigenen Wünschen, Bedürfnissen und Vorstellungen. Erst der aktive Trauerprozess ermöglichte eine Annahme des Geschehens und inneren Frieden.

Wissenschaftler streben nach vorne, suchen sich neue interessante, Erfolg und Anerkennung versprechende Aufgabengebiete und lassen dabei viel unerledigte Nöte im Hintergrund verschwinden. Wir leben in reichen Industriestaaten und können uns mit der Bekämpfung von „Luxusproblemen" beschäftigen. Aber was ist mit dem alltäglichen Leid, das weite Teile der Weltbevölkerung betrifft und immer noch nicht geheilt ist. Auf unserer Erde leben etwa 800 Millionen unterernährte Menschen und Tausende sterben täglich den Hungertod. Große Teile der Menschheit, besonders auf dem afrikanischen Kontinent, kämpfen gegen todbringende Krankheiten wie AIDS, Malaria, Hepatitis oder Parasitenbefall, an dem fast die Hälfte der Weltbevölkerung leidet.

Diese dringliche Hilfe lässt sich vollziehen, ohne dass Felder betreten werden müssen, auf denen es zu ethischen Verletzungen der Menschenwürde kommt.

Ich möchte an dieser Stelle auf eine andere Art von Leid hinweisen, die dadurch entsteht, dass Begrifflichkeiten das Leid eliminieren.

„Kollateralschaden" ist zum Unwort des Jahres 1999 gewählt worden und „Menschenmaterial" zum Unwort des 20. Jahrhunderts. Kollateralschaden ist ein Begriff aus dem grausamen Kosovo-Krieg und bezeichnet die Tötung unschuldiger Zivilisten bei NATO-Angriffen. Dieses Wort ist getrennt von dem persönlichen Schicksal, das der einzelne Mensch erfährt. Es verschleiert die Grausamkeit, die sich hinter einem Bombenangriff verbirgt. Kollateralschaden ist äußerlich gereinigt von dem Schreien der Kinder, die ihre Mütter sterben sehen. Diese Wortschöpfung hat den Zweck, den Menschen in die Irre zu führen und die Grausamkeit des Krieges zu verbergen, so wie es jetzt auch wieder in Afghanistan geschieht. Das Wort „Menschenmaterial" enthält in sich eine Herabwürdigung des einzelnen Menschen. Er wird gleichgesetzt mit toter Materie, verliert sein Gesicht, seine Einzigartigkeit und seine Würde. Menschenmaterial ist der Versuch, einen Begriff zu schaffen, der entleert ist von Emotionen und Empfindungen.

Auch der Begriff „Holocaust", was im altgriechischen vollständige Verbrennung bedeutet, verschleiert hinter seiner Fremdartigkeit und Unbekanntheit die Geschehnisse, die damit zu tun hatten, dass bewusstes Morden, Vergewaltigen, Foltern, Verletzen, Demütigen und Zerstören von Hab und Gut durch Menschen geschehen ist. Dies bedeutet eine Irreführung und Verunglimpfung der leidtragenden Menschen bzw. der geschichtlichen Ereignisse. Opfer zu sein ist eine schlimme Erfahrung. Werde ich als Opfer aber nicht gesehen, verschwindet mein Opfersein hinter Begriffen und Zahlen, geschieht eine weitere Verletzung, eine schwerwiegende Respektlosigkeit gegenüber den betroffenen Menschen.

Finden wir Begriffe, die den Menschen berühren und in Kontakt bringen mit dem Leid, das sich in den Begriffen verbirgt. Angemessene Begriffe finden, heißt auch, das Leid würdigen, respektieren und es nicht zu verschleiern. Je offener und bewusster wir mit dem Leid in dieser Welt umgehen, desto leichter wird es für uns sein, das Leid zu wandeln und neue Wege zu gehen, die ein verantwortliches Miteinander bewirken, welches im Einklang mit dem Kosmos steht und unnötiges Leid vermeidet, das erst durch unmenschliches Tun zu Stande kommt.

Stoßen wir Leid ab, beginnen wir dagegen zu kämpfen; nehmen wir es in den Arm, entsteht ein Prozess des Kontaktes, Verstehens, Bewältigens und es eröffnet sich die Möglichkeit neue Wege zu gehen.

Frei von jeder Angst
Segeln die bunten Blätter
Dem Tod entgegen.

Bruder Tod

Die Kunst des Sterbens ist nicht weniger wichtig als die Kunst des Lebens. Der Tod hat es schon immer schwer gehabt. Er wird mit Leid, Schmerz, Trennung, Abschied, Gewalt und Ungerechtigkeit verbunden. Ich möchte dazu eine kleine Geschichte aus dem Zen-Buddhismus erzählen:

> *Ein reicher Mann besuchte einen Zen-Meister und bat diesen eine Kalligrafie für sich und seine Familie zu schreiben. Es sollte etwas sein, was seine Familie glücklich stimme und als Leitspruch über Generationen hinweg im Gedächtnis bleiben könne. Der Zen-Meister schrieb auf ein großes Reispapier:*
>
> *„Vater stirbt, Sohn stirbt, Enkel stirbt."*
>
> *Da wurde der Mann sehr ärgerlich: „Ich habe euch gebeten etwas zu schreiben, was meine Familie glücklich macht", sagte er. „Was soll da dieser makabre Scherz?" Der Zen-Meister aber erwiderte: „Es sollte kein Scherz sein. Wenn dein Sohn vor dir sterben würde, wärest du sicher traurig. Wenn dein Enkel vor deinem Sohn sterben würde, so würde das deinen Sohn und dich sehr bekümmern. Wenn dagegen in deiner Familie Generation für Generation in der Reihenfolge verstirbt, die ich bezeichnet habe, so ist das der natürliche Ablauf des Lebens. Das nenne ich wahres Glück!"*

Dass wir Menschen mit Alter, Krankheit und Tod nichts zu tun haben wollen, ist nichts Neues. Gleichzeitig ist die Auseinandersetzung damit eine große Hilfe für die Zeit, wenn uns das Alter, die Krankheit oder der Tod ereilt. Vor 2500 Jahren erkannte Buddha, dass eine Überwindung der Angst vor diesen Seinszuständen nur möglich ist, wenn wir sie bewusst betrachten. So empfahl er den Menschen täglich folgende Betrachtungen zu rezitieren:

- *Alles was mir angenehm und lieb ist, ist der Veränderung unterworfen. Es gibt keine Möglichkeit, dem Getrenntsein von Liebem zu entgehen.*

- Ich bin dem Alter unterworfen. Ich kann dem Alter nicht entgehen.
- Ich bin der Krankheit unterworfen. Ich kann der Krankheit nicht entgehen.
- Ich bin dem Tod unterworfen. Ich kann dem Tod nicht entgehen.
- Mein einziger Besitz sind meine Taten. Ich kann den Konsequenzen meiner Taten nicht entgehen. Meine Taten sind der Boden, auf dem ich stehe.

In welcher Weise wir Geburt und Tod als leidvoll erleben, hängt von unserem Verstehen ab. Je tiefer wir eindringen in die Erkenntnis über Leben und Tod, desto klarer wird unsere rechte Anschauung. Die oben genannten Betrachtungen über Krankheit, Alter und Tod finden im Kontext unseres dualistischen Denkens statt. Damit sind wir in unseren Vorstellungen über die Welt und ihren Phänomenen gefangen. Der Blickwinkel ist eingeengt auf unsere Lebensspanne von Geburt bis zum Tod und reicht nicht darüber hinaus. Alles was darüber hinausgeht, findet seine Erweiterung durch den Glauben oder entsteht durch Erkenntnis. Erkenntnis findet statt, wenn wir unsere Vorstellungswelt, unser Glaubenssystem verlassen und eindringen in die Welt der Transzendenz, in das, was wirklich ist. Es ist die Ebene, die zum Ursprung des Seins führt und dabei alle Schleier der Verdunkelung überwindet. Geburt und Tod erfahren darin ihre Auflösung, da sie angesiedelt sind in der Welt der Begrenzung. Betrachten wir unser Dasein als ein Leben, welches begrenzt ist durch den Tod, dann ist die Angst nicht weit, sie kann unser Herz umschlingen und uns gewaltig zusetzen. Betrachten wir Geburt und Tod jeweils als einen Wandel, der uns in eine andere Seinsweise führt, dann tritt die Angst zurück und an ihrer Stelle macht sich Gelassenheit und Friede breit. Dass in unserem Kosmos nichts verloren geht, ist eine Erkenntnis der Physik. Jeder Mensch, jedes Ding, jedes Element ist der Veränderung unterworfen und wandelt sich.

Aber seine Existenz geht nicht verloren. Es mag eine andere Erscheinungsform angenommen haben, wie ein Baum zu Asche verbrennt und sich in Wärmeenergie verwandelt. Ohne Sterben und Zerstörung kann kein neues Leben entstehen.

Was die Libellenlarve als das Ende ihres Daseins betrachtet, wenn sie aus dem Wasser, ihrer Heimat, an Land steigt, betrachten wir als eine farbenprächtige Libelle, die vierflüglig in den blauen Himmel fliegt. Was bleibt übrig von uns, wenn wir gehen, der Tod unserem bisherigen Sein ein Ende setzt? Was war ich vorher, was bin ich jetzt, in diesem Augenblick, wenn ich diese Zeilen lese, was werde ich später sein?

Bin ich mein Körper, meine Gedanken, meine Gefühle, meine Empfindungen?

Betrachten wir diese Phänomene auf einer tieferen Ebene der Erkenntnis, dann sind sie ohne eigenes Selbst. Sie entstehen in bestimmten Zusammenhängen, waren früher anders als heute und werden sich auch morgen wieder verändern.

Schauen wir auf das Meer, dann erkennen wir viele einzelne Wellen, große und kleine. Sie kommen und gehen, erscheinen und lösen sich auf. Die Wellen haben ein kurzes Leben, ein Beginn und ein Ende, Geburt und Tod, ähnlich wie wir. Bleiben wir in unserem Bewusstsein nur diese Welle, in ihrer Art Welle zu sein, dann beschleicht uns die Angst vor dem Ende. Wird unser Wellenbewusstsein erhellt von der Erkenntnis, wir sind die Welle, aber wir sind auch das Meer, das Wasser, dann gehen wir aus dem Meersein in das Wellensein, bleiben währenddessen in innerer Verbundenheit mit dem Meersein und wir können uns frei von jeder Angst auflösen und das Wellendasein loslassen, um ins Meersein wieder ganz einzutauchen.

Unser Menschsein ist eine Erscheinungsform, in der jeder von uns innerhalb unseres unendlichen Kosmos auf dieser Erde Gestalt gewinnt und innerhalb dieser Gestalt der Unbeständigkeit unterworfen ist. Wir haben vorher existiert, und werden nachher existieren. Wir können nicht nicht existieren. Alle Erscheinungsformen, die Gestalt gewinnen bleiben kosmisch, göttlich und fallen nicht aus ihrer Buddha-

Natur, auch wenn sie durch den Tod in eine andere Erscheinungsform übergehen. Der Tod als eine spezielle Form des Helfers von einer Seinsform in eine andere gehört zur unendlichen Existenz unseres Seins.

Das Leiden, das in uns entsteht, hat seinen Ursprung in unserem Wunsch, dass alles was uns wichtig ist so bleibt, wie wir es wollen und nicht der Vergänglichkeit ausgesetzt ist. Wir können nicht ertragen, dass wir ohnmächtig sind, keine Kontrolle haben und keine Macht mehr besitzen, um das Altern hinauszuzögern und dem Sterben Einhalt zu gebieten. Wir, die wir doch sonst das Leben beherrschen, wollen nicht loslassen und uns dem Fluss des Lebens anvertrauen.

Dringen wir jedoch tiefer in die Wahrheit der Vergänglichkeit ein, erkennen wir den ewigen Wandel, der Jahreszeiten, der Bäume und Berge, der Menschen und Gegenstände, der Kunst und Musik, der Technik und Politik und des ganzen Sonnensystems. Nichts hat wirklich Bestand. Schauen Sie in den Spiegel, Sie werden älter. Ihre Vorstellungen, Gefühle, Ihre Empfindungen, Ihr ganzes Bewusstsein ist in einem ständigen Wandlungsprozess, seitdem Sie auf dieser Erde sind. Es ist vielleicht verständlich, dass so viele Menschen immer jung bleiben wollen, einige geben eine Menge Geld dafür aus, andere lassen sich operieren, um zumindest die Illusion des Jungseins zu besitzen, aber damit wehren wir uns gegen das kosmische Gesetz der Unbeständigkeit. Wir werten das Alter ab, den Tod, sind ihnen gegenüber respektlos, nehmen sie nicht an und erkennen nicht ihren Wert. Durch dieses Anhaften an Zuständen, die dem Wandel unterzogen sind, machen wir uns das Leben schwer. Wir können nicht wirklich die Gegenwart genießen und uns an dem freuen, was jetzt ist. Den Zustand, den wir als passend oder glückselig machend erkannt haben, versuchen wir mit aller Gewalt festzuhalten und trauen uns nicht ihn wieder loszulassen und uns auf das Neue einzulassen, was dann kommen würde. In einem derartigen Verhalten wird das Misstrauen gegenüber dem Leben deutlich, die Angst vor

Veränderung. Es ist eine der Grundängste des Menschen. Vielleicht hat uns das Leben bisher übel mitgespielt und sicherlich ist die Angst eine verständliche Reaktion, die aus den gemachten Erfahrungen resultiert. Aber gleichzeitig hindert sie uns daran, mit der Unbeständigkeit die Wirklichkeit zu berühren. Die Unbeständigkeit lehrt uns auch dem Leiden zu entkommen, einen Wandel erleben zu können, der zur inneren Ruhe und Frieden führt. Gäbe es die Unbeständigkeit nicht, wie hätten wir reifen, lernen können, wie sollte sich Tag und Nacht, Sonne und Regen abwechseln können? Vergänglichkeit ist die Voraussetzung für Evolution. Die Vervollkommnung der Schöpfung. Unser Leben benötigt das ewige Stirb und Werde. Ohne die Möglichkeit des Wandelns würden wir immer noch im Mittelalter leben und wir hätten durch eine stagnierende Gesinnung das Hitlerregime nicht hinter uns lassen können. Erkennen wir den Wert der Unbeständigkeit, finden wir einen intensiveren Zugang zu allem, was uns umgibt. Auch die kurzen Augenblicke, in denen sich uns ein Wunder der Natur zeigt, ob es ein Amselgesang ist, ein Sonnenuntergang oder das erste „Papa" unseres Kindes, beginnen wir zu achten, mit Ehrfurcht zu betrachten und wertzuschätzen. All die kleinen und großen Kostbarkeiten unseres Lebens werden greifbar und offenbaren sich uns in ihrer Schönheit durch unsere veränderte Sichtweise. Es ermöglicht sich eine Hinwendung zur Vergänglichkeit der Natur, über die sie uns erst in ihrer ganzen Pracht und Tiefe erschlossen wird. Es ist gleichzeitig ein Schritt zur achtsamen Lebensführung, der uns in die Tiefe des Seins führt und das Leben mit Sinn erfüllt.

Der Tod kann uns nur schrecken, wenn er außerhalb unseres Lebens existiert. Betrachten wir ihn als eine Wegkreuzung, die unser Sein nicht beendet, sondern in eine andere Richtung lenkt, dann verliert er seine Bedrohung. Der Tod ist in vieler Vorstellung ein isoliertes Geschehen, das zu einem bestimmten Punkt von außen kommt und sich gegen uns, unser Leben richtet. Es ist wichtig zu fragen und Erkenntnis darüber zu gewinnen, wer sind wir denn, was ist denn unser Leben, was kann der Tod uns denn nehmen? Unsere Erkenntnis über die Unbeständigkeit zeigt uns, dass es kein eigenständiges, unveränderliches Selbst gibt, denn nur dann wären wir in Gefahr und die Angst vor dem Tod wäre berechtigt. Betrachten wir unser Sein, dann erkennen wir, dass wir aus ganz vielen Nicht-Selbst-Elementen bestehen. Unsere ganze Existenz hängt von Dingen ab, die wir *nicht* sind. Wir sind nicht unser Sauerstoff, den wir zum Atmen benötigen, nicht unsere Nahrung, die wir täglich essen, nicht unsere Eltern, die uns geboren haben. Auch unser Ich verfügt über kein eigenständiges unveränderliches Selbst. Das Ich, ein Spielball der Umwelt, welches ganz unbeständig mal so und mal so fühlt, denkt und handelt. Dieses Ich, was sich so wichtig nimmt und gerne möchte, dass sich die Welt um es dreht. Aber wehe, wenn nicht. Unser Ich, das sich zusammensetzt aus tausenderlei Erfahrungen, Ansichten, Ängsten, Hoffnungen, Begierden und Illusionen und natürlich nicht von seinem Platz weichen will. So ist unser Ich leer, ohne eigene Substanz. Es ist nur ein Konglomerat, das aus vielen psychischen Prozessen und analytischer und abstrakter Denkakrobatik besteht und sich selbst Beständigkeit verleihen möchte. Wie häufig widersetzt sich unser Ich, obwohl wir es in unserem Innern besser wissen. Es hält aber aus Angst vor Veränderung mit seinen verwobenen Mustern und Strukturen am Alten fest und verhindert so einen neuen Prozess des Werdens. Unser Ich ist gefangen in der Welt des Dualismus von richtig und falsch und gut und böse. Wie soll es uns da freiwillig loslassen und den Tod begrüßen, der zu seiner Auflösung führt. Im Sterben weicht das Ich auf und seine Stunde ist gekommen. Es hat unser Leben lang seinen Dienst getan. Es machte uns mit zum Menschen, gab uns die Möglichkeit, mit seinem Bewusstsein kulturschaffend tätig zu sein und die Welt und das Leben zu begreifen. Es muss aber spätestens jetzt Platz machen für die Rückkehr in den Ursprung des Seins; aus der Vielheit der Erscheinungsformen geht der Weg zurück in die göttliche Einheit, ins Nirwana.

Das Sein ist ewiglich, aber nicht die individuelle Gestalt. Dies bedeutet, wir sind mit dem Ungeborenen geboren worden. Unser Ursprung liegt im ewiglich Ungeborenen und in dieser jetzigen Existenz bleibt das Ungeborene in mir anwesend und wird auch nach meinem persönlichen Tod ewiglich weiterbestehen. Es wird nicht berührt durch meine Geburt. So wie der Meeresgrund nicht berührt wird, wenn an der Oberfläche sich Wellen bilden.

Unser Werden hier auf dieser Welt ist Ich-gebunden und zeitlich und wird mit unserem Tod vergehen. Unser Ungeborenes ist zeitlos und unterliegt nicht der Ich-Aktivität. Je mehr wir im Ungeborenen leben, desto tiefer erleben wir jeden Augenblick unseres Daseins. Das ist auch der Zustand unserer Geburt. Mit der Zeit nahmen wir die Verblendung der Erwachsenen in uns auf und zum Ungeborenen gesellte sich der unterscheidende Geist, der sich in Gedanken verliert, Bilder und Vorstellungen schafft über Krankheit, Alter und Tod und sich damit respektlos gegenüber dem Ungeborenen verhält.

Der Zen-Meister Bankei Eitaku lebte von 1622 – 1693 und sagte auf die Frage nach dem Meister des Sehens und Hörens:

Der eine ungeborene Geist
ist der Meister in jedem Menschen.
Der „Meister des Sehens und Hörens"
und derjenige, der ihn sucht, sind nicht zwei.
Suchst du ihn außerhalb deiner selbst,
so magst du die ganze Welt nach ihm absuchen
und findest ihn doch nie.
(1988, S.138)

Mit der Erkenntnis, dem Beginn des Bewusstseins, „Ich bin", vernebeln wir das Ungeborene und fallen aus dem Eins-Sein in die Zweiheit. Wir sind verblendet durch das unterscheidende Bewusstsein. Die Religionen bieten uns Bilder an, die

Trost schenken sollen, aber so lange sie nicht zur persönlichen Erfahrung werden, bleiben wir unerlöst und verhaftet in der Lebensspanne zwischen Geburt und Tod. Die Transzendenz von Geburt und Tod führt uns zurück zum Ungeborenen, zur Leerheit, die jenseits von Existenz und Nichtexistenz liegt. Leerheit ist nicht Nichts, sondern das Göttlich-Eine, der Grund, aus dem alles entsteht. Leerheit ist das wahre Wesen der Welt. Sie ist nicht begrifflich zu fassen, sondern nur erfahrbar, wie das Göttlich-Eine, die Buddha-Natur.

Deshalb reicht es nicht, wenn wir mit unserem Verstand das Wesen des Todes, die Leerheit, Gott oder die Buddha-Natur ergreifen wollen. Es wäre, wie es im „Shodoka", einem der ältesten Zentexte von Yoka Daishi, heißt:

> *Den Finger*
> *für den Mond halten,*
> *nur weil er*
> *auf ihn weist.*

(Taisen Deshimaru 1982, S.208)

Wir müssen erkennen, das alles im Einen ist und das Eine in allem. Der Himmel auf Erden oder Nirwana im Hier und Jetzt bedeutet die Überwindung aller Gedanken und Vorstellungen vom Leben und vom Tod, um frei zu werden für das Leben und das Sterben, es zu akzeptieren und zu erfahren, so wie es ist.

Die Auseinandersetzung mit dem Tod führt uns über die Haltung von Zurückweisung und Verdrängung zu seiner Akzeptanz und zu einer Aufgabe der künstlichen Trennung zwischen Leben und Tod. Hierin liegt auch die Weisheit der alten Totenbücher. Die mittelalterlichen christlichen Texte zur „Kunst des heilsamen Sterbens" (Ars moriendi), das ägyptische Totenbuch „Das Weg-Kommen vom Tag" und das tibetanische Totenbuch „Bardo Tödol, Befreiung durch Hören auf der Nachtod-Ebene" führen über die Auseinandersetzung mit dem Prozess des Sterbens, des Todes und der Zeit nach dem Tod wieder zurück ins Leben, zu einer Kunst des Lebens.

In allen drei Weisheitsbüchern aus den unterschiedlichen Kulturen gibt es wesentliche Gemeinsamkeiten:

- es wird das Leben nach dem Tode vorausgesetzt und ist die Grundlage für die Begleitung des Sterbenden über seinen Tod hinaus,
- der Geist des Toten ist noch zu erreichen und anzusprechen und bedarf deshalb einer verbalen Unterstützung der Trauernden,
- der Sterbende unterliegt einem inneren Todeskampf mit den Mächten des Bösen, einer Anfechtung, wie in Zeiten seines Lebens, die durch wohlwollende Worte von außen unterstützt werden kann und zum Licht und zur Liebe führt,
- der Inhalt der Totenbücher ist nicht nur als Sterbehilfe im eigentlichen Sinn gedacht, sondern auch als lebenslange Vorbereitung auf das Sterben. Es ist eine Klärung des menschliches Geistes, ein Pfad, der zur geistigen Befreiung führt.

O, Zögernder,
der du nicht an das Kommen des Todes denkst,
indem du dich den nutzlosen Dingen dieses Lebens widmest.
Leichtsinnig bist du,
deine große Gelegenheit zu vergeuden.
Irrig ist dein jetziges Trachten,
wenn du mit leeren Händen (aus diesem Leben) zurückkommst:
Da du die heilige Lehre als dein wahres Bedürfnis kennst,
willst du dich nicht auch jetzt noch der
heiligen Lehre widmen?
(W.Y. Evans-Wentz, 1989, S.34)

So bedeutet die Tarot-Karte „der Tod" nicht das Ende einer Entwicklung, sondern ist die Karte der Transformation. Hier und jetzt können wir lernen zu sterben. Wie das Einschlafen ein Abschiednehmen ist von den Dingen des Tages und uns der Schlaf - der kleine Bruder des Todes - auf einen neuen Tag vorbereitet, so ist die tägliche Hinwendung zum Sterben ein Abschiednehmen von Erfahrungen, Gefühlen, liebevollen Begegnungen, festgehaltenen Überzeugungen, religiösen Vorstellungen und Weltanschauungen. Jetzt, heute, morgen, wieder neu Da-Sein, allen Dingen Raum geben und Daseinsberechtigung. Das schafft Respekt, Frieden und Harmonie mit uns, den anderen Menschen und der Natur. Das Loslassen, um das der Sterbende nicht mehr herumkommt, so sehr er sich auch zu seinen Lebzeiten dagegen hat wehren mögen, fällt dem Menschen leichter, wenn er dies geübt und das Nicht-Anhaften praktiziert hat.

Eines der größten Feinde des inneren und äußeren Friedens ist die mangelnde Praxis in der Erfahrung des geistigen Sterbens. Wie könnten die Protestanten und Katholiken in Nordirland, Israelis und Palästinenser und das Talibanregime in Afghanistan ihre Haltung aufrechterhalten, wenn sie die Dimension des geistigen Sterbens gelernt hätten? Sie praktizieren stattdessen lebensverachtende Intoleranz, Unterdrückung, Gewalt und Vernichtung.

Das tägliche Üben im Bewusstsein der Vergänglichkeit und des Wandels ist ein Eintauchen in den fortwährenden Prozess des Sterbens, erweitert den Horizont und beschert uns Respekt und Ehrfurcht vor Lebensüberzeugungen anderer Menschen, die sie für sich als richtig erkannt haben.

Um dem Sterben und dem Tod respektvoll gegenüberzutreten, benötigen beide die gleiche Aufmerksamkeit wie die Geburt oder eine Hochzeit. Und doch, wenn es heißt, Abschiednehmen von den Kindern, den Eltern, dem Partner oder vom eigenen Leben, wird wohl keiner so unbeschwert gehen, aber die alltägliche Praxis der rechten Erkenntnis hilft uns dabei, leichter gehen und loslassen zu können.

Das Festhalten am Leben und das Loslassen aller Menschen und Dinge, die dem Sterbenden wichtig sind, macht die Annahme des Todes so schwer. Aus diesem Grund ist es notwendig, Menschen zu begleiten, die im Sterben liegen. In der Lebensphase des Sterbens, die in einen bedeutenden Wandel mündet und für jeden von uns neu ist, gibt die menschliche Nähe der Anwesenden Kraft und Geborgenheit. Der natürliche Raum des Sterbens ist der des Lebens. Das heißt, in meinem sozialen Umfeld, meiner Wohnung, in meinem Haus, in dem ich die letzten Jahre, vielleicht lange Zeit meines Leben verbracht habe und das mir vertraut ist, müsste ich sterben dürfen. Dies trifft heute immer seltener zu.

Meine Mutter und mein Vater starben beide zu Hause im Kreis der Familie und ich durfte damals miterleben, wie der Tod in unser Haus kam und mir meine Mutter und später meinen Vater nahm. Ich möchte nicht auf diese Erfahrungen verzichten, sie gehören mit zu den Wichtigsten in meinem Leben.

Viele Menschen sterben unter ganz menschenunwürdigen Bedingungen in Krankenhäusern und Altenheimen. Sie werden abgeschoben in leere Abstellräume, ohne eine menschliche Begleitung. Räume, die mit ihnen, ihrem Leben nichts mehr zu tun haben, die kalt und fremd sind. Räume, die sie als Sterbende und das Sterben selbst verdrängen und aus dem Leben aussperren.

Cicely Saunders, eine englische Krankenschwester, Sozialarbeiterin und Ärztin, begründete ein modernes Hospizkonzept und eröffnete 1967 ein Hospiz in London, nachdem um die Jahrhundertwende ein irischer Orden, die Schwestern der Nächstenliebe, die ersten Hospize aufgebaut hatten. Unter dem Einfluss von Elisabeth Kübler Ross entwickelte sich in den USA eine Hospizbewegung, die mittlerweile an vielen Orten der Welt sich für Menschen engagiert, die dem Tod nahe sind.

Der Hospizbewegung geht es um die sensible Wahrnehmung der Bedürfnisse und Wünsche, der Befürchtungen, Ängste und Hoffnungen sterbender Menschen und ihrer Angehörigen und um die tatkräftige Unterstützung in dem anstehenden Sterbeprozess.

Nach Möglichkeit wird versucht, die Menschen in ihrem Zuhause zu begleiten, das ihnen vertraut ist. Ist dies nicht machbar, sind extra für einen würdevollen Sterbeprozess eingerichtete Hospiz-Häuser häufig sinnvoller als Kliniken und Pflegeheime, die dem Sterbenden nicht gerecht werden können.

Der Sterbende darf nicht reduziert werden auf einen unheilbar kranken Symptomträger, der nur noch Geld kostet und allen Menschen zur Last wird. Gerade für alte und kranke Menschen, die ein aktives Leben hinter sich haben, ist es schon selbst schwer genug, sich mit der neuen Situation auseinander zu setzen und damit fertig zu werden, dass sie wie ein kleines Kind auf Hilfe und Pflege angewiesen sind. Die Verkürzung der ganzheitlichen Betrachtungsweise eines Menschen auf seine Nutzlosigkeit ist ein respektloses Verhalten und Verkennen, dass der Sterbende in seinem Leben bis zum Zeitpunkt des Todes den anderen Menschen durch seine Anwesenheit Bereicherung war. Dazu bedarf es einer Sichtweise, die den Menschen in seiner Ganzheit, in seiner Göttlichkeit sieht.

Der alte oder sterbende Mensch eröffnet den Angehörigen und dem Pflegepersonal eine wichtige Dimension des Lebens, die jeder mit Dankbarkeit annehmen sollte. Es führt an existenzielle Themen wie: Was kommt nach dem Tod, welcher Sinn liegt im Leid, welches Gottesverständnis verbirgt sich hinter der Theodizee-Frage, warum lässt Gott dies zu, welchen Sinn kann ich meinem Leben angesichts des Todes und des Leids geben? Die Begegnung mit einem Kranken oder Sterbenden endet also nicht mit seiner Gesundheit oder seiner Produktivität, sondern geht bis zum Tod und über diesen noch hinaus.

In unserer Gesellschaft setzt sich auf der Ebene der Betrachtung und Bewertung des Menschen aber immer mehr die Geisteshaltung durch, den Menschen nur noch unter betriebswirtschaftlichen Gesichtspunkten nach seiner Leistungsfähigkeit und seinem materiellen Beitrag zur Gesellschaft einzustufen. Dies reduziert den Menschen, gleich welchen Alters, auf einen Faktor der Kosten-Nutzen-Rechnung.

Wo bleibt die Erinnerung daran, dass der Sterbende uns als Vater oder Mutter aufgezogen und in seiner Tätigkeit zu Hause oder im Beruf der Menschheit gedient hat? Und dieses Für-uns-Dasein lebt heute noch in uns weiter, so wie das, was aus dem Tun des Sterbenden entstanden ist. Aber, und dies ist mir wichtig zu sagen, es geht nicht darum, dass der Sterbende viel getan hat, also müssen wir jetzt auch... Es geht nur um die Würdigung des Menschen an sich. Niemand, der in diese Welt geboren wird, muss sich erst in irgendeiner Weise einen Platz erarbeiten oder seine „Schuld" abtragen, um respektiert, geachtet und geliebt zu werden. *Niemand!*

Eine Geisteshaltung, die das Menschsein anders sieht, ist unmenschlich und krankt an ihrer herzlosen, eingegrenzten materiellen Sichtweise.

Im Jahre 1999 nahmen sich in unserem Land 4.223 Menschen das Leben, im Alter zwischen 60 und über 90 Jahren. Im Jahr zuvor war es ähnlich. Das Statistische Bundesamt verfügt nicht über die Gründe, die dazu führten. Wir können nur vermuten. Ältere Menschen, von denen man eher annimmt, dass sie gelernt haben, in ihrem Leben zurechtzukommen, bringen sich um.

Ihr aktives Arbeitsleben wird hinter ihnen liegen, sie fühlen sich nicht mehr wertgeschätzt, sondern an den Rand gedrängt, abgelehnt und erleben sich als Last. Sie mögen sich nicht mehr zumuten, mit ihrer Unfähigkeit gesellschaftlich produktiv zu sein oder sogar krank, vielleicht unheilbar krank. Sie haben niemanden mehr, der zu ihnen hält, sie versteht und sich ihrer Sorgen wirklich annimmt. Da mag der Druck zu sehr auf den alten Schultern lasten und der Wunsch, unter den Blicken, die sagen: „Wann macht der endlich die Augen zu", immer größer werden, aus dem Leben zu scheiden, das kein richtiges mehr ist.

Wir sehen also, wie entscheidend die Begleitung, die Betreuung und die Pflege eines Menschen ist, um ihm beizustehen, sein Schicksal anzunehmen. Dies gilt auch für Schwerkranke, die durch eine gute seelische Begleitung und eine wirkungsvolle Schmerztherapie jeden Tag wieder Mut finden können. Dies würde natürlich den Schwerpunkt der rein pflegerischen Arbeit verschieben und durch eine hilfreiche seelische Begleitung ergänzen.

Häufig ist es auch für die Menschen im Umfeld des Sterbenden schwer, mit dem menschlichen Leid täglich konfrontiert zu werden. Immer wieder „erlösen" Pflegekräfte durch aktive Sterbehilfe den doch so schwachen, kranken Menschen, um sich eigentlich selbst von der Last zu befreien. Deshalb ist es unbedingt notwendig, Menschen, die professionell mit Sterbenden und Schwerkranken umgehen, einzubinden in einen Lernprozess zur Stärkung der eigenen Persönlichkeit hinsichtlich einer reifen und weisen Begleitung. Dazu gehört auch die eigene Psychohygiene in Form von Supervision oder Therapie, wie es für andere Berufe, die mit schwer traumatisierten Menschen umgehen, auch notwendig ist.

Gerade jetzt in dieser Zeit, in der die Diskussion um aktive Sterbehilfe zunimmt und die Niederlande diese Möglichkeit gesetzlich legalisiert hat, besteht die große Gefahr, dass der unheilbar kranke und alte Mensch sich immer weniger traut, seinen Wunsch auf weiteres Leben zu äußern.

Es kann zu einem erdrückenden Muss werden, wenn meine Bettnachbarn in ihr Ableben eingewilligt haben und die Pflegepersonen jeden Tag auf mein „Ja" zum Tod warten.

Ebenso kann es zu einem gesellschaftlichen Sog kommen, in dem die Würde des Menschen hinten angestellt wird und aus Gründen des Fortschritts, der Wirtschaftlichkeit und des internationalen Vergleichs eine allgemeine Grundlage zur Tötung von Menschen verabschiedet wird. Es gibt keinen Unterschied zwischen der Würde eines „gesunden" Menschen und eines Menschen, der mit „schwersten gesundheitlichen Einschränkungen" leben muss. In unserem Grundgesetz gibt es eine Grundlage zur Wahrung des Menschenlebens seit 1949, in dem jedem Menschen der Schutz vor Übergriffen, Schädigung, Gewalt und Tötung gewährleistet wird.

Unabhängig davon haben wir kein Recht auf Verurteilung, sondern müssen respektieren, wenn jemand in einer aussichtslosen Situation sich nicht anders zu helfen weiß, als sein Leben oder das eines Angehörigen zu beenden. Das Recht auf Selbstbestimmung des Patienten, des Sterbenden findet natürlich seine Grenzen, wo es gegen das Verbot der aktiven Sterbehilfe verstößt. Das strikte Tötungsverbot in unserem Land betrifft auch den leidenden, zum Tode geweihten Menschen und darf nicht von Personen unterlaufen werden, die diese letzte Phase des menschlichen Lebens nicht begleiten können oder wollen.

Das Miteinander zwischen Arzt und Patient muss vom Grundsatz geprägt sein: *Der Arzt darf nicht mehr tun, als der Patient erlaubt und darf nicht alles tun, was dieser von ihm verlangt.* Der sich im Todeskampf befindliche Mensch darf nicht durch eine Apparatemedizin, durch den falschen Ehrgeiz von Ärzten oder ihrem fehlenden Eingeständnis ihrer Machtlosigkeit gegenüber dem Tod gewaltsam und gegen seinen Willen am Sterben gehindert werden. Der Tod ist etwas ganz Natürliches und willkommen zu heißen, wenn das Leben eines Menschen nicht unter menschenwürdigen Umständen erhalten werden kann. So ist der Wille des Kranken oder der Angehörigen zu respektieren, wenn diese z. B. das Beatmungsgerät abschalten wollen, welches den Patienten nur noch künstlich am Leben hält. Passive Sterbehilfe erlaubt dem Sterbenden endlich, ohne weitere Untersuchungen, Behandlung von sekundären Krankheiten und medizinischen Eingriffen sich vom Tod erlösen zu lassen.

Der kranke und alte Mensch darf kein Objekt der ärztlichen Fremdbestimmung sein.

Vielmehr benötigt der Kranke und Sterbende Menschen um sich herum, die in der Lage sind, dem Leiden ins Gesicht zu sehen und ihnen beistehen.

Eine schwere leidvolle Situation, die ein Mensch in seinem Leben erfährt, kann eine große Wichtigkeit besitzen. Wir müssen den Schmerz, das Leid aus mehreren Dimensionen betrachten. Es ist nicht nur der physische Schmerz, den ein Kranker erlebt, auch wenn die Mitmenschen und Ärzte sich häufig nur auf diesen beziehen. Aber dieser arg strapazierte Leib des Kranken benötigt mehr als nur die lindernde Salbe. Er braucht eine liebevolle Zuwendung, die sich in zärtlichen Berührungen ausdrücken kann und für den Kranken eine Stärkung hinsichtlich seiner Beziehung zu seinem Körper bedeutet, zu dem er eher eine gespannte Beziehung hat, da es ja dieser ist, der ihn mit Symptomen, Schwäche und Altsein konfrontiert.

Der Schmerz eines Kranken hat immer eine seelische Seite, auch diese sollte beachtet und gewürdigt werden. Ein Sterbender, bzw. seine Angehörigen, werden sich häufig bewusst, welche unausgesprochenen und ungeklärten Themen in ihnen vorhanden sind und zwischen ihnen bestehen, die die letzte Phase des gemeinsamen Lebens sehr belasten können und einen liebevollen Kontakt erschweren. Die Zeit, die dem Menschen bleibt, um „unerledigte Geschäfte", wie man im therapeutischen Kontext sagt, zu erledigen, ist dann nur noch sehr begrenzt. Insbesondere wird eine Klärung dadurch erschwert, dass es sich um Themen handelt, die ihre besondere Geschichte haben und schon lange den Betreffenden auf dem Herzen liegen. Häufig handelt es sich um Ungerechtigkeiten, Kränkungen, Verletzungen und Enttäuschungen.

Viele Menschen fragen sich, ob man denn mit Sterbenden noch ungeklärte Themen und Gefühle ansprechen darf. Nach meinen Erfahrungen ist es eher die eigene Angst vor dem, was dann kommen könnte, und das Unvermögen, einen Anfang zu machen. In Beziehung, in Begegnung bleiben, bis zum Tod und über den Tod hinaus, das ist eine Chance, gemeinsam zu lernen und zu wachsen. Wenn eine Aussprache möglich ist, öffnet sich ein neues Tor.

Es ist das Tor der Liebe!

Dieses war oftmals verschüttet unter einem Haufen von Schuld-, Scham und Wutgefühlen. Die bis dahin vergangene Zeit hat nur notdürftig etwas Gras darüber wachsen lassen. Nichts ist für den Sterbenden und die Angehörigen bereichernder und erlösender als eine Klärung, die es wieder ermöglicht, dass Wärme und Liebe fließen und ein Abschied in Frieden eröffnet wird.

Viele Menschen erlebe ich, die noch lange nach dem Tod einer nahen Person unausgesprochene Gefühle und Gedanken mit sich herumtragen und erst in einem verspäteten, nachgeholten Gespräch mit dem Verstorbenen Erlösung finden. Auch Menschen, die alleine ohne Angehörige sterben müssen, benötigen eine Hilfe von außen, um ihre Seele erleichtern zu können.

Der Abschied vom sozialen Umfeld, die soziale Trennung ist ein weiterer Schmerz, den der Sterbende durchleidet. Damit ist nicht nur gemeint, dass der Mensch in den meisten Fällen im Krankenhaus oder Pflegeheim sterben muss, sondern die Erfahrung der Trennung von Nachbarn, Freunden und einem Rückzug von Familienangehörigen, die nicht recht wissen, wie sie mit dem Sterbenden umgehen sollen. Ebenso entziehen sich verunsicherte Ärzte und Pflegekräfte und lassen bis auf die notwendige Versorgung den Sterbenden allein. Das Gewahrsein eines mitfühlenden Menschen ist ein großer Trost beim Überschreiten der Schwelle zum Tod. Die Hospizbewegung sieht gerade auch hier ihren Schwerpunkt und kann Unterstützung dort geben, wo die Kommunikation erschwert ist oder Angehörige sich überfordert fühlen. Das Schaffen einer vertrauensvollen Atmosphäre, in der Geborgenheit entsteht, hilft den sozialen Schmerz der Trennung zu durchleben.

Als letzten Aspekt möchte ich die spirituelle Dimension von Schmerz ansprechen. In diesem Bereich ist nicht nur der Sterbende in besonderer Weise betroffen, sondern auch die Angehörigen, bzw. die Begleiter. Es geht dabei um die Dimension von: Welchen Sinn hatte mein Leben? Wo gehe ich jetzt hin? Was für einen Sinn hat die menschliche Existenz überhaupt? Woher kam ich?

Es ist ein Prozess des schmerzhaften Infrage-Stellens, und Infrage-Gestellt-Werdens, der die anderen, mehr irdischen Bereiche überschreitet. Und dieser Bereich darf vom Helfer nicht gemieden werden, sondern setzt in besonderer Weise damit eine Auseinandersetzung für ihn voraus, um auch den Sterbenden in diesem Bereich begleiten zu können. Das tiefere Verständnis von Religion, als Erfahrung des Lebens und des Todes selbst, führt über beide hinaus zur absoluten Essenz und ist somit Trost und Unterstützung im Prozess des Loslassens.

Stellen Sie sich vor, Sie wären der Sterbende oder ein Hinterbliebener. Würde Ihr Sterben nicht erleichtert, wenn alle vier Schmerzbereiche gut durchlebt worden wären und würden Sie als Hinterbliebener nicht anders Abschied nehmen können und die folgende Trauerzeit nicht eine andere Qualität haben, wenn alles zur Sprache kommen konnte?

Wir müssen wieder lernen, Schmerzen und die damit zusammenhängenden Prozesse zu würdigen.

Es sterben aber nicht nur alte und kranke Menschen. Kinder sterben vor bzw. bei der Geburt. Die Mütter und Väter konnten nie ihr lebendes Kind in den Armen halten. Es gibt Entscheidungen von Eltern, die zu einer Abtreibung führen, wodurch ein wachsendes Lebewesen getötet wird. In der Vergangenheit wurden diese Schmerz- und Trauererfahrungen nicht adäquat gewürdigt. Grund dafür waren häufig Scham- und Schuldgefühle und die Angst vor wenig Verständnis und Mitgefühl von anderen Menschen. Bei Abtreibungen kommt dazu, dass die Mutter wenig Zeit hatte, sich auf das Lebewesen einzulassen, bzw. dies auch gar nicht wollte. Gerade bei Abtreibungen fehlt es häufig an respektvollem Verhalten gegenüber der Mutter und dem Embryo, das möglichst ohne dass die Mutter es verabschieden kann, zur wirtschaftlichen Ausbeutung weitergereicht wird.

Ich erlebe es häufig, dass in therapeutischen Prozessen schon lang zurückliegende Fehlgeburten und Abtreibungen eine neue Bedeutung erfahren, da die damalige Erfahrung nicht entsprechend emotional gewürdigt und in die Persönlichkeit integriert wurde. Erst Gespräche mit dem verstorbenen bzw. getöteten Wesen lassen die alte seelische Wunde schließen.

In diesem Bereich sterben nicht nur Kinder, sie werden in den Familien oft totgeschwiegen. Schwer ist dies insbesondere für Geschwisterkinder, die das, was sie nicht richtig verstanden haben, auch nicht besprechen durften.

Lernen wir angesichts des Leides und des Todes so zu leben, dass kein neues Unrecht geschieht, und gelangen wir zu einer Kunst des Lebens, die jeden Augenblick mit der gleichen Achtsamkeit und Tiefe lebt, als wäre es der Letzte in unserem Leben.

Lebe
als müsstest du heute sterben;
stirb,
als wärest du unsterblich!

*Ins neue Leben
Larvenhülle entsteigend
Die Libelle fliegt.*

Terrorismus

Das Telefon klingelt. Ich melde mich und freue mich, die Stimme meines Sohnes zu hören, der mit seiner zwölften Klasse zu „Tagen der religiösen Orientierung" in eine Bildungsstätte gefahren ist. Vorwurfsvoll fragt er: „Papa, guckst du denn nicht Fernsehen? Das World Trade Center ist zerstört worden. Entführte Flugzeuge sind direkt in die Gebäude und ins Pentagon geflogen. Es gibt Tausende von Toten. Alles ist ganz schrecklich."

Seine Stimme überschlägt sich, bis ich sagen kann: „Ich komme gerade aus einer Therapiesitzung und weiß noch von gar nichts." Ich höre ihn weiterreden.

„Wir haben das Seminar heute Nachmittag sofort abgebrochen. Du musst unbedingt fernsehen."

Ich fühle mich wie benommen, schau auf meine Uhr, kurz nach 18.00 Uhr, und sage: „Ja, ich habe jetzt Zeit."

Wir verabschieden uns. Meine Gedanken wirbeln durcheinander. Irgendwie erscheint mir alles unwirklich. In meiner letzten Therapiesitzung ging es um einen schrecklichen familiären Missbrauch, der sich über Jahre hingezogen und unvorstellbare Ausmaße angenommen hatte. Nach dem mitfühlenden, hautnahen Dasein für die Person, die dieses unsägliche Leid ohne Hilfe als Kind und Jugendliche erleben musste, bricht jetzt etwas über mich ein, das zwar tausende von Kilometern weit weg ist, dem ich mich aber nicht, und sich wohl auch kein anderer Mensch, entziehen kann.

Ich sitze vor dem Fernseher und werde mit Bildern konfrontiert, die eine Katastrophe zeigen, welche ich nicht für möglich gehalten habe. Es sind gespenstig wirkende Aufnahmen von Explosionen, durch zwei Flugzeuge ausgelöst, die in zwei mit Tausenden von Menschen besetzten Wolkenkratzer fliegen. Die Passagiere der beiden Maschinen können teilweise ihren Angehörigen übers Telefon noch einen letzten Lebensgruß senden, dann sterben sie in einer ungeheueren Explosion beim Aufprall in das World Trade Center.

Hilfe suchende, winkende Menschen sind in ihrer Todesangst zu sehen und Personen, die aus Hunderten von Metern Höhe in den Tod springen. Eine Zeit danach stürzen die größten Häuser der Welt in sich zusammen und beerdigen über 3000 Menschen unter sich.

Ich traue meinen Augen nicht, kann erst nicht glauben, dass diese Nachricht, diese Bilder, die das ganze Unglück aufgezeichnet haben, wirklich Realität sind. Immer wieder schaue ich mir an diesem Abend die gleichen Bilder an, um zu verstehen, was nicht zu verstehen ist, um etwas in meinen Kopf hineinzulassen, gegen das ich mich in meinem Herzen wehre, dass es der Wahrheit entspricht.

Wenige Personen benutzen Hunderte, um Tausende geplant, absichtlich umzubringen und damit Millionen weltweit in Angst und Schrecken zu versetzen.

Besonders erschreckend bei diesem Attentat ist die Kaltblütigkeit und Herzlosigkeit, mit der Menschen eine Tat planen und ausführen konnten, die bisher jede Dimension von Terror weit überschreitet.

Die Live-Bilder konnten das Ausmaß des Schreckens nicht einfangen. Zusammenstürzende Häuser aus Stahl und Beton in einer Wolke aus Staub, verbargen das große, nicht beschreibbare Ausmaß an persönlicher Not und Angst, die jeder Einzelne in der Zeit seines herannahenden Todes erleben musste.

Mütter und Väter waren morgens zur Arbeit gegangen und hatten sich von ihren Partnern und Kindern auf ein Wiedersehen verabschiedet. Sie kamen nicht in die Arme ihrer Familien zurück.

Über Tausende von Familien aus über 80 Ländern der Welt brach ein Trauma herein, das nicht fassbar war und noch lange seine Spuren hinterlassen wird. Hinter all den Zahlen und unter den Trümmern verbirgt sich das einzelne Leid von Menschen, die verletzlich waren und nichts als in Frieden leben wollten.

Nicht nur Amerika reagierte entsetzt und stürzte durch diesen Terroranschlag in Angst und großes Entsetzen. In aller Welt hielten die Menschen inne, legten ihre Arbeit nieder, in stillem Gedenken an die Opfer, bekundeten ihre schmerzliche Betroffenheit in Schweigemärschen und Gedenkgottesdiensten. Eine noch nie dagewesene, Grenzen überschreitende Bekundung von Mitgefühl, Solidarität und Unterstützung mit den Betroffenen zeigte deutlich, wie verabscheuungswürdig diese mörderischen Attentate waren.

Sie gruben sich tief in das Bewusstsein und die Herzen aller Menschen ein. Eine Nation, die sich als stark und unverletzlich wähnte, wird an ihren äußeren Statussymbolen, dem World Trade Center und dem Pentagon, stehend für Macht, Reichtum und Stärke, empfindlich getroffen.

Die USA stürzte durch diesen Überfall in einen Ausnahmezustand, da auf vielen Ebenen gleichzeitig gehandelt werden musste. Rettungsmaßnahmen mussten koordiniert, Sicherheitsvorkehrungen gegen weitere Attentate veranlasst werden. Die Suche nach möglichen Tätern musste beginnen und der Alltag, der nie wieder so sein würde wie vorher, bedurfte eines neuen Anfangs.

Allzu schnell ging die nicht genügend gelebte Trauer und der Schmerz unter in den kriegerischen Aktivitäten, die die Ergreifung und Bestrafung der Täter zum Ziele hatten. Noch lange Jahre wird man benötigen - und insbesondere diejenigen, die Freunde und Angehörige verloren haben -, um mit diesem Trauma fertig zu werden. Aber diese Attentate waren nicht nur traumatisierend für Tausende von Individuuen, sondern für das ganze Land Amerika, und so ist auch eine angemessene Trauerarbeit notwendig, die von der ganzen Nation geleistet werden muss. Aber im Vordergrund stand das Durchleben des herrschenden Schocks und die Angst vor dem, was noch kommen könnte. Gleichzeitig erforderte die Lage eine Demonstration von Stärke und den Willen die Terroristen für ihre Taten zu bestrafen.

In den ersten Wochen nach dem 11. September lief die Suche nach den Tätern auf Hochtouren. Militärische Aktionen bombardierten die zu Bin Laden gehörige Al Qaida und das ihn unterstützende Talibanregime in Afghanistan. Die Spirale der Gewalt und der damit verbundenen neuen Ungerechtigkeiten begann in Schwung zu kommen und sich weiter zu drehen. Die ersten unschuldigen armen Menschen der afghanischen Bevölkerung wurden auf ihrer Flucht getötet und soziale Einrichtungen von amerikanischen Bomben zerstört.

Notwendig und unerlässlich drängen sich Fragen auf, die über die Täterfrage und das international verknüpfte Netz von Terrorismus und die nun zu treffenden Sicherheitsmaßnahmen hinausgehen.

Gehen wir nicht dem Ursprung des Terrorismus auf den Grund und lösen wir nicht die damit zusammenhängenden Probleme, kann es keine andauernde Entspannung und schon gar keinen Frieden geben.

Zur Zeit erleben wir, wie ein Wandel sich im Bereich des Terrorismus vollzieht, der durch die enorme Wucht des Terrors nachhaltig schwere Auswirkungen auf die ganze Menschheit hat. Und es ist nicht absehbar, wohin das Attentat vom 11. September 2001 noch führt.

Terroristen gehen heute anders als früher vor und verfügen über ein umfangreiches Know-how. Dies zeigte sich durch die Milzbranderreger, die die Menschen in Angst versetzten. Terroristen nutzen biologische und chemische Substanzen. Biologische Agenzien (Pathogene, wie z.B. Viren oder Bakterien) und chemische Substanzen sind leichter zu beschaffen, weil sie entweder hauptsächlich aus medizinischen Gründen gehandelt werden (biologische Agenzien) oder legal erworben werden können (chemische Substanzen), deshalb bezeichnet man biologische und chemische Kampfstoffe häufig als „die Atombombe der Armen". Das Wissen, wie mit solchen Agenzien und Substanzen umzugehen ist, ist öffentlich verfügbar, z.B. durch Bücher auf dem US-Markt, wie „The Poisoner's Handbook" oder „Silent Death". Terroristen-Experten sind in der Vergangenheit noch davon ausgegangen, dass eine derartige terroristische Option nicht sehr wahrscheinlich ist. Nach den beiden Anschlägen der Aum-Sekte mit chemischen Substanzen (Sarin) in Japan hat sich diese Haltung verändert. Bei ihrem ersten Anschlag in Matsumoto tötete sie sieben Menschen und verletzte ca. 500. Ihr zweiter Anschlag in der Tokioter U-Bahn tötete zwölf Menschen und verletzte ca. 5.500. Die Aum Shinrikyo-Sekte beabsichtigte, wie die jetzigen Terroristen auch Aufmerksamkeit und intensive Presseberichterstattung auf der ganzen Welt zu bekommen, was ihnen damals wie heute auch gelang. Somit wird in der Zukunft nicht unbedingt die Effizienz des Anschlages das Kriterium für die terroristische Nutzung biologischer oder chemischer Kampfstoffe sein, sondern deren publizistische Massenwirkung. Eine weitere Tatsache, die verstärkt Anlass zur Sorge gibt, ist, dass es der Aum Shinrikyo Sekte und der Gruppe um Osama Bin Laden gelang, über Jahre hinweg, ihre Attentate vorzubereiten, ohne entdeckt zu werden.

Die Welt muss aber noch eine Art von modernem Terrorismus fürchten, den Cyber-Terrorismus. Darunter versteht man Anschläge von Terroristen auf Informationsstrukturen. Dies wird als neue Bedrohung diskutiert, mit der Terroristen die Welt herausfordern können. Cyber-Terrorismus ist nicht mehr wie vor einigen Jahren pure Science Fiction, sondern eine reale Bedrohung, obwohl hierfür bisher erst sehr wenige Beispiele gegeben werden können. Am 2. Juni 1996 berichtete die „London Times" bereits, dass zwischen 1993 und 1996 über 40 Anschläge auf Computersysteme von Finanzorganisationen in New York, London und anderen Städten ausgeführt wurden. Was Hackern möglich ist, kann ebenso für terroristische Zwecke genutzt werden. Natürlich können Terroristen auch von den Entwicklungen des Informationszeitalters profitieren. Während einige US-Studien die konkrete Bedrohung eher niedrig einstufen, weisen dennoch die meisten Studien zu Recht darauf hin, dass die post-modernen Gesellschaften in zunehmendem Maße von der Informationstechnologie abhängig sind. Gerade deshalb ist eine erhöhte Aufmerksamkeit gegenüber dieser neuen Art terroristischer Aktivitäten angezeigt, zumal nicht gerade wenig Möglichkeiten zu Manipulationen für Terroristen existieren.

Der „Osama Bin Laden-Typ" ist ein neuer Typ des Terroristen, den, wie viele Wissenschaftler argumentieren, die erwähnten Veränderungen im Bereich des Terrorismus und seines Umfeldes hervorgebracht haben. Bin Laden kann beschrieben werden als „Privatterrorist" mit einer „Privatarmee," die er, basierend auf einem pervertierten Verständnis des Islam, für seine Interessen und Ziele einsetzt. Der „Händler und Bankier des Terrors" versteht Terrorismus auch als Marketing, wobei er diesen mit dem Geschäft mischt. Er benutzt kommerzielle Kontakte in zuvor nicht gekanntem Ausmaß zur Finanzierung seiner terroristischen Aktivitäten.

Seine enormen finanziellen Ressourcen (durch Erbschaft erworben) wurden, so vermuten Experten, in den europäischen Geldmarkt geschmuggelt. Weitere Gelder befinden sich in Ländern, die elektronischen Geldtransfer zulassen und es mit der Überprüfung der Herkunft der Gelder nicht so genau nehmen. Der Großteil seiner Gelder ist in legalen Geschäftsaktivitäten und Transaktionen verborgen. Verdeckte Finanz- und Handelsagenturen in Europa, der islamischen Welt und den USA verwalten seine Gelddepots. Ihm wird nachgesagt, Geschäftskontakte zu mehr als 80 Partnern weltweit zu unterhalten. Vielleicht wissen einige seiner Geschäftspartner nicht einmal, für wen sie arbeiten. Eine von Bin Ladens Methoden ist es, seine finanziellen Ressourcen einzusetzen, um neue Freunde zu gewinnen, z.B. durch Investitionen in eine Bank im Sudan. Diese Mixtur von Geschäftsaktivitäten und Terrorismus wurde auch in Kenia angewandt, wo Bin Laden in eine Fisch verarbeitende Fabrik investierte, die später als logistische Basis für den Anschlag auf die US-Botschaft diente.

Stephen Emerson, amerikanischer Terrorismus-Experte, stellte fest, dass Bin Ladens besondere Fähigkeit darin besteht, effektiv verschiedene Netzwerke miteinander zu verbinden und seine große Stärke ist, verschiedenartige Interessen zu konsolidieren.

Heutzutage müssen sich die post-modernen Gesellschaften verstärkt darauf einstellen, mit solchen neuen Terroristentypen umzugehen. Die Bedrohung und Gefahr geht über die Person Bin Ladens weit hinaus. Ihre finanziellen Ressourcen machen den neuen Typus relativ unabhängig, legale und illegale Geschäfte gehen Hand in Hand. Sie benötigen keine festen Organisationsstrukturen und sind daher sehr schwierig zu entdecken.

Es wird allerhöchste Zeit, den Terrorismus zu isolieren und ihm den Rückhalt bei allen Menschen zu entziehen. Ich möchte deshalb mit einer Betrachtungsweise beginnen, die das Problem überschaubarer macht, die Wirkmechanismen und Dynamiken verdeutlicht, die meiner Meinung nach mit jedem, auch diesem aktuellen Terrorismus zu tun haben und gleichzeitig Lösungsansätze beinhalten.

Gehen wir einmal davon aus, dass wir *Eine Familie* sind. Damit meine ich natürlich nicht nur die Amerikaner unter sich oder die zivilisierte Welt, die in vielen Reden hervorgehoben und angegriffen wurde. Zur *Einen Familie* gehören *alle Menschen* auf dieser Welt, es ist ganz egal, wo der Einzelne geboren worden ist, welcher Religion er angehört, ob, um nur die großen Weltreligionen zu nennen, dem Islam, dem Christentum, dem Hinduismus, dem Buddhismus oder dem Judentum. Ich weiß, dass viele Menschen sagen werden: „Wir können bei den vielschichtigen Unterschieden in der Menschheit nicht *Eine Familie* sein."

Es mag sein, dass einige Menschen sich dies nicht vorstellen können, nichtsdestoweniger sind wir *Eine Familie*, wie wir auch *Eine Welt* sind! Immer deutlicher spürbar werden die weltweiten Verknüpfungen untereinander. Es ist schon lange nicht mehr so wie früher, wo jedes Land versuchte, unabhängig für sich zu leben. Nicht nur die wirtschaftlichen Abhängigkeiten und Verknüpfungen tragen dazu bei, sondern insbesondere die weltweiten klimatischen Katastrophen und die Verknappung der Ressourcen. Vernichten z.B. in Südamerika Wirtschaftsunternehmen den Regenwald, hat dies negative Auswirkungen auf den gesamten blauen Planeten.

Die Ursache für unser gemeinsames weltweites Problem, die ein guter Nährboden für Extremismus und Terrorismus ist, liegt darin, dass wir uns so verhalten, als wären wir nicht *Eine Familie*, nicht *Eine Welt*!

Das Bild der *Einen Familie* beinhaltet eine Ordnung, die zur Stabilität und zum Frieden der Familie beiträgt, in der jeder einen Raum für seine persönlichen Entwicklungsmöglichkeiten hat. Die individuellen Wesenszüge, die auf Entfaltung angelegt sind, werden von gegenseitigem Respekt getragen. Dazu gehört es, dass jeder in der Gemeinschaft von allen gewürdigt wird, für seinen Beitrag zur Familie. Dieser Beitrag ist nicht orientiert an Leistung und Pflichterfüllung oder Angepasstheit und Konformität, sondern durch *Da-Sein* an sich. In einer großen Familie ist eine Verbundenheit gegeben, aus der sich eine innere Verpflichtung ergibt, für das Wohlergehen aller anderen zu sorgen. Diejenigen, die neu in die familiäre Gemeinschaft geboren werden, erleben eine Atmosphäre, die getragen ist von einer tiefen Liebe untereinander, mit dem Wissen, dass es bis auf die äußeren Erscheinungsformen, wie z.B. jemand ausschaut, welchen Interessen er nachgeht, welche Fähigkeiten ihn auszeichnen, doch ein gemeinsamer Ursprung besteht. Und dieses Gemeinsame ist der göttliche Ursprung, unser aller Buddha-Natur. Wenn nun alle Mitglieder dieser *Einen Familie* dies in ihrem Bewusstsein tragen und diese damit verbundenen Werte an die nachfolgenden Jüngeren weitergeben, nicht nur in Form von Geschichten, Bildern und geschriebenem Wort, als heilige Bücher ausgegeben, sondern vornehmlich und unabdingbar im persönlichen *Vor-Leben*, dann ist es nicht anders möglich, als dass sich die Liebe und die gegenseitige Achtung fortpflanzen.

Was hat uns bisher gehindert, uns als *Eine Familie* zu sehen und entsprechend zu leben? Die Antwort ist nicht schwer; es liegt vornehmlich daran, dass es bequemer und einfacher für den einzelnen Menschen ist, und er so seine egoistischen Ziele effektiver verfolgen kann. Wir können in Ruhe für unseren Wohlstand, unser Wohlsein sorgen und brauchen keine Verantwortung für die anderen Menschen zu übernehmen. Jeder ist seines Glückes Schmied, wie es so schön heißt. Dies lässt sich aber allenfalls von Menschen behaupten, die unter gleichen Bedingungen und Verhältnissen aufwachsen. Aber auch das greift zu kurz, denn der Mensch ist ein abhängiges Wesen und somit auf sein Umfeld angewiesen.

Wenn Sie dieses Buch lesen, werden Sie nicht gleichzeitig in einem der zahlreichen Slums auf dieser Welt sitzen und nicht wissen, wie Sie am morgigen Tag Ihre Familie ernähren sollen. Ebenso wenig werden Sie, wie zahlreiche Kinder dieser Welt, am Rande der Unterernährung, im Gegensatz zu einigen Ihrer Geschwister, gerade noch am Leben geblieben sein und immer noch unter der damaligen Unterernährung leiden. Auch gehören Sie nicht zu den Kindern in Afrika, deren beide Eltern an AIDS verstorben sind und die sich allein durchkämpfen müssen.

Jeder von uns, der die Situation der Menschheit auf diesem Planeten einmal nicht aus seiner egoistischen Perspektive betrachtet, sondern von einer Meta-Ebene her, einer Ebene, die von außen mit Abstand das menschliche Miteinander anschaut, der wird erkennen, dass eine Vielzahl von unmenschlichen Lebensbedingungen, Grausamkeiten, Missachtungen und Grenzverletzungen vorliegen. Man braucht nicht erst Therapeut zu sein, um diese schrecklichen Ungerechtigkeiten wahrzunehmen, denen alle Personengruppen ausgesetzt sind, aber wenn wir täglich mit den Kommunikations- und Interaktionsstrukturen, Verletzungen und Leid zu tun haben, die aus dem menschlichen Miteinander entstehen, dann wächst daraus eine Sensibilität für das Fehlen der Liebe, das Unrecht und eine Erkenntnis über die Aufhebung von Unrecht und die Rückbesinnung auf die Liebe.

Der terroristische Anschlag mit entführten, unschuldigen Menschen auf Tausende von nichts ahnenden, wehrlosen Menschen, ist durch kein, wie auch immer aussehendes, vorheriges Unrecht zu rechtfertigen. Ebenso ist eine religiöse Herleitung und Rechtfertigung für eine solche verbrecherische Tat in keiner Weise möglich.

Es hat Menschen gegeben, die eine hämische Freude bei diesem Attentat verspürten, da die große Weltmacht USA aus ihrem Traum der Unverletzlichkeit herausgerissen wurde, aber diese Personen waren von ihrem Hass geblendet und konnten nicht mit dem Herzen mitempfinden, wie die anderen Menschen dieser Welt, die allesamt diesen Anschlag einhellig verurteilten.

Der erste wichtige Schritt nach einem geschehenen Drama ist nicht die Tötung der verdächtigen Täter, sondern ihre Festsetzung, damit sie kein weiteres Unheil anrichten können. Die Leitlinie muss dabei sein, nicht in den gleichen Hass zu verfallen, der dem der Angreifer entspricht und nicht den eigenen persönlichen Gefühlen nach Rache und Vergeltung Raum zu geben, die in sich auch verbrecherisch sind und zu weiteren verabscheuungswürdigen Gewaltakten führen. Dies ist eines der schwierigsten Dinge, für die die Verantwortlichen zu sorgen haben, gerade dann, wenn sie eigentlich die Stärkeren und Mächtigeren sind. Kriegsaktivitäten, die unschuldige Menschen und Güter treffen, schaffen weiterhin Unrecht, entfachen eine neue Wut und führen zu offenem bzw. unterdrücktem Hass, der aus Gründen der Achtung anderer Menschen und ihrer Werke unbedingt vermieden werden muss. Andernfalls folgt daraus nur eine weitere Drehung an der Gewaltspirale bzw. schafft das nötige Potenzial dazu.

Ein wesentlicher Schritt auf dem Weg zu einer Bekämpfung und entsprechender Verurteilung von Terroristen und nach eigener Willkür herrschenden Despoten wäre die baldige Einrichtung eines internationalen Gerichtshofes unter der Leitung der UNO. Dieses Vorhaben befürworten und unterzeichneten bisher 120 Länder, darunter auch die Vereinigten Staaten mit ihrem damaligen Präsidenten Bill Clinton. Dies hat der neue Präsident George Bush wieder zurückgenommen. Er verbietet sogar per Bundesgesetz allen Behörden eine Zusammenarbeit mit dem zukünftigen Gerichtshof. Somit reiht sich die USA mit den drei weiteren Gegnern des internationalen Gerichtshofes in eine Reihe ein, dem Irak, Libyen und Afghanistan. Zu sehr sind die USA darauf bedacht, die Kontrolle, bzw. mindestens über ein Vetorecht in Gremien zu verfügen, als einen Weg zu beschreiten, nach dem alle Mitglieder der *Einen Familie* bei Fehlverhalten, nach gleichem internationalen Recht verurteilt werden können.

Das Bestreben muss in Zeiten des Terrorismus sein, alle anderen Menschen für die menschenverachtende Weise der Taten zu sensibilisieren und spätestens dann zu einer grundlegenden, für alle verpflichtenden Ächtung von Gewalt zu kommen, die eine gefühlsmäßige Verbundenheit schafft. Diese Grundlage ist bei der Festsetzung der verantwortlichen Täter wichtig, da daraus eine Solidarität aller anderen Familienmitglieder erwächst, die zu einer Entschlossenheit führt, die Schuldigen nach den geltenden Gesetzen, unter Berücksichtigung der Menschenrechte zu bestrafen. Zur Entmachtung der Terroristen gehört, wie es auch geschah, der Entzug aller Macht- und finanzieller Mittel der Täter. In den vorherigen Kapiteln ist an vielen Stellen von mir angemahnt worden, frühzeitig Grenzen zu setzen, wenn die persönliche Würde des Einzelnen oder Gruppen verletzt worden ist. Allzu lange ist rechtsradikalen und religiös fundamentalistischen Gruppen Raum gegeben worden, ihre Propaganda zu verbreiten und somit geistige Grenzverletzungen neben ihren Gewalttaten zu begehen.

Gerade von religiösen Gruppierungen, welcher Religion auch immer, muss erwartet werden, dass sie in einer Weise ihre Lehre verkünden und danach ihr Handeln ausrichten, die keine geistige Verunglimpfung zulässt oder Mitglieder verführt bzw. aufstachelt, andersgläubigen Menschen mit Respektlosigkeiten oder sogar Mord zu begegnen. So wie wir unseren Kinder sagen müssen: „Du darfst dich nicht über den Nachbarjungen erheben, nur weil er aus einem anderen Land zu uns gekommen ist", so müssen wir jedem Erwachsenen zu verstehen geben, dass er Unrecht tut, wenn er sich über andere Menschen stellt oder gar meint, Andersgläubige oder -lebende hätten keine Existenzberechtigung und müssten vernichtet werden.

Wenn sich etwas auf unserer Erde, in unserer großen Familie ändert, dann nur, weil jeder von uns damit beginnt und nicht darauf wartet, dass der andere den ersten Schritt tut. Das Christentum hat im Laufe seiner Geschichte große Veränderungen durchgemacht, die durch die religiöse Reformation, die Zeit der Aufklärung und der Modernen entstanden sind. Es hatte zu Zeiten seiner Kreuzzüge ähnliche fanatische Absichten und tötete Andersgläubige, wie es heute die radikal fundamentalistischen Moslems befürworten. Eine ausreichende Klärung des Verhältnisses von Politik und Religion ist erst durch das zweite vatikanische Konzil (1962 - 1965) vollzogen worden, in dem die moderne Religionsfreiheit und die Menschenrechte Anerkennung fanden.

Insbesondere hat sich die römisch-katholische Kirche bis in die allerneueste Zeit ständig in die Politik eingemischt. Bis weit ins 20. Jahrhundert hat sie sich gegen eine historisch-kritische Bibelauslegung gewehrt. Gerade deshalb, weil sich, nur zeitverschoben, die großen Weltreligionen von gleichen geistigen Verblendungen leiten ließen, können Christen in einem besonderen Maße Gesprächspartner für Muslime sein, die verbohrt sind in mittelalterliches fundamentalistisches Gedankengut, das Frauen ihrer Menschenrechte beraubt und Andersgläubige nicht achtet und respektiert.

Nahe liegend ist doch, dass die Menschen, die auf ihre Religion vertrauen und stark in ihrem Glauben eingebunden sind, mit einem Lächeln in diese Welt gehen können und durch ihre Ausstrahlung und ihr Handeln andere Menschen anstecken müssten, den gleichen Weg zu gehen. Und sie müssten tolerant sein jeder anderen Religion gegenüber, da sie innerlich fest mit ihrer Religion verwurzelt sind. Toleranz hinsichtlich der Achtung anderer Religionen ist besonders im Buddhismus ausgeprägt. Ich habe dies persönlich erleben können und war sehr berührt, als ein japanischer Zen-Priester bei mir zu Besuch war und wir ein Benediktinerkloster besuchten. Seine Achtsamkeit, sein Respekt und die Würdigung der ihm fremden Religion zeigten sich in seinem Blick, seinen Bewegungen und seinem Umgang mit dem Gebetsbuch, sowie in seinem Interesse an dem christlichen Weg. Jedes Wetteifern, jede Konkurrenz lag ihm fern. Nirgends habe ich überzeugendere Menschen getroffen als im Zen-Buddhismus. Dies zeigte sich nicht nur in ihrer Gesinnung, sondern - und das ist letztlich entscheidend - in ihrem ganz alltäglichen, praktischen Umgang mit sich, den Mitmenschen, den Tieren, den Pflanzen und Mineralien.

Wenn jemand von seiner Lebensweise, seinem spirituellen Weg überzeugt ist, dann darf er doch ganz darauf vertrauen, dass dies auch auf andere suchende Menschen eine Anziehung ausübt. Beruhte nicht die Anziehung Jesu auf seiner besonderen, liebenden Weise, ins Leben, unter seine Mitmenschen zu treten? Versucht aber jemand mit Gewalt, wie es die Christen über Jahrhunderte praktiziert haben und die heutigen fundamentalistischen Moslems es tun, dann frage ich mich, wie sicher stehen sie in ihrem Glauben, wie sehr ist dieser Weg, den sie gehen, ein Weg des Herzens, der zum inneren Frieden mit sich, den anderen Menschen und der Natur führt?

Erheben Menschen eine Religion über andere Religionen und möchten die Ihre zur Weltreligion machen, dann beschwören sie damit durch ihre eigene Verblendung einen Krieg der Religionen herauf. Es gibt einen göttlichen Ursprung, das eine Absolute, aber es gibt viele Wege, die dorthin führen. Und die größte Aufgabe in unserer Zeit besteht darin, mit Achtung und Toleranz jeden Menschen seinen Glauben und seinen Weg zu Gott gehen zu lassen. Das bedeutet für die Vertreter der Weltreligionen nicht einen kleinlichen Kampf um die unterschiedlichen Zugänge, die zu Gott führen, sondern sofort einen Dialog mit allen zur Verfügung stehenden Kräften aufzunehmen, in dem das gemeinsam Verbindende, das Göttliche selbst, als Begegnung spürbar und erfahrbar wird.

Der erste Übungsweg der Achtsamkeit aus dem Orden „Intersein", gegründet vom Zen-Buddhist Thich Nhat Hanh (1998, S.34) hilft uns dies deutlich zu sehen:

Im Bewusstsein des Leidens,
das durch Fanatismus und Intoleranz entsteht,
sind wir entschlossen,
Lehrmeinungen, Theorien oder Ideologien,
einschließlich der buddhistischen,
nicht zu vergöttern
und uns nicht an sie zu binden.
Buddhistische (christliche, islamische, jüdische und hinduistische, Anm. d. Verf.) Lehren sind Hilfsmittel,
die es uns ermöglichen,
durch tiefes Schauen Verstehen und Mitgefühl zu entwickeln.
Sie sind keine Dogmen,
für die
gekämpft,
getötet
oder
gestorben
werden sollte.

In einer interreligiösen Begegnung und dem gemeinsamen Praktizieren, läge eine große Chance, der gegenseitigen Bereicherung in der Erfahrung der Liebe, die alles Trennende überschreitet.

Wir müssen erkennen, dass es beim Beten nicht entscheidend ist, ob wir die Hände falten, sie zusammenlegen oder uns niederwerfen; vielmehr geht es darum, dass wir das in uns anwesende göttliche Sein, die allumfassende Liebe persönlich erfahren und in diese Welt hineintragen. Und da darf niemand ausgeschlossen werden wegen seiner Religion, seiner Hautfarbe und seiner Lebensanschauung.

Liebe fragt nicht, wer bist du, was glaubst du, woher kommst du? Liebe ergießt sich auf jeden Menschen und auf alle Kreatur, wie die Sonne dies auch ohne Vorbehalte und

Selektion tut. Zum religionsübergreifenden Dialog gehört die *rechte Rede* und das *rechte Zuhören*, wie ich es an anderer Stelle in diesem Buch beschrieben habe. Wir können keinen Dialog beginnen, wenn wir so voll sind mit unseren eigenen Vorstellungen in unserem Kopf und dort kein Platz mehr ist für andere Sichtweisen. Wir müssen das Eigene zurückstellen, uns leer machen und wenigstens ein Stück den Weg der Erfahrung mit den anderen gehen, damit überhaupt eine Herzenserkenntnis möglich wird und etwas Gemeinsames und Neues entstehen kann. Im Kopf mag es viele Erklärungen, Bilder und unterschiedliche Worte geben, um das Göttliche zu erklären, im Herzen aber lösen sich alle trennenden Vorstellungen auf und es erblüht der tausendblättrige Lotus und die allumfassende göttliche Liebe ergießt sich, gleich, von welchem Platz dieser Erde wir kommen und welche Religion der Ausgangspunkt unseres Weges gewesen sein mag.

Betrachten wir die heutigen Taliban, dann sind es zum großen Teil Männer, die als junge Menschen selbst Opfer von Kriegssituationen in ihrem zerschundenen Heimatland Afghanistan waren und ihre Eltern verloren. Sie wuchsen überwiegend ohne Mütter und Frauen in Koranschulen auf, konnten ihre eigenen schwerwiegenden Traumata nicht verarbeiten und geben heute nichts anderes weiter als das, was sie selbst kennen gelernt haben, Herzlosigkeit, Unterdrückung, Verfolgung Andersdenkender und tödliche Gewalt.

In meiner Arbeit mit Menschen, die unter einer, von der Weltgesundheitsorganisation so genannten „posttraumatischen Belastungsstörung" leiden, wird die Schwere deutlich, die Kriegs- und Gewalterlebnisse beim Menschen hinterlassen. Eine solche Störung liegt dann vor, wenn kurz- oder langandauernde Ereignisse oder Geschehen von außergewöhnlicher Bedrohung mit katastrophalem Ausmaß als Opfer oder Zeuge erlebt wurden, die nahezu bei jedem Menschen eine tiefe Verzweiflung hervorrufen würden, oder anders ausgedrückt: Es müssen potenzielle oder reale Todesdrohungen, ernsthafte Verletzung oder eine Bedrohung der körperlichen Versehrtheit bei sich oder anderen vorliegen, auf die mit intensiver Furcht, Hilflosigkeit oder Schrecken reagiert wird. Wie groß mag die Zahl der Menschen auf dieser Welt sein, die unter derartigen Traumatisierungen leiden?

Heutzutage werden, wie z.B. im Kosovokrieg, für die Opfer nach Kriegen Zentren eingerichtet, in denen diese traumatischen Kriegserlebnisse so weit wie möglich aufgearbeitet und integriert werden sollen. Dies ist sicherlich ein kleiner Beitrag um die Not mancher Menschen etwas zu lindern, aber letztlich ist es ein Tropfen auf den heißen Stein, da für diese Projekte nur wenig Gelder und ausgebildete Therapeuten zur Verfügung gestellt werden, um alle Menschen damit erreichen zu können. Natürlich wäre die Vermeidung von Kriegen als auslösende Situationen, die derartige dramatische, gesundheitliche Schäden hervorrufen, der bessere Weg, aber es bedarf einer gewaltigen internationalen Anstrengung und ich sehe noch nicht genügend Kräfte, die sich dafür engagieren, um in naher Zukunft eine derartige Wende herbeizuführen. Es bedarf Menschen, Liebe, Geduld, Geld, Organisation, Tatkraft, Entschlossenheit, um nur einiges zu nennen.

Gewaltvermeidende und gewaltreduzierende Maßnahmen, darunter sind auch der Ausschluss aller ausbeuterischen Verhaltensweisen zu verstehen, sind zum *Prinzip* des politischen und wirtschaftlichen Handelns zu erheben, damit Gerechtigkeit und Frieden errichtet werden kann.

Bei Menschen, die traumatisierende Situationen erleben mussten - und dies trifft auch auf Personen zu, die, wie in Israel, Zeuge eines Selbstmordattentates werden, bei dem andere Menschen verletzt werden oder gar zu Tode kommen -, stellt sich ein emotionaler Rückzug ein, eine Verflachung der Gefühle, eine Abspaltung von inneren Schmerzen. Zurückbleibende Angstzustände und das plötzliche innere Wiedererleben der schrecklichen Erfahrungen, Atemnot, Herzrasen und Panikattacken können ebenso zu den Symptomen gehören, unter denen diese Menschen leiden. Während Frauen daraufhin eher in depressive Reaktionen verfallen, neigen Männer eher dazu, als inneren Lösungsversuch, die erlittene Not über eigene Gewalt auszuagieren.

Spüren wir mit den heutigen erwachsenen Taliban in ihre Vergangenheit, können wir uns fragen, was erlebt ein Kind in seinem kurzen Leben in einem Land wie Afghanistan, das seit Jahrzehnten von feindlichen Auseinandersetzungen und Kriegen durchzogen wird? Oder nehmen wir ein Kind, das im palästinensischen Dorf Beit Jallah bei Bethlehem, dem Geburtsort Jesu, aufwächst und Nacht für Nacht mit Angst aus seinem Schlaf gerissen wird, weil Granateinschläge und Schüsse von Maschinenpistolen die nächtliche Stille zerreißen. Sie alle erleben Gewalt und immer wieder Gewalt, die mit neuer Gewalt beantwortet wird. Unerträglich ist die „Panzerpolitik" des israelischen Ministerpräsidenten Scharon, der entgegen aller Kritik des Auslandes und unter Missachtung der UNO-Konventionen im palästinensischen Flüchtlingslager Dschenin Zivilisten tötet und die internationalen Hilfsorganisationen hindert, den verletzten Menschen humanitäre Hilfe zu leisten. Für mich steigen Erinnerungen an Kollateralschäden und den Holocaust wieder auf, wenn gezielte militärische Aktionen den Tod von unschuldigen Zivilisten mit in Kauf nehmen bzw. einem Volk kein eigenes Recht auf Leben in einem eigenen geschützten Staat zugestanden wird und die Weltöffentlichkeit über immer wieder neue Appelle nicht hinauskommt. So wenig „die Juden" nicht für diese Politik verantwortlich gemacht werden können, sind auch nicht „die Palästinenser" schuldig. Die Beteiligten müssen endlich den Blick von ihren eigenen Wunden auf die Wunden der Menschen des anderen Volkes richten. Israelis und Palästinenser müssen gemeinsam über die Verletzungen, Wunden und Ungerechtigkeiten weinen, um zu erkennen, dass ihre ursprünglichen Gefühle Schmerz, Trauer und Angst sind und dass Hass und Rache erst folgen, wenn diesen schmerzvollen Gefühlen kein Respekt entgegengebracht wird und die Menschen keine Würdigung ihrer Gefühle erfahren konnten.

Wir regen uns mit Recht auf und kritisieren die Medien, die in ihren Fernsehsendungen zahllose Filme anbieten, in denen Gewalt gezeigt und als Lösungsmittel propagiert wird. Auch der „Gute", der den „Bösen" bekämpft, bekämpft ihn mit Gewalt. Und wir haben nachgewiesenerweise Recht, dass schon das Anschauen von Gewaltszenen über Kino und Fernsehen den Samen der Gewalt in unseren Kindern steigert und zu aggressiveren Verhaltensweisen führt. Aber wie viele Millionen von Kindern erleben menschenverachtende Gewalt täglich, ganz real. Unzählige müssen miterleben, wie Geschwister oder Eltern verletzt, getötet, gefoltert werden oder auf eine Mine treten und zeitlebens verstümmelt sind. - Und es ist die USA, die der weltweiten Ächtung von Landminen noch nicht beigetreten ist. - Was soll aus all den Kindern werden, welche Wunden werden in ihre Seelen geschlagen, die nicht in Ruhe und Frieden spielen und sich entwickeln können? Schauen Sie einmal mit ruhigem, ernsten Blick auf Ihr eigenes Kind, wenn es lacht, schmust, isst, lernt, spielt oder schläft. Wie wichtig ist doch eine Atmosphäre des Friedens, die das Kind umgibt, ohne Sorgen und Angst im Herzen.

Ist es nicht das, was der Mensch überall auf dieser Erde für sich wünscht? Einen Platz:

- an dem er in seinen Kopf ohne Angst zum Schlafen legen kann,
- wo er mit seinen Mitmenschen in Ruhe essen kann,
- an dem er in Freiheit seiner Arbeit nachgehen kann,
- wo er ohne Verfolgung seinen Glauben leben darf,
- an dem er mit Freude im Herzen die Liebe zu seinen Angehörigen leben kann,
- an dem er ohne Angst an morgen denken kann,
- an dem er sein Werkzeug und nicht seine Waffe säubern darf,
- an dem er mit friedvollen Gedanken auf die Vergangenheit zurückschauen kann,

- an dem er mit Zuversicht Kinder für die Zukunft zeugt,
- wo er in der Stille versinken kann, um sich selbst zu erkennen.

Wer kann dafür sorgen, dass das so eintrifft, wie wir es wünschen? Doch nur jeder Einzelne von uns!

Setzen wir uns dafür ein, dass ein *anderer* Mensch an einem solchen Platz leben kann, und es wird bald viele solcher Plätze geben.

Nach der Beendigung des Krieges in Afghanistan wird die Not der Menschen in diesem Land immer deutlicher, die seit einem Vierteljahrhundert ständig Krieg, Terror und Zerstörung erleben mussten. Nur eine weltweite Unterstützung vermag den betroffenen Menschen bei der Bewältigung ihrer Kriegserlebnisse helfen und ein Afghanistan aufbauen, in dem sich alle Gruppen repräsentiert sehen und an der Gestaltung eines neuen unabhängigen, demokratischen Afghanistans mitwirken.

Als ich vor etwa 25 Jahren meinen Antrag auf Kriegsdienstverweigerung stellte, war meine innere Überzeugung, dass ein Heer von Friedensboten, die eine Ausbildung in friedensstiftenden Maßnahmen genossen hätten und in menschenachtender und mitfühlender Weise an alle Brandherde dieser Welt ausströmen würden, mehr bewirken könnten als ein Heer von Soldaten. Heute, nachdem ich Zeitzeuge von vielen kleinen, aber nicht weniger schrecklichen Kriegen in aller Welt bin, denke ich wieder so. Ein Heer von Menschen, die den Dialog zwischen verfremdeten Volksgruppen oder Regierungen anregen und fördern, könnten wesentlich zum Frieden auf dieser Welt beitragen. Bei schwerwiegenden Differenzen zwischen den Staaten werden die Botschafter und Diplomaten abgezogen und eine Politik der Abgrenzung und des „Nicht-mehr-miteinander-Sprechens" tritt an die Stelle des Dialogs. Bei beginnenden zwischenstaatlichen Problemen scheint es mir aber gerade notwendig, den einen Botschafter in seiner Position um weitere 999 friedensstiftende Botschafter zu stärken.

Ich bin immer noch im Bild der *Einen Familie* und die Praxis zeigt nur allzu häufig, dass in familiären Konflikten sich jeder mit seinen Mechanismen zurückzieht und kleine Missverständnisse zu großen Problemen auswachsen. Aus unbedeutenden Anlässen werden schwerwiegende Konflikte und das Miteinander wird zu einem Machtkampf, dessen Folge häufig Zerrüttung oder gar Trennung bedeutet.

Und die Anlässe, die zur heutigen Weltlage führten, sind alles andere als kleine Missverständnisse, umso größer ist der Bedarf nach friedensstiftenden Menschen.

Im notwendigen weltweiten Prozess der Begegnung und der Versöhnung sind auch alle Menschen gefragt, die selber schlimme Traumata erlebt haben und den heutigen Menschen nahe bringen können, was religiöser Wahn und Gewalt an Menschenverachtung mit sich bringt und welch ein unsägliches Leid daraus erwachsen kann. Durch meine Arbeit mit kriegstraumatisierten Menschen weiß ich, dass diese Menschen erst einmal selber genügend Hilfe benötigen, um ihre eigenen Erfahrungen zu verarbeiten. Aber ich habe auch erlebt, wie befreiend es für diese Menschen ist, von dem Erlebten zu erzählen, um anderen Menschen damit einen Weg weisen zu können.

Die Zigeunerin Philomena Franz, die dem Stamm der Sinti angehört und der Vernichtung im Konzentrationslager in Auschwitz entkommen konnte, hat ihre erdrückenden Lebenserfahrungen in dem Buch „*Zwischen Liebe und Hass*" niedergeschrieben. Sie reist durch die Welt und erzählt anderen Menschen in öffentlichen Vorträgen aus ihrem Leben und von der Entscheidung, nicht im Hass stecken geblieben zu sein, sondern aus Liebe zu den Menschen ihre Erfahrungen weiterzugeben, damit die Diskriminierung, Ausgrenzung, Freiheitsberaubung und Tötung von anderen Menschen ein Ende hat. Anstatt mit Hass und einem Gewehr sich für das persönliche Leid und das ihres Volkes zu rächen, geht sie zu den Menschen des Volkes, die für die grausame Vernichtung von Millionen von Zigeunern und Juden verantwortlich sind, und zeigt ihren Schmerz, ihre Trauer und ihre Liebe.

Ebenso ging der Friedensstifter und Zen-Buddhist Thich Nhat Hanh am Ende des Vietnamkriegs nach Amerika, um den Menschen dort, die Kinder, Frauen und Männer seines Volkes getötet und sein Land mit Napalmbomben zerstört hatten, von diesem Leid zu erzählen. Sicherlich gibt es noch viele, mir nicht bekannte Menschen, die so wundervolle Taten vollbringen und denen eine besondere Seite in den Geschichtsbüchern dieser Welt gewidmet werden müsste, und nicht den Kriegsherren. Die Geschichtsbücher sind eine der Grundlagen, unseren Kindern die Wirkmechanismen der Menschheitsgeschichte näher zu bringen. Aber sind sie auch mit der Herausstellung der großen Kriegshelden dazu geeignet? Welche Vorbilder geben wir ihnen mit auf den Weg? Zeigt das nicht unsere verblendete Faszination von den Kämpfern für die Gerechtigkeit, die selbst zu den Waffen gegriffen haben, um für Recht und Ordnung zu sorgen, aber letztlich nicht in der Lage waren, einen dauerhaften, gerechten Frieden in dieser Welt zu pflanzen? Bekommt nicht der Satz Bedeutung:

Zeig mir dein Vorbild und ich sage dir,
wie die nächsten Konflikte gelöst werden!

Leicht ist es für uns Menschen, unsere Wut, unseren Hass, in Rache umzusetzen und erlittene Verletzungen mit Gewalttaten zu beantworten. Aber unendlich schwer ist es, darüber hinauszugehen und seinen Hass wahrzunehmen, ihn in den Arm zu nehmen, seine Wurzeln zu erkennen und den Hass nicht zur Triebfeder des eigenen Handelns werden zu lassen. Der Hass des Menschen ist nichts anderes, als der Auswuchs des ungelebten, nicht integrierten Schmerzes, der Ohnmacht und der nicht gelebten Trauer, auf Grund von schwerster Kränkung und Demütigung.

Könnten in der gegenwärtigen Krise alle betroffenen Menschen diese unterdrückten Gefühle unter heftigem Weinen,

Schluchzen und Klagen ausdrücken, dann wäre es möglich, anders, mit mehr Klarheit, Achtsamkeit und Differenzierung, den Verursachern entgegenzutreten. Mit einem großen Ernst, einer konfrontierenden Strenge und Feindesliebe wäre es möglich, die Täter zu bestrafen und gleichzeitig Achtung bei allen Völkern für die sich vollziehende Gerechtigkeit zu erlangen.

Die Größe der führenden Politiker unserer Völker und Religionen liegt in der Art und Weise, wie sie *Liebe* und nicht Hass praktizieren. Liebe, nicht nur ihren eigenen Landsleuten und Glaubensbrüdern gegenüber, sondern allen Schwestern und Brüdern auf dieser Welt.

Als Vater meiner Kinder werde ich aus Liebe zu ihnen, dem das Messer aus den Händen nehmen, der aus Unwissenheit oder fehlgeleiteten Gefühlen seinem Bruder zu Leibe rücken will. So ist es wichtig, allen den Terrorismus unterstützenden Personen das Gewehr aus der Hand zu nehmen, nicht um sie zu töten, sich an ihnen zu rächen oder sie zu verunglimpfen, sondern aus Liebe über den mitempfundenen Schmerz, den sie in ihrer Verblendung erleiden. Wir müssen endlich lernen, die Menschen zu achten und zu lieben, die so tief in eine Verzweiflung gerutscht sind, dass ihr Herz nur von Hass und Mordgedanken regiert wird. Und wir müssen noch viel früher anfangen, nämlich damit, dass wir empfänglich werden für das Unrecht und Leid in dieser Welt, das Menschen letztlich in aussichtslose und verzweifelte Lebenssituationen führt.

Ein Beispiel mag die doppelte Moral verdeutlichen, wenn eigene Interessen der Mächtigen im Spiel sind. Brasilien hat mit 100.000 Kranken die größte Aids-Rate in Lateinamerika und jährlich kamen 23.000 Neuinfektionen hinzu. Es drohte eine Unterversorgung der Kranken, da die notwendigen Medikamente von den ausländischen Pharmamultis nur zu hohen Preisen angeboten wurden. Brasilien kündigte an, die Patente zweier Aids-Wirkstoffe zu brechen, um sie selbst im eigenen Land herstellen zu lassen. Die USA erhoben daraufhin Klage vor der Welthandelsorganisation (WTO) und beschuldigten Brasilien, internationales Patentrecht zu missachten. Dieses, auch von Brasilien unterzeichnete internationale Patentrechtsabkommen sieht aber durch den Artikel 68 vor, dass ein Patent gebrochen werden kann, wenn der Patenthalter sein Patent missbraucht oder im betreffenden Land ein Notstand eintritt. Die UNO stellte sich auf die Seite von Brasilien und die Klage der USA vor der WTO wurde im Jahr 2001 abgesetzt. Durch die Eigenproduktion in Brasilien konnte der Preis des Aids-Cocktails seit 1997 um 70 % vermindert werden. Die Zahl der Menschen, die sich neu infizierten, konnte von 23.000 im Jahre 1997 auf nunmehr 4.500 im Jahre 2000 reduziert werden.

Die USA waren durch den Terrorismus mit Milzbranderregern selbst betroffen, wenn es auch nicht annähernd so viele Menschen sind, die starben. Sie drohten der Firma Bayer in Deutschland mit einem Patentbruch, falls diese nicht die Produktion erhöhen und die Preise für ihr Medikament drastisch senken würden. Die USA riefen auf Grund der Bedrohung durch die Milzbranderreger den Notstand aus.

Niemand erhebt eine Klage bei der Welthandelsorganisation. Das ist auch gut so. Menschenleben geht vor Profit der Pharmaindustrie!

Mit großem Ernst müssen wir uns energievoll der Wahrheitsfindung widmen, die sich damit auseinander setzt, was habe *ich*, bzw. haben *wir*, unterlassen, dass der andere nur noch diesen Weg als Lösung für sich sah. Es gibt keinen Konflikt zwischen Personen und Völkern, die miteinander in Beziehung sind, der ohne Wechselwirkungen entsteht oder nur bösartig von einem ausgeht.

Konflikte entstehen, wenn die Kräfte der Harmonie sich nicht mehr die Waage halten. Sicherlich ist es häufig so, dass Beteiligte glauben, sie hätten doch alles getan oder sie sind sich keines Vergehens bewusst. Aber dies ist etwas anderes und hat mit mangelnder Achtsamkeit oder fehlendem Einfühlungsvermögen zu tun, häufig auch mit nicht sehen wollen, was den anderen bedrückt und ihm das Leben schwer, vielleicht sogar unmöglich macht. Wir Menschen neigen dazu, unsere eigene Lebensweise als die Richtige zu apostrophieren und übersehen dabei leicht, dass es eine Vielzahl von Möglichkeiten gibt glücklich zu sein.

Im vergangenen Krieg der USA gegen die damals herrschenden Taliban begegneten sich zwei Völker, die jeweils den „Schatten" des anderen leben und sich deshalb in einem Krieg wiederfanden. Der Schatten, ein Begriff, der von C.G. Jung geprägt wurde, ist der ungelebte Teil einer Person, einer Gruppe oder eines Volkes, der abgelehnt wurde und verdrängt worden ist. Er ist also nicht mehr im Bewusstsein und wirkt somit aus der Tiefe des individuellen oder kollektiven Unbewussten.

Die Amerikaner leben ihr Leben in einer individuellen Freizügigkeit und ungezwungener Selbstbezogenheit. Sie breiten sich mit ihrem Lebensstil bis weit in die islamische Welt aus. Sie exportieren ohne Sensibilität ihre Mac-Donald-Philosophie und ihren Hollywood-Geist über alle Grenzen.

Die fundamentalistischen Moslems hingegen leben eine totalitäre, Individualität unterdrückende Gläubigkeit und versuchen, eine strikte, für alle gültige Ordnung zu schaffen, und möchten ihren Islam, ihre Philosophie auf die ganze Welt ausdehnen.

C.G. Jung sagte einmal:

Wenn die innere Situation nicht bewusst gemacht wird, geschieht sie außen als Schicksal.

und

Alles was unbewusst ist, will Ereignis werden.

Es geht somit um die Dynamik des kollektiven Schattens. In dieser historischen Situation trafen also zwei kaum zu überbietende Gegensätze, zwei völlig unterschiedliche Gesellschaftsformen aufeinander. Die Taliban lehnen zutiefst die

Lebensweise der Amerikaner ab und diese wiesen die Gesinnung der Fundamentalisten weit von sich. Daraus entwickelte sich nun, mit dem auslösenden Attentat vom 11. September 2001 eine schicksalhafte, kriegerische Begegnung, in die immer mehr Menschen und Völker einbezogen wurden, die sich, entsprechend ihrer Ausrichtung, dem einen oder anderen anschlossen.

Eine Deeskalation in potenziellen Kriegsgebieten lässt sich in Zukunft nur erreichen, wenn die beteiligten Völker sich näher mit ihrem Feindbild beschäftigen. Und zwar in einer Weise, in der sie sich in der verdrängten, für sie nicht annehmbaren Schattenseite, die ihnen im Gegenüber gespiegelt wird, selbst erkennen.

Wir können nicht heil werden, indem wir uns das Heile vorstellen, sondern nur dadurch, dass wir uns das Un-Heile in uns anschauen!

In dieser Eigenkonfrontation, die eine Annahme des abgelehnten Aspektes mit einbeziehen muss, erfährt das Schicksalhafte eine Läuterung und die vorher gegangene Spaltung wird aufgehoben. Wenn beteiligte Völker verstehen, dass das aufgebaute Feindbild einen eigenen, positiven Teil in sich trägt, der durchaus Berechtigung hat, dann ist es möglich, einen mittleren Weg zu finden, der die unterschiedliche Seins-Weise des anderen respektiert und würdigt und das eigene Sein in die rechte Mitte rückt.

Eine höchst freiheitliche Gesellschaft trägt in sich den notwendigen Kern freiheitlicher Selbstbestimmung, die nur nicht auf Kosten anderer Menschen erreicht werden darf. Ein zutiefst totalitäres, fundamentalistisches Regime trägt den Kern in sich, dass Regeln des menschlichen Umgangs eine hilfreiche Unterstützung für das alltägliche menschliche Miteinander sind und dass eine religiöse Angebundenheit sinnstiftend und heilend ist.

Die Frage nach dem eigenen Schatten, der eigenen Beteiligung, ist nicht gleichzusetzen mit der Frage nach der Schuld. Schuld ist in diesem Zusammenhang kein hilfreicher Ratgeber oder Wegweiser. Schuldfragen führen zur Verteidigung und Rechtfertigung des eigenen Tuns und verhindern die notwendige Offenheit für das eigene Hinterfragen und eine angemessene Konfliktlösung. Die Frage nach der eigenen Verblendung, dem eigenen *„nur sich gesehen und den anderen aus den Augen verloren haben"*, ist die Richtung, die allen weiterhilft und keine tiefere Feindschaft schafft, sondern neue Wege eröffnet, die zu einem besseren Verständnis untereinander führen.

Wer in kleinen, alltäglichen Dingen gelernt hat, sich selbst als Mitverantwortlichen für eine Krise zu sehen, der weiß, wie sehr wir dabei von unserem hohen Ross herunterkommen müssen und dass ein solches Verhalten mehr Mut und Stärke erfordert, als nur den Gegner kritisch zu beäugen und alle Verantwortung ihm aufzuladen.

Finden die fundamentalistischen Moslems auf dieser Welt die Kraft, ihre verhängnisvolle Unterdrückung der eigenen Frauen, anderer religiöser Lebensweisen und deren Symbole, wie z.B. die Buddhastatuen und die Bibel zu erkennen und daraus eine neue Akzeptanz zu entwickeln, die auf Freiheit und Gleichberechtigung beruht, dann leisten sie einen wahrhaft großen Beitrag zum Frieden auf dieser Erde.

Und finden die USA nach der kriegerischen Auseinandersetzung gegen die Strukturen des Terrorismus den Mut zu der Frage, was haben wir dazu beigetragen, dass Mitglieder unserer *Einen Familie* einen so maßlosen Hass auf uns entwickeln konnten, dann besteht die Möglichkeit, des Erkennens der eigenen Blindheit und der Auswirkungen, welche die übermäßige Eigendrehung mit sich gebracht hat.

Die eigenen wirtschaftlichen und machtpolitischen Interessen standen nur allzu häufig im Vordergrund und führten dazu, dass Menschen sich nicht gesehen, bevormundet, ausgebeutet und unterdrückt fühlten.

Ich glaube, die Verantwortlichen der amerikanischen Politik bräuchten nur wenige Tage im Grenzgebiet der Palästinenser zu leben, um die unbeschreibliche Not dieser Menschen zu erfahren und um zu erkennen, dass sie einseitig

Israel unterstützen und den Palästinensern die Hoffnung auf einen eigenen Staat immer wieder zunichte machten. Menschen, die über Jahre schlimmste Unterdrückung und Entmündigung, Zerstörung und Tod von Mitmenschen erleben, haben nur eine geringe Wahl in den Gefühlen gegenüber ihrem Unterdrücker. Der Samen des Hasses erfährt so viel Nahrung, dass letztlich Rache und terroristische Gewaltakte die Überhand gewinnen. Welche Väter und welche Mütter möchten, dass ihre Kinder in einer Umgebung aufwachsen, die von täglichem Terror geprägt ist und welche Früchte werden sich herausbilden nach einer derartigen Lebenserfahrung?

Wenn wir doch für unsere Kinder das Beste wollen und andere Kinder verhungern bzw. in Kriegsgebieten leiden lassen, nur weil sie ein paar tausend Kilometer weiter leben als wir, dann haben wir noch nicht begriffen, was es heißt eine große Familie zu sein. Eine Familie steht füreinander ein, einer für den anderen und es schmerzt das eigene Herz, wenn ein Mitglied der Familie leidet. Die Bilder aus Afghanistan, Palästina und anderen Orten dieser Welt zeigen, wie groß die Not und das Leid ist, das einzelne Menschen und ganze Völker seit Jahren immer weiter erleiden müssen. Und sie müssen diese Not erleiden, weil wirtschaftliche und machtpolitische Interessen das Handeln in den Industrieländern leiten.

Die Zeit der kolonialen Ausbeutung durch viele europäische Länder ist zum Glück vorbei. Die letzte Kolonie dieser Tage, Gibraltar, steht vor der Frage, zurück nach Spanien oder befreit von Großbritannien in die Unabhängigkeit. Aber die Kolonisation hat weit über hundert Jahre gedauert und islamische Völker von Marokko über Nordafrika, Ägypten, dem Nahen Osten, Irak und Iran, Indien bis nach Indonesien unter militärischer und politischer Kontrolle gehabt, um sie wirtschaftlich auszubeuten. Und es waren Menschen, die glaubten, sie hätten das Recht, anderen Menschen ihre Lebensgrundlage, ihre Freiheit und ihre Ressourcen an Bodenschätzen zu nehmen. Ihre Gier nach mehr Reichtum und Wohlstand hat sie verführt, ihre Brüder und Schwestern in die Armut und den Tod zu treiben. Und dieser Schock der gewalttätigen Besetzung und Ausbeutung verschwindet nicht einfach, weil viele Jahre dazwischenliegen und nach der Ausbeutung den Ländern ihr Recht auf Selbstbestimmung zurückgegeben wurde. Er bleibt über Generationen in den Seelen der Menschen verhaftet, ähnlich, wie die Menschen nach dem Zweiten Weltkrieg noch nachhaltig von den Kriegsgräueln beeinflusst sind, selbst wenn es ihnen nicht immer bewusst ist.

Eine innere Befreiung wird gefördert, wenn eine Würdigung des Leides der Opfer stattgefunden hat und die Täter sich zu ihrem auslösenden Verhalten bekennen. Sie müssen auch den Opfern mitfühlend zuhören, wenn diese über ihren Schmerz sprechen. So kann Versöhnung für beide Seiten zu einer Befreiung werden und zum Frieden auf dieser Welt beitragen. Viele Täter aus der damaligen Zeit leben nicht mehr, aber es kann jemand stellvertretend Sühne tun, ähnlich wie Papst Johannes Paul II sich für die Taten der katholischen Kirche entschuldigte, die im Zweiten Weltkrieg Zwangsarbeiter beschäftigte.

Der alte Kolonialismus ist vorbei, aber es gibt heute eine andere Form von Kolonialismus!

Große Agrarkonzerne versuchen mit aller Macht z.B. gentechnisch veränderten Mais auf die Äcker Kenias zu bringen, obwohl es in diesem ostafrikanischen Land eine Anbautechnik gibt, die mit natürlichen und für die Bauern kostenlosen Methoden erheblich bessere Erträge erzielt (vergl. Greenpeace Magazin Sept./Okt.2001). In Äthiopien, der Schatzkammer für kostbare Samenkörner alter Kulturpflanzen, die auf natürliche Weise resistent gegen Krankheiten sind, versuchen Firmen diese mit ihrem Hybrid-Hochleistungssaatgut zu vertreiben, das jedes Jahr von den armen Bauern neu gekauft werden muss und zudem die Ernte von einem Chemieeinsatz abhängig macht. Ähnlich ist es in Indien: Saatgutkonzerne versuchen durch die Verbreitung der so genannten „Terminator-Technologie" die Landbevölkerung an sich zu binden, da diese gentechnische Methode bei den Pflanzen die Bildung von keimfähigen Samen verhindert. Es gibt noch eine Vielzahl von Beispielen, in denen Gentechnik-, Agrar- und Chemiekonzerne mit ihrem Hybrid-Saatgut, Kunstdünger, Unkraut- und Insektenvertilgungsmitteln, unwissende Bauern in den Kreislauf ihrer Abhängigkeit bringen. Dieses Vorgehen von macht- und geldgierigen Konzernen ist ein Teil der Globalisierung der freien Märkte und bedarf unbedingt einer Korrektur.

Es müsste ein weltweites, von unabhängigen Experten besetztes Gremium geschaffen werden, bei dem Firmen ihre Produkte vorstellen müssen und begründen, warum diese für die Menschen vor Ort und für die dortige Natur sinnvoll sind und die einheimische Bevölkerung in ihrer wirtschaftlichen und politischen Unabhängigkeit stärken.

Die negativen Folgen der industriellen Landwirtschaft für die Umwelt und Artenvielfalt werden durch genügend Forschungsergebnisse belegt und deshalb darf nicht zugelassen werden, dass sich die Agrarkonzerne, die es in den kritischer werdenden Industrieländern schwerer haben, auf die Dritte Welt stürzen, dort die Menschen in ihre Abhängigkeit bringen und damit der Verelendung der Entwicklungsländer Vorschub leisten. In diesem Zusammenhang müssen wir erkennen, dass mit einer menschen- und naturverachtenden Politik der Nährboden für Not und damit einhergehender Gewalt bestellt wird.

Ein anderes Beispiel von modernem Kolonialismus hat in den letzten zehn Jahren Sierra Leone erschüttert und zerstört (Publik-Forum, 19/2001). Der Präsident des Nachbarlandes Liberia, Charles Taylor, heuerte Kämpfer der RUF (Revolutionary United Front) an und destabilisierte damit Sierra Leone. In dem bis dahin sich selbst versorgenden Land wurden 200.000 Menschen getötet und durch den aufkommenden Bürgerkrieg 1,5 Millionen in die Flucht getrieben. Taylor konnte dadurch die Diamanten und Bodenschätze des Landes ausbeuten, seine Waffengeschäfte, insbesondere mit Russland, finanzieren und so seine Macht sichern. Wie in allen Kriegen leiden die Kinder und Frauen am schlimmsten und sie wurden auf das Schwerste traumatisiert. Ein Heer von seelisch verletzten Kindersoldaten ist übrig geblieben. Heute ist das einst eigenständige Sierra Leone abhängig von den Hilfslieferungen der UNO und seinem Programm des „Trauma-Healing", bei dem es an Geld und Fachkräften fehlt. Wieder ein dramatisches Beispiel dafür, wie einzelne Despoten durch ihre unbezähmbare Gier nach Macht und Reichtum Tausende von Menschen töten und auf lange Jahre hin ins Unglück treiben können. Eine ganze Generation von Kindern erlebte, ähnlich wie die Kinder in Afghanistan, durch die Kriegstreiber unsägliches Leid und Gewalt in Form von Zerstörung, Flucht, Terror und Tod. Sie wurden um ihre unbeschwerte Kindheit gebracht und werden noch lange unter dem traumatischen Schock des Erlebten stehen. Mit welchen ethischen Vorstellungen werden sie dann als Eltern ihre Kinder begleiten, welche Geschichten werden sie ihnen aus ihrer Kindheit erzählen und wie sieht ihre Friedenserziehung aus? Dies sind bedeutende Fragen für die Generationen, die nach uns diese Welt gestalten.

Aus der Perspektive der Familie betrachtet, lässt die UNO als Instanz, welche um die Einhaltung der Menschenrechte bemüht ist, zu, dass ein Familienmitglied andere terrorisiert und ihnen nicht wieder gutzumachende Schäden zufügt. Artikel 3 der UNO-Menschenrechtserklärung besagt:

Jeder Mensch
hat das Recht auf Leben,
Freiheit und
Sicherheit der Person.

Damit diese Rechtsgrundlage umgesetzt werden kann, bedarf es einer weiteren Stärkung der UNO, damit sie personell und materiell dazu in der Lage ist, sonst haben Menschen, wie Charles Taylor, immer wieder die Möglichkeit, über Jahre hinweg vor den Augen der Weltöffentlichkeit gegen die Menschenrechte zu verstoßen.

Um innerhalb der weltweiten Familie bewusst zu Harmonie und Frieden beizutragen, würden uns selbstverpflichtende Zeichen stärken, die jeder Mensch setzen könnte. Vorbildhaft ist der dreizehnte Übungsweg der Achtsamkeit von Thich Nhat Hanh (1998, S.63) der zu einem spirituellen Engagement in unserer Welt aufruft. Er lautet:

Im Bewusstsein,
dass durch Ausbeutung, soziale Ungerechtigkeit,
Diebstahl und Unterdrückung
Leiden entsteht,
verpflichten wir uns,
liebende Güte zu pflegen und Wege zu beschreiten,
die zum Wohlergehen
von Menschen, Tieren, Pflanzen und Mineralien beitragen.
Wir wollen
Freigiebigkeit praktizieren,
indem wir unsere Zeit, Energie und materiellen Güter
mit denen teilen,
die in Not sind.
Wir sind entschlossen,
nicht zu stehlen und nichts zu besitzen, was anderen zusteht.
Wir wollen
das Eigentum anderer achten
und werden andere davon abhalten,
sich an menschlichem Leiden
und am Leiden anderer Wesen zu bereichern!

Müssten nicht aus humanitären, ethischen Gesichtspunkten heraus die Banken in dieser Welt von sich aus gesagt haben, wir nehmen und arbeiten mit keinem Geld, das aus Quellen stammt, die mit Drogen, Prostitution, Menschenhandel und Terrorismus zu tun haben? Es müsste selbstverständlich sein, dass verantwortliche Banker Geld ablehnen, an dem Blut klebt und sich nicht in das schmutzige Geschäft der Geldwäsche einbeziehen lassen. Müssen diese Banken erst per

Gesetzesänderung dazu gezwungen werden, von einer solchen menschenverachtenden Praxis Abstand zu nehmen, und müssen wir da nicht Fragen an unsere Banken richten, bei denen wir Konten führen, nach ihrer Geschäftspolitik?

Ist nicht eine Krise, die an den Grundfesten des bisherigen Selbstverständnisses des menschlichen Umgangs miteinander rüttelt, auch dazu da, das bisherige Selbstverständnis zu hinterfragen, und muss nicht gleichzeitig darauf geschaut werden, was an schleichendem oder nicht beachtetem menschenverachtenden Verhalten vor der Weltöffentlichkeit schon immer stattfindet? Die Auswirkungen des Attentats auf das World Trade Center sind so massiv, dass eine Zäsur unerlässlich ist, die die Aufmerksamkeit aller Menschen auf ihr eigenes Verhalten lenkt, um Klarheit darüber zu gewinnen, was der persönliche Beitrag am Leid in dieser Welt ist. Nur so und aus einer, mit dieser Reflexion verbundenen Änderung des eigenen Verhaltens kommen wir einen Schritt näher, um dem Leid, dem damit verbundenen Extremismus und der Gewalt den Boden zu entziehen.

Als Anstoß für die Erkenntnis möchte ich einen Bereich ansprechen, der seit Jahren wie kein anderer boomt und den die Autorin Christine Dolan als den „Jahrtausend Holocaust" bezeichnet hat. Es ist der Kinderhandel und die damit verbundene schreckliche Ausbeutung, insbesondere im sexuellen Bereich, obwohl es im Artikel 4 der UNO-Menschenrechtskonvention heißt:

Niemand
darf in Sklaverei oder Leibeigenschaft
gehalten werden.

Dies sind für Millionen von Kindern leere Floskeln. Mafiabanden und einzelne Täter kennen nur die Moral des Geldes und brechen die Seelen der Kinder durch ein Inferno ununterbrochener Gewalt und löschen ihre Identität. Dabei scheint es für die Kinder, die in Lateinamerika von speziellen Babyklaubanden den Eltern gestohlen und in Amerika im Internet als Sonderangebot oder Kind des Monats angeboten werden, noch relativ „gut" zu gehen. Aber wie funktioniert das Gewissen der „neuen Eltern", die über die Herkunft des Kindes hinwegschauen, wenn sie mit ihnen leben, und was ist das für eine Liebe, die sie ihnen geben wollen?

Die UNICEF spricht von einer Million Kinder, die jedes Jahr dem „Multi-Milliarden-Dollar-Sexgeschäft" neu zum Opfer fallen. 120 Millionen Sexreisen werden jedes Jahr weltweit unternommen. Darunter sind, wie die World Tourism Association feststellt, 360.000 Pädophilen-Trips (Der Spiegel, 38/2001). Die Angst vor Aids trägt natürlich dazu bei, immer jüngere Kinder aus möglichst abgelegenen Gebieten zu bekommen. Um diesen Bedarf zu decken, eignen sich geradezu Länder in denen Elend, Unwissenheit, Krisen und Bürgerkrieg herrschen.

Wehe, es wären unsere Kinder!

Aber fahren nicht Männer, Väter aus unseren westlichen Ländern in die asiatischen Sexparadiese, wie Thailand, Taiwan, Indien und die Philippinen, um sich von Kindern im Alter ihres eigenen Nachwuchses befriedigen zu lassen? Welch eine verabscheuungswürdige doppelte Moral!

Wer ist denn daran interessiert, hier Abhilfe zu schaffen, wenn doch der Kinderhandel, nach Drogen und Waffen, die drittgrößte Profitquelle für das organisierte Verbrechen darstellt und es Menschen gibt, die diese, für die Kinder traumatisierenden, menschenverachtenden Dienste in Anspruch nehmen?

Vor 40 Jahren sagte der schwarze Arzt und Revolutionsphilosoph Frantz Fanon: *„Die Dritte Welt ist das Bordell für die Industrieländer."*

Die Globalisierung der Märkte zeigt ihre Schattenseiten. In Zahlen bedeutet dies z.B. für Thailand Einnahmen von 10 bis 14 Prozent des Bruttosozialproduktes. Das sind 22,5 bis 27 Milliarden Doller, die verdient werden von Kindern und Jugendlichen, die als Sexualobjekte ausgebeutet werden.

Es geschehen vor unseren Augen, in unserer Welt, auch noch andere Dinge, die ganz unglaublich erscheinen. So werden in Sierra Leone und Norduganda ganze Schulklassen von Milizen gekidnappt und dazu gezwungen, an ihnen nahe stehenden Menschen Grausamkeiten in Form von Folter und Mord zu begehen, damit ihnen dann als kleine Rekruten kein Weg zurück mehr offen steht. Sie müssen danach weltweit an der Seite von anderen der 300.000 Teenager als Soldaten kämpfen. 120.000 werden für diesen Zweck in Afrika missbraucht, davon allein 50.000 in Burma.

Wo schreit da die Welt auf und kämpft gegen diese Art von Terrorismus? Schon *ein* Kind, das so etwas Schreckliches erleiden muss, bedarf des Schutzes!

Kinder sind die wehrlosesten Opfer. Sie werden auch im produzierenden Gewerbe als Leibeigene und Schuldknechte um ihr kindgerechtes Leben gebracht. Etwa eine Viertelmilliarde Fünf- bis Zehnjähriger schuften weltweit ganztägig, schätzt die Internationale Arbeitsorganisation ILO. Auf den Zuckerrohrplantagen der philippinischen Insel Negro arbeiten schon Sechsjährige unter brütender Sonne. Jungen, kaum älter als zehn, werden in Indonesien an die Betreiber großer Fischreusen vor der Küste Sumatras verkauft. Da sie wegen der Entfernung nicht fliehen und zurückschwimmen können, müssen sie schwere Knochenarbeit beim Fischfang und der Krabbenzucht verrichten.

All dies schreit nach einer Allianz der Industrienationen zur Rettung dieser Kinder, aber ihre Lobby beschränkt sich auf überforderte Hilfsorganisationen, wie z.B. die International Organization for Migration (IOM). Wie kann dies auch anders sein, wenn sogar Kinder als Personal für afrikanische und saudi-arabische Diplomaten in Paris, für UNO-Vertreter in Genf (!!!) oder Weltbankangestellte in Washington ohne Bezahlung und ohne freie Tage ihr Leben fristen müssen.

Zeigt sich hier nicht ein öffentlich geduldeter Terror, der zur Vernichtung der menschlichen Persönlichkeit führt. Reicht diese unsägliche Not dieser Kinder nicht aus, nicht zu vergessen, die unzähligen Kinder, die diese Torturen nicht überleben, um uns zu zeigen, dass diese zum Himmel schreiende Brutalität, mit der Kinder Tag für Tag seelisch getötet werden, ein großes Potenzial an zukünftiger Gewalt in sich birgt?

Experten schätzen, dass weltweit Jahr für Jahr bis zu *fünf Millionen Kinder verkauft und versklavt* werden.

Am 19. September 2001 sollte in New York seit zehn Jahren wieder der erste dreitägige UNO-Kindergipfel stattfinden.
Am 11.September *starben* über *sechstausend unschuldige Menschen* in New York.
Daraufhin bildete sich ein milliardenschweres weltweites Bündnis gegen den Terrorismus.
Der UNO-Kindergipfel!!??
Nur Somalia und die USA haben die UNO-Kinderrechtskonvention noch nicht unterzeichnet!

Zu wenig Kraft und zu gering scheinen die finanziellen Möglichkeiten der Gepeinigten zu sein, um selbst das erlittene Unrecht in Recht zu verwandeln. Wir dürfen nicht so lange warten, bis sich Menschen erheben, die hautnah all dieses Unrecht miterlebten und nicht die kleinste Hoffnung und Aussicht auf Veränderung sehen können und alle verfassten und geäußerten guten Versprechungen als Lüge und Blasphemie enttarnen und aus Verzweiflung oder blindem Hass töten, sowie aus religiösem Extremismus unschuldige Menschen sterben lassen.

Gibt es noch unschuldige Menschen? Hat nicht in Deutschland die Mehrheit der Menschen weggeschaut, als Millionen unschuldiger Menschen im Zweiten Weltkrieg getötet wurden? Und wer schaut heute weg und überlässt die Kinder ihren Tränen und ihrer Hoffnungslosigkeit?

Wir können etwas tun, jeder von uns! Hilfreich scheint mir dabei die persönliche Verpflichtung zur *rechten Lebensführung* zu sein, der vierzehnte Übungsweg der Achtsamkeit (Thich Nhat Hanh, 1998, S.65):

*Im Bewusstsein,
dass eine sexuelle Beziehung, die allein auf Begierde beruht,
das Gefühl der Einsamkeit nicht auflöst,
sondern noch mehr Leiden, Frustration und Einsamkeit hervorruft,
sind wir entschlossen,
eine sexuelle Beziehung nur auf der Basis von Liebe,
gegenseitigem Verstehen
und der Bereitschaft zu einer langfristigen und verpflichtenden Bindung einzugehen.
Wir sind uns bewusst,
dass eine sexuelle Beziehung
die Ursache für künftiges Leid sein kann.
Wir wissen,
dass wir unsere eigenen
und die Rechte und Verpflichtungen anderer respektieren müssen,
wenn wir unser eignes
und das Glück anderer bewahren wollen.
Wir wollen alles tun,
was in unserer Macht steht,
um Kinder vor sexuellem Missbrauch zu schützen
und um zu verhindern,
dass Paare und Familien durch sexuelles Fehlverhalten entzweit werden.
Wir wollen unseren Körper rücksichtsvoll behandeln
und unsere Lebensenergien
(die sexuelle Energie, den Atem, den Geist)
der Verwirklichung unseres Bodhisattva-Ideals widmen.
Wir wollen
uns der Verantwortung voll bewusst sein,
die mit dem Entstehen neuen Lebens verbunden ist
und über die Welt meditieren,
in die die neuen Wesen hineingeboren werden!*

Neben dem persönlichen Engagement, müssen wir unsere Politiker in die Pflicht nehmen, damit sie wach werden, ihre

Prioritäten neu ordnen, sich für einen gerechten Frieden aller Menschen einsetzen und alles im Rahmen ihrer Macht stehende tun, um die Kindern zu retten und gegen die Ungerechtigkeiten in unserer großen Familie vorzugehen.

Ein ungelöstes Problem ist auch die Situation im Irak. Nach dem Überfall des Iraks auf Kuweit 1990 und der Beendigung des Krieges im März 1991, an dem insbesondere die USA und England beteiligt waren, verhängte der Westen ein Embargo gegenüber dem Irak, das jetzt seit elf Jahren besteht. Menschen im Irak, auch die früher pro-westlich eingestellten Intellektuellen, hegen mittlerweile einen Hass auf die Regierungen der USA und Großbritanniens, da ausschließlich diejenigen leiden, die durch das Menschen- und Völkerrecht geschützt werden sollten.

Die WHO und das Kinderhilfswerk der Vereinigten Nationen (UNICEF) bestätigen, dass monatlich etwa 5000 Kinder unter fünf Jahren infolge des Embargos an Krankheiten und Mangelernährung sterben. Seit 1991 sind es mehr als eine halbe Million. Die lebensbedrohliche Ernährungslage und die dringend benötigten Medikamente führten auch bei etwa 1,5 Millionen älteren Kindern und Erwachsenen zum Tod. Die Weltgesundheitsorganisation hat bisher mehrfach an den Generalsekretär und die UN-Gremien appelliert, eine Lösung für die leidenden Menschen zu finden. Bisher ungehört!

Als eine ökologische Aggression der Reichen gegen die Armen lässt sich die Tatsache bezeichnen, dass zur Zeit in Afrika etwa 18 Millionen Wasserflüchtlinge umherirren und wir im Überfluss Wasser verschwenden.

Täglich verhungern auf unserer Erde 100.000 unschuldiger Menschen und wir, die Menschen der reichen Industrieländer, lassen dies Tag (plus 100.000 verhungernder unschuldiger Menschen) für Tag (plus 100.000 verhungernder unschuldiger Menschen) zu.

Am 11. September starben durch einen terroristischen Überfall über 6000 unschuldige Menschen. Noch am gleichen

Tag entstand ein milliardenschweres, internationales Bündnis zum Kampf gegen die Täter!

Ich halte dieses Bündnis für richtig; was mir fehlt, ist ein milliardenschweres Bündnis gegen die Armut, den Hunger und die ungerechte Verteilung des Kapitals auf dieser Erde.

Es kann nicht richtig sein, wenn die Gruppe der sieben ökonomisch mächtigsten Industriestaaten der Ersten Welt, die nur ein Fünftel der heutigen Menschheit umfasst, neun Zehntel des gesamten Welteinkommens beansprucht. Oder in anderen Zahlen: Die fünf reichsten Milliardäre dieser Welt verfügen über mehr Geld als die 49 ärmsten Länder dieser Welt!

Und durch die vielbeschworene Globalisierung setzt sich diese Tendenz weiter fort. Die Großunternehmer propagieren uns Verbrauchern die freie Entfaltung in der Wahl der Konsumgüter und gleichzeitig beherrschen sie mit ihren Produktmarken den öffentlichen Raum und die Medien. Wenn auch eine groß angelegte Werbekampagne riesige Summen verschlingt, so ist es für die sich freundlich darstellenden Unternehmen ein Leichtes, durch die Verlagerung der Produktion in Niedriglohnländer wie Indonesien, China, Mexiko, Vietnam und auf den Philippinen, astronomische Gewinne zu erzielen. In so genannten Freihandelszonen werden in ghettoähnlich abgeschirmten „Sweatshops" die Güter, unter Ausbeutung der dort arbeitenden Bevölkerung, produziert frei von Steuern, Umweltauflagen und Sozialabgaben.

Das hat mit Menschlichkeit aber auch gar nichts mehr zu tun, sondern es ist eine zu ächtende Geschäftspolitik der Großunternehmen. Nehmen wir unseren Bundeskanzler Gerhard Schröder beim Wort, als er im Herbst 2001 bei einem Besuch in Indien sagte, er werde sich bei den Industrienationen für „substanzielle Zugeständnisse" an die Entwicklungsländer einsetzen und sich zum Anwalt dieser Länder machen, wenn es darum ginge, Schutzwälle abzubauen und die Importe aus Entwicklungsländern zu erschweren.

Es ist unerträglich zu erleben, wie die Schere immer weiter auseinander klafft zwischen *„Spaßgesellschaften"* und

„*Überlebensgesellschaften*", Ländern in denen die Menschen nicht mal ihr tägliches Auskommen sichern können und schon Kinder die Spuren des Leides in ihren Gesichtern tragen, anstatt ein unbekümmertes Lachen.

So wie es den Missbrauch zwischen einzelnen Menschen gibt, hat unsere Welt mittlerweile den Missbrauch der Dritten Welt durch die Erste Welt erschaffen. Und dahinter verbergen sich Millionen von schweren Einzelschicksalen.

Nur wenn den Armen eine menschenwürdige Existenz gesichert ist, dürfen die Reichen ihre menschenwürdige Existenz genießen!

Eine weitere Wurzel des Terrorismus sehe ich darin, dass seit dem Golfkrieg die Vereinigten Staaten eine massive militärische und politische Präsenz im Nahen Osten, besonders am Persischen Golf, aufgebaut haben. Im Krieg gegen den Irak gingen sie vom urislamischen Boden Arabiens gegen dieses muslimische Volk vor. Noch heute besteht ihr Heerlager, das in unmittelbarer Nähe der heiligen islamischen Stätten Mekka und Medina liegt. Und die zu Zeiten der sowjetischen Invasion von Amerika, England und Saudi-Arabien geförderten Taliban werden, wie der damalige CIA-Verbündete Osama Bin Laden, heute als Erzfeinde bekriegt. Viele Muslime spüren, dass es Amerika nicht wirklich um die Freiheit der islamischen Länder geht, sondern um die Sicherung eigener wirtschaftlicher und politischer Interessen. So werden im Nahen Osten mehrere Staaten als „Schurkenstaaten" oder „Achse des Bösen" gebrandmarkt und der Westen fordert die Einführung demokratischer Strukturen und gleichzeitig wird Saudi-Arabien, das auch keine Demokratisierung vorzuweisen und die Taliban unterstützt hat, aus durchsichtigen wirtschaftlichen Interessen bevorzugt behandelt. So lange Amerika, wie in der Vergangenheit, nur eigene politische und wirtschaftliche Interessen im Vordergrund sieht und nicht die Menschenrechte, die einheimischen Kulturen und religiösen Glaubensstrukturen achtet, erzeugen sie Demütigung, hinterlassen Kränkung und erzeugen Hass. Das gibt der Clash-of-Civilization-These von Samuel Huntington Nahrung und kann zu einer Konfrontation zwischen der islamischen und der westlichen Welt führen.

Rührt nicht sogar dieses menschenverachtende Attentat in New York an das Thema unserer eigenen religiösen Eingebundenheit? Die menschlichen Bedürfnisse sind zwangsläufig an die alltäglichen Überlebensbedürfnisse gebunden, aber trägt letztlich in einer Not nicht der Glaube bzw. die Verbindung zum eigenen Urgrund des Göttlichen? Brot und Wohnung haben natürlich eine wichtige Stellung, aber erleben wir nicht gerade jetzt in den kriegerischen Konflikten in Afghanistan, dass der arme Mann, der mit seiner hungernden Familie auf der Flucht ist oder in einem Auffanglager lebt, das man nicht als solches bezeichnen kann, weil es die grundlegenden Anforderungen nicht erfüllt, bereit ist, sein Leben für seine Religion und sein Vaterland zu opfern? Die Amerikanisierung und Europäisierung bis in alle Ecken dieser Welt schafft viel Verunsicherungen und Ängste, gerade in Ländern, die in starken einbindenden religiösen Lebensformen leben. Diese Menschen sehen ihre Werte und religiösen Formen verloren gehen, die ihnen und ihrem Volk Halt und Identität verleihen. Unser Augenmerk in den westlich orientierten Ländern, unsere alltäglichen Gedanken drehen sich um Konsum, um die neuesten technischen Errungenschaften. Unser Leben ist zu ganz großen Teilen sehr materialistisch ausgerichtet, im Gegensatz zu den Ländern der Dritten Welt, die noch nicht durch den Gott des Mammon und des Materialismus beherrscht werden, sondern in enger Verbindung mit ihrem Gott und ihrer Religion stehen.

Und in diesem kriegerischen Konflikt, der jederzeit zu einem Flächenbrand werden kann, ist es von äußerster Wichtigkeit, dem islamischen Glauben dieser Menschen mit großem Respekt gegenüberzutreten. Fanatische Extremisten benutzen ihre Religion und missbrauchen sie im gleichen Moment, in dem sie ihre Gräueltat religiös legitimieren wollen und sogar zur Tötung von weiteren Menschen aufrufen.

So bedarf es in dieser Situation auch von islamischen Führungspersönlichkeiten Hilfestellung in der Aufklärung der eigenen Gläubigen, damit sie den Dschihad nicht fälschlicherweise als heiligen Krieg verstehen, im Sinne von Tötung aller Amerikaner und Andersgläubiger, sondern wie es wirklich verstanden werden muss, als inneren Klärungsprozess, als Auseinandersetzung mit dem eigenen Bösen in sich selbst. Würde der Islam diesen Dschihad, der eine Anstrengung auf dem Wege zu Gott durch Gebet und guter Taten bedeutet, glaubwürdig nach außen tragen können, wäre dies ein wichtiger und guter Dienst für die Menschheit und den Weltfrieden, gerade in dieser schweren Welt- und Religionskrise. Nur wenn der Glaube oder das persönliche Leben und das Wohlergehen der Gemeinde bedroht ist, kann der Dschihad als letztes Mittel zur *Verteidigung* greifen.

In einer großen Familie sind immer wieder alle Mitglieder aufgefordert sich und ihren Weg, den sie bisher gegangen sind infrage zu stellen. Und so könnte der Dschihad, ähnlich wie die Kontemplation im Christentum oder der Zen im Buddhismus dazu beitragen, dass sich eine religionsüberspannende Bewegung in Gang setzt, die jedem einzelnen Menschen auf dieser Welt einen Weg aufzeigt, sich selbst zu erkennen und zu prüfen, ob das Denken, Fühlen und Handeln darauf ausgerichtet ist, das Leben auf dieser Erde zu schützen und zu bewahren. Und mit diesem Leben ist, um es noch einmal zu sagen, nicht der kleine Umkreis meiner persönlichen Familie gemeint, sondern das alle Grenzen überschreitende Leben unserer großen weltüberspannenden Familie. Aus einem beginnenden und sich weiter fortsetzenden Innewerden können neue, bisher noch nie dagewesene Bündnisse entstehen, die, getragen vom Willen der Völker, die Politiker weltweit beauftragen, die Not und das Leid der wirklich armen und benachteiligten Menschen zu beenden. Derartige Bündnisse würden eine humanitäre Bewegung in die Wege leiten, die militärischen Bündniseinsätze begrenzen und sogar überflüssig machen.

Die Zeit, in der die mächtigen Länder dieser Erde Gruppen und Regime unterstützen, weil dies zu ihren eigenen wirtschaftlichen und politischen Vorteilen gereicht, wäre vorbei. Die Vergangenheit hat überdies deutlich genug gezeigt, dass militärisch und politisch unterstützte Herrscher oder politische Gruppen, wenn sie selbst groß genug sind, zu Gegner werden können. So unterstützten die USA einst Saddam Hussein im Kampf gegen den Iran, um danach gegen den Irak in den Krieg zu ziehen. Sie förderten die albanische UCK gegen Slobodan Milosevic und bekämpfen jetzt die UCK in Mazedonien. Die USA finanzierte und förderte Osama Bin Laden und brachte die Taliban mit an die Macht, als sie noch selbst mit der Sowjetunion im weltpolitischen Machtkampf standen und bis in die Gegenwart wandelten sich die Taliban zu den gefährlichsten Gegnern.

Bei allen politischen Interventionen der reichen Nationen, darf nicht die Maxime im Vordergrund stehen, wie sichern wir am besten unsere Vorteile, sondern es muss das menschliche Wohl der betroffenen Menschen und Völker im Vordergrund stehen, wie es in einer großen Familie sein sollte. Anders ausgedrückt, ließe sich sagen:

Unser Verhalten muss sich an dem Lächeln aller Kinder dieser Welt orientieren!

Verschwindet das Lächeln durch Züge des Leids, müssen wir unverzüglich unser Verhalten überprüfen und es entsprechend korrigieren, damit in allen Gesichtern der Kinder dieser Welt wieder ein Lächeln erscheint.

Die Welt bekäme eine neue Ordnung, eine Welt-Ordnung, die von Gerechtigkeit und Liebe geprägt und endlich unseren Kindern und der Erde Frieden bringen würde.

Bevor es so weit kommt, müsste eine zusätzliche Wurzel des Terrorismus trockengelegt werden. Dies ist die traurige und zugleich schreckliche Tatsache, dass seit nunmehr fünfzig Jahren, insbesondere infolge der einseitigen Unterstützung Israels durch die USA, kein Frieden zwischen den Palästinensern und Israel geschaffen werden konnte und Personen wie Scharon jeden aufkeimenden Friedensprozess nachhaltig boykottieren und weiterhin mit dem großen Bruder Amerika eine Politik betreiben können, die die Rechte der Palästenser aufs Schlimmste missachtet und über neue Generationen hinweg Menschen in Angst und Gewalt aufwachsen lässt. Glaubwürdigkeit können die Vereinigten Staaten in der Dritten Welt und den Muslimen nur gewinnen, wenn sie ihre Verantwortung gegenüber den benachteiligten Palästinensern genauso ernst nehmen, wie sie dies all die Jahrzehnte hindurch den Juden gegenüber getan haben. Eine dauerhafte politische Lösung ist nur möglich durch die Schaffung eines autonomen palästinensischen Staates.

Der verheerende Anschlag auf unschuldige Menschen in New York muss für uns Anlass sein, die Gewalt in dieser Welt zu enthüllen, die schon vor diesem Attentat die Welt beherrscht hat. Die Kunst unserer Gesellschaftssysteme ist groß im Verschleiern der strukturellen Gewalt. Und eine Welt, in der ein menschenwürdiges Leben möglich ist, aber das den meisten Menschen auf diesem Planeten vorenthalten wird, ist nicht zukunftsfähig. Wir müssen erkennen, wo nationalstaatliche Interessen ihre Legitimation einbüßen, weil sie in ihrer Umsetzung grundlegende menschliche Rechte und Interessen anderer verletzt.

Die eigene Verwundbarkeit, der selbst erfahrene Schmerz und die erlebte Demütigung der einzigen Weltmacht USA, ist jetzt die Chance, sich den Verwundungen und den Traumatisierungen der anderen Völker zuzuwenden. Das Lernen und Praktizieren von persönlichem und staatlichem Mitgefühl ist das Gebot der Stunde. Die gewalttätige Bestrafung der mutmaßlichen Täter durch Terror und Krieg bringt keinen einzigen Fundamentalisten und Fanatiker zur Einsicht. Das Eingehen hingegen, auf seine offensichtlichen oder verborgenen Traumatisierungen entzieht ihnen und möglichen Nachfolgern langfristig den Boden der Gewalt.

Gedanken umhüllt
Die klare Form des Geistes
Sich völlig verliert.

LIEBE und FRIEDEN

Es ist sicherlich für Terroristen, Fundamentalisten und eine Großmacht etwas äußerst Schwieriges, sich auf den Weg der Empathie, Reue und Liebe zu begeben. Aber kein anderer Weg kann zur Versöhnung und einer zukünftigen friedvollen Welt führen. Es reicht im zwischenmenschlichen, wie im zwischenstaatlichen Bereich nicht aus, zu sagen, ja, es tut mir Leid und nachdem ich mich umgedreht habe, fahre ich mit meiner Ignoranz und dem Streben nach persönlichen Vorteilen oder materieller Bereicherung fort. Politiker bekunden mit eingeübter Rhetorik, sich für einen gerechten Frieden einzusetzen, aber taktieren letztlich aus persönlichen oder parteipolitischen Machtinteressen.

Es gibt im Zen, auf dem Weg der Liebe, das Ritual des san ge mon, das Ritual der Reue. Der Text lautet:

Ga shaku sho zo sho aku go
Kai yu mu shi ton jin chi
Ju shin ku i shi sho sho
Issai ga kon kai san ge."

Übersetzt heißt dies:

Alles Üble,
das ich aus Gier, Hass und Verblendung,
mit Körper, Rede und Geist getan habe:
alles bereue ich jetzt.

Dieses Reue-Ritual ist nicht gedacht, um sich einfach loszusprechen oder lossprechen zu lassen durch einen Priester in der Beichte, wie es die Katholiken verstehen. Reue im Zen ist der Prozess des Erkennens und Verstehens der ursprünglichen Ursache des Übels, meines Verhaltens.

Ich bereue und *ich erkenne* sind identisch!

Reue ist also nicht nur ein momentanes, über mich kommendes Gefühl, wie ich es im Kapitel „Der Fremde von nebenan" beschrieben habe, sondern es bedeutet, das Praktizieren der vollkommenen Erkenntnis in uns selbst. Aus der neu gewonnenen Erkenntnis, dass mein Verhalten aus Gier, Hass und Verblendung entstanden ist, erwächst der nächste Schritt, der Schritt, sich selbst *wesentlich* zu ändern.

Hier und jetzt, nicht irgendwann!

Die endlosen Entschuldigungen können wir uns sparen, wenn wir nicht wirklich eine Änderung unseres Verhaltens anstreben.

Für die westlichen Industrieländer heißt Reue, wach werden für die Wahrheit, wirklich, tief im Herzen. Dann ist es möglich zu erkennen, dass das eigene politische und wirtschaftliche Handeln motiviert war durch Gier, Hass und Verblendung.

Die fundamentalistischen Terroristen und ihre Verbündeten werden im Prozess der Reue erkennen können, dass ihr Verhalten durch nichts anderes begründet war, als durch Gier, Hass und Verblendung, auch wenn sie versuchten, ihren Taten den Mantel des heiligen Krieges umzulegen. Ebenso wenig steht Gott hinter einem gerechten Krieg, den die Vereinigten Staaten beschwören.

Gewalt ist Gewalt und Töten bleibt Töten, gleich, von welchem Standpunkt aus ich es betrachte, um mein Tun zu rechtfertigen.

Die Tränen aller Menschen schmecken salzig!

Es ist nicht schwer, dies zu verstehen und zu erkennen.

Setzen Sie sich in die Stille, öffnen Sie Ihr Herz für die erlittenen Schmerzen in Ihrem Leben und Sie werden wach für die Wahrheit der Gewalt.

Durch diese Erkenntnis können wir den Übungsweg der Achtsamkeit gehen und geloben:

Im Bewusstsein,
dass es uns helfen kann, Mitgefühl zu entwickeln

um Wege zur Überwindung des Leidens zu finden,
wenn wir tief in die Natur des Leidens schauen,
sind wir entschlossen,
dem Leiden nicht aus dem Weg zu gehen
oder die Augen davor zu verschließen.
Wir verpflichten uns,
Kontakt mit denen zu suchen, die leiden.
Auf diese Weise erlangen wir tiefes Verständnis für ihre Situation
und verhelfen ihnen dazu,
ihr Leiden
in Mitgefühl, Frieden und Freude zu verwandeln."
(Thich Nhat Hanh, 1998, S. 41)

Dies ist konkrete, praktizierende Liebe, die auf ein liebevolles Miteinander angelegt ist und sich nicht vor dem ersten Schritt scheut!

Innerhalb des Prozesses der Reue, der sicherlich, falls er stattfindet, lange Zeit in Anspruch nehmen wird, steht es ganz dringlich an, sich die Fragen zu stellen:

„Wer hört als Erster auf?"
„Wer trägt als Erster zur De-Eskalation des Konfliktes bei?"
„Wer von den Beteiligten nimmt als Erster die Gewalt aus dem Konflikt und beginnt mit einem ernsthaften, versöhnungsorientierten Dialog?"
„Wer reicht als Erster dem anderen die Hand, nicht um ihn über den Tisch zu ziehen, sondern um offen und respektvoll sich seinem Herzenskummer anzunehmen?"
„Wer beschreitet den Weg der Selbstreflexion und der Reue mit dem Ziel, die eigene Verblendung aufzuheben?"

Welcher Mensch, wo auf dieser Welt auch immer, sich auf diesen Weg begibt, benötigt mehr Mut und hat mehr Größe als derjenige, der Gewalt als Antwort auf die Gewalt eines anderen praktiziert.

Im 1. Korinther-Brief (Kapitel 13, Vers 13) heißt es:

*Für jetzt bleiben
Glauben, Hoffnung, Liebe
diese drei.
Doch am größten unter ihnen ist
die Liebe.*

In dieser eskalierenden politischen Situation, die auf Rache für erlittenen Schmerz setzt, nach dem alttestamentarischen Grundsatz „Auge um Auge und Zahn um Zahn" wäre wahrhaftige praktizierende Liebe das Gebot der Stunde. Wir erlebten auch jetzt wieder in Afghanistan, dass ein Krieg ohne die Tötung von Zivilisten nicht geführt werden kann und dass ein Volk in eine humanitäre und wirtschaftliche Krise fällt.

Alle Beteiligten berufen sich auf ihre Religion, aber niemand richtet sein Handeln nach den ursprünglichen Grundsätzen seiner Religion aus. Die Taliban nicht nach dem Islam und stellvertretend für das amerikanische Volk, Präsident Bush nicht nach dem Christentum. Im Islam wird die Liebe zu Gott und der Glaube an den Ewigen ausgedrückt durch die „guten Taten". Dazu gehört die Barmherzigkeit, das Mitempfinden für die Armen und Schwachen und die Liebe. Das im Koran wiederholte Tötungsverbot entspricht denen, die Moses in den zehn Geboten offenbart wurden.

Im Markus-Evangelium Kapitel 12, Vers 32 heißt es:

*Höre Israel,
der Herr, unser Gott, ist der einzige Herr,
darum sollst du den Herrn, deinen Gott lieben
mit ganzem Herzen und ganzer Seele,
mit all deinen Gedanken, mit all deiner Kraft.
Als zweites kommt hinzu:
Du sollst deinen Nächsten lieben wie dich selbst.
Kein anderes Gebot ist größer als diese beiden.*

Dieses zweitausend Jahre alte Gebot ist gerade heute, in der gegenwärtigen Weltkrise und dem nicht enden wollenden Konflikt Israels mit den Palästinensern, oberste Richtschnur für das menschliche Verhalten. Der das göttliche Leben verachtende Gedanke „Auge um Auge, Zahn um Zahn" muss durch dieses Gebot eine Läuterung erfahren und darf kein Motiv mehr sein für immer wieder neue kriegerische Angriffe der Israelis auf Palästinenser. Die Verheißung von Glück und Frieden, die im Markus-Evangelium deutlich wird, kann sich nur realisieren, wenn wir alle uns daran beteiligen und uns lösen aus unserer selbstbezogenen Verhaftetheit, die uns davon abhält, den Nächsten in seiner Not zu sehen und dafür Sorge zu tragen, dass seine Not gelindert wird. Das entspräche liebevollem Tun in einer weltumspannenden großen Familie. Dieses Gebot zeugt von der Untrennbarkeit aller Wesen auf dieser Erde. Niemand kann alleine glücklich werden, sondern ist bis ins Tiefste seiner Seele abhängig von dem, was ihn umgibt und wenn es „nur" die Erde ist, die Wasser und Nahrung schenkt. Trotzdem versuchen viele Menschen, unabhängig vom Rest des Universums, alleine glücklich zu werden und erwachen, sich wundernd, aus einem Traum, wie zur Zeit die Amerikaner, dass dies unmöglich ist, wenn gleichzeitig ein Großteil der Menschheit von Armut und Leid gepeinigt wird.

Es gehört zu den buddhistischen Grundannahmen, dass das Nichts ein unabhängiges, eigenständiges, unvergängliches Selbst hat.

Wir sind *Eine Familie, Eine Welt*! So können wir nur *jedem Menschen* einen Platz auf dieser Erde schaffen, der ihm Raum für die Entfaltung seines innewohnenden Wesenskerns gibt.

Woher können wir die Kraft nehmen, in einer Zeit, die von Krieg und Angst geprägt ist?

Wir können dies, indem wir uns nach innen wenden und in Fühlung kommen mit unserer eigenen Göttlichkeit, unserer Buddha-Natur. In der Stille der Meditation können wir uns fragen, wer hat da in mir Angst?

Es hilft dabei, sich zum Herzen hin zu öffnen, und so können Erinnerungen und Bilder aus den Tiefen unserer Seele aufsteigen, in denen wir vielleicht als kleines Kind Angst und Not erlebten. Zeigt sich auf diese Weise unser inneres Kind, ist es möglich, es in den Arm zu nehmen und es nach Hause, in seine ursprüngliche Heimat zurückzubringen. Und diese Heimat ist der Ursprung unseres Seins, das als tiefes Wissen in unserer Seele existiert. Dort kommt unsere Angst zur Ruhe, denn im Ursprung des Seins erkennen und erleben wir, dass Angst nur möglich ist, wenn wir losgelöst von unserer Göttlichkeit leben. Durch die Anbindung unserer Seele an das Absolute, wird eine Liebe frei, die es uns ermöglicht den Feind zu lieben und in einem anderen Licht zu sehen; nämlich in seiner Trennung vom eigenen Ursprung, vom eigenen Licht und der allumfassenden Liebe, deren Folgen eine geistige Verstrickung ist, mit den Symptomen der Gewalt.

Die Menschen, die gerne die leidenden Menschen in Afghanistan, den USA und anderen Orten dieser Welt unterstützen möchten und neben der materiellen Hilfe noch eine weitere Form suchen, können sich zu einem Netzwerk der Liebe und des Friedens zusammenschließen. Aus der Verbindung zum Ursprung unseres Seins, können wir mit der dort erblühenden Liebe, die Seelen der anderen Menschen umhüllen, die in Angst und Verzweiflung leben und ich bin sicher, dass wir sie damit stärken, den Weg des Mitgefühls, des Verzeihens und der Liebe gehen zu können.

Natürlich darf die heilende Liebe nicht Halt machen vor den Terroristen, denn gerade sie benötigen ein Getragenwerden-in-Liebe, da sie sich weit vom menschlichen Mitgefühl und der kosmischen Ordnung entfernt haben. Für sie ist der Weg, über die Reue zu einem Erkennen der eigenen Verblendung zu kommen, eine notwendige Voraussetzung für ihre Umkehr.

Es gibt keine Alternative zur Liebe!

Die Menschheit hat seit Jahrtausenden versucht, für Konflikte andere Lösungen zu finden, um der Liebe aus dem Weg zu gehen, und ist doch nur in Gewalt und Kriegen hängen geblieben.

Und wir haben erst kürzlich, im Krieg auf dem Balkan erfahren, wie schnell sogar Nachbarn zu Räubern, Vergewaltigern und Mördern werden können.

Angst vor der Liebe deutet auf einen großen Verlust derselben hin und auf eine immense Sehnsucht danach.

Die Liebe ist so groß und stark, dass sie sogar den mächtigsten Männern dieser Welt Angst macht.

Es gab eine Ausnahme: *Mahatma Gandhi*. Er führte 1947 sein 300 Millionen Volk aus der kolonialen Herrschaft der Engländer ohne Gewalt in die Freiheit. Dreißig Jahre lang zog er gegen die militärische Übermacht Großbritanniens, gekleidet mit einem Lendentuch, ausgerüstet mit Liebe, Hoffnung, einem von Frieden beseelten Geist und dem Glauben an die Einheit und Gleichheit der Menschen, in den Kampf.

Hermann Hesse hat einmal gesagt, Gandhi war mehr als sämtliche amerikanische Präsidenten des Jahrhunderts, samt allen Vertretern und Schöpfern des Kommunismus von Marx bis Stalin.

Es gibt im Sanskrit das Wort *shila*, und der frühere, nach Bodhidharma sechste chinesische Patriarch Huineng (jap. Eno, 638-713), hat shila zur grundlegenden Lebensweise auf dem Zen-Weg erhoben. Die wichtigste und ursprünglichste Bedeutung von *shila* ist:

Mit der Liebe vorangehen!

Und genau dies ist es, was uns heute wieder fehlt. Und nur über diesen Weg, ganz konkret in unserem alltäglichen liebenden Tun, können wir die Übel der Menschheit überwinden und in Übereinstimmung mit dem Universum kommen.

Ungewohnt sind liebevolle Gesten und Worte für unsere Staatsmänner. Auch wenn sie nicht die Größe des Mahatma

Gandhi erreichen können, so könnten sie doch von seiner Liebe, Entschlossenheit und Selbstlosigkeit lernen und sich für Gerechtigkeit und Aussöhnung in dieser Welt einsetzen.

Zu ungewöhnlich wäre das Bild eines europäischen Staatsmannes, wenn dieser auf einem Weltwirtschaftsgipfel vom Leid der hungernden Kinder, ihrem Zwang zur Prostitution und der *Liebe zu ihnen* sprechen würde. Wie würden die Worte in den Sälen der Macht und des Geldes klingen, wenn er betonen würde, dass jedes Kind, welches in einer derartigen leidvollen Situation dahinvegetieren muss, ebenso bedeutungsvoll ist wie die eigenen Kinder der Anwesenden. Was wäre, wenn dieser Staatsmann weiter fragen würde, ob die anwesenden Väter und Mütter es ertragen könnten und ihrem doch so wichtigen Geschäft nachgehen würden, wenn ihre Kinder zwanzigmal am Tag von anreisenden Europäern sexuell missbraucht würden?

Verrücktheitserklärungen? Entrüstung? Stille? Schweigen? Betroffenheit? Einsicht? Umdenken?

Es gibt keinen Weg zur Liebe. Wir sind schon immer Liebe!
Wir, jeder Einzelne, muss nur Gebrauch davon machen!
Unser göttlicher Ursprung ist Liebe.
Auch jetzt, in diesem Augenblick, sind wir Liebe!

Was wir tun können, ist, diese Liebe jetzt in uns erblühen zu lassen, ihr den Raum zu geben, den sie benötigt, um sich in uns und auf dieser Erde entfalten zu können, um die Menschen zu retten, die unter Angst und unter Tränen erstickt, schon fast keine Hoffnung mehr auf Erlösung haben.

Unsere Liebe ist ursprünglich schon immer dagewesen, auch dann, wenn wir glaubten, wir hätten sie nicht oder an uns wäre sie vorbeigegangen. Es mag so gewesen sein, dass wir in unserem Leben von Menschen umgeben waren, die uns keine menschliche Liebe geben konnten. Aber dies ist etwas anderes. Menschliche Liebe ist begrenzt und abhängig von der Liebesfähigkeit des Einzelnen. Aus dieser begrenzten Liebeserfahrung entstand bei uns ein Bild über die Liebe, von dem wir glaubten, dass so die Liebe ist. Es waren unsere grundlegenden Erfahrungen, die zu einer Verzerrung und einschränkenden Sichtweise der Liebe führten. Der heutige Umgang mit uns selbst und anderen entspricht dem, wie andere uns liebten. Unzureichende Liebe mag oberflächliche Bedürfnisse befriedigen, wird aber nicht die tiefe Sehnsucht in uns stillen können. Deshalb ist es notwendig, sich in der Stille der Meditation nach innen zu wenden, um diese Sehnsucht wahrzunehmen. Sie ist die Triebfeder aus der begrenzten Liebe eine allumfassende Liebe zu erwirken. Im Privaten, wie auch in den Beziehungen der Völker untereinander, können wir den Mut finden, Widersprüche aufzudecken, die sich zwischen den Worten und den Taten der verantwortlichen Menschen zeigen. Es geht dabei nicht um eine Schuldzuweisung, sondern um Hilfe und Stärkung untereinander, den rechten Weg der Liebe zu erkennen und ihn gemeinsam zu gehen. Nichts anderes hat diese blutende Welt und haben alle leidenden Lebewesen verdient. Mit leidend meine ich nicht nur die armen, hungernden Menschen, sondern all diejenigen, die nicht in der Liebe stehen.

Diese Liebe geht über die normale, egoistische Liebe hinaus. Ich spreche von der ungeborenen Liebe, der allumfassenden göttlichen Liebe. Und diese Liebe ist unbegrenzt, hat ewiglichen Bestand und da sie nicht geboren worden ist, kann sie auch nicht sterben und vergehen. Sie ist vielmehr der immer fortbestehende Grund, der uns trägt, selbst wenn wir es nicht erkennen können.

Die Liebe ist das Sein an sich!

Die Liebe ist unser aller Wesens-Natur, der Ursprung woher wir kommen!

Diese *Liebe*, dieses *Sein* ist:

ohne Abneigung – ohne Zuneigung
ohne Erwartung – ohne Vorstellung
ohne Belohnung - ohne Abwertung

Die *Liebe* ermöglicht es, uns selbst anzunehmen und zu lieben, so wie wir sind:

ohne Abstriche,
ohne Verurteilung,
ohne Verdrängung,
ohne Wollen,
ganz offen,
ganz großmütig,
ganz barmherzig.

Es ist eine der größten Herausforderungen der Menschheit, jetzt, wo die Ungerechtigkeiten und Verletzungen durch den neuen Krieg in Afghanistan , in den autonomen palästinensischen Gebieten und in Israel zunehmen, einen Heilungsprozess zu beginnen, der geprägt ist vom Geben und Empfangen von Liebe. Jeder von uns trägt mit dazu bei, welcher Samen jetzt in die Erde gelegt wird. Früher hatten unsere Vorfahren die Wahl und wir ernten nun die Früchte ihres Samens von Hass und Gewalt. Jetzt, in diesem historischen Moment, haben *wir* die Wahl zwischen dem Samen des Hasses, der Gewalt und dem Samen der Versöhnung und Liebe.

Bisher wurde Missachtung, Unterdrückung, Ausbeutung, Terror und Hass zugeteilt, um zu kontrollieren, sich zu bereichern und Macht auszuüben. Die Kluft wurde immer größer und alle gewöhnten sich daran, keine Liebe zu empfangen und sich das Verlangen nach Liebe nicht einzugestehen. Die verantwortlichen Politiker und ihre Völker fallen nun in eine unbekannte Leere, in der sie sich nicht auskennen und über keine vertrauten Verhaltensweisen verfügen. So scheint der schnelle Griff nach dem Vertrauten, nach Gewalt und Waffen verständlich zu sein.

Aber niemand wird kapitulieren vor dem Feind; die Taliban und fundamentalistischen Moslems nicht vor den Amerikanern und das amerikanische Volk nicht vor den Terroristen, die Palästinenser nicht vor der israelischen Militärmacht und die Israelis nicht vor den palästinensischen Terrorakten. So bleibt nur als entscheidender Ausgangspunkt, die einzige notwendige Kapitulation aller Beteiligten, der Terroristen und der Opfer dieser Welt.

Es ist die Kapitulation vor unserem Wunsch, geliebt zu werden und in einem gerechten Frieden leben zu wollen.

Damit betreten zwar alle ein unbekanntes Terrain und beginnen ein neues Kapitel in der Menschheitsgeschichte, aber es ist zugleich der einzig mögliche Weg, das in die Tat umzusetzen, zu dem sich die Menschen in den großen Religionen bekennen: die Schöpfung zu bewahren, gerechten Frieden zu verwirklichen und allen Lebewesen auf dieser Erde Liebe zu bringen.

Geben wir uns der Liebe hin, die das absolute Sein für uns bereithält!

Diese Liebe bedeutet, den anderen Menschen in seiner göttlichen Größe zu sehen, sich auf den Kern seines Wesens zu konzentrieren und auf das, was uns Menschen miteinander verbindet, losgelöst vom äußeren Gehabe.

Die Liebe gibt uns die Kraft, hinter den Hass, die Angst, die Gier und den Neid eines anderen Menschen zu schauen.

Diese große Liebe hilft uns, uns selbst behutsam in die Arme zu nehmen, ohne Worte, ohne Erwartungen und uns so lange zu halten, bis der Hass versiegt, der Schmerz durchlebt, die Tränen getrocknet sind und die Liebe zu uns selbst ganz erblüht ist.

Bitte halte Dich!
Bitte sei barmherzig mit Dir!
Bitte liebe Dich!

Diese große Liebe hilft uns, unseren Feind behutsam in die Arme zu nehmen, ohne Worte, ohne Erwartungen und den anderen so lange zu halten, bis der Hass versiegt, der Schmerz durchlebt, die Tränen getrocknet sind und die Liebe zu allen anderen Lebewesen ganz erblüht ist.

Bitte halte Deinen Feind!
Bitte sei barmherzig mit Deinem Feind!
Bitte liebe Deinen Feind!

Diese Liebe, dieses Sein ist das Miteinander-Leben in Frieden und Koexistenz. Es ist das Da-Sein-Lassen ohne Beschneidung und Beschränkung der menschlichen Würde und Freiheit.

Diese allumfassende Liebe ist der tiefste Ausdruck menschlichen Vermögens, trotz unterschiedlicher Hautfarbe, Sprache, religiöser Vorstellungen und kultureller Unterschiede, sich in tiefer Demut und Achtung liebend anzunehmen.

Nur dieser Schritt
Und wieder nur dieser Schritt
Wie friedvoll der Geist.

Literatur:

Aleek-chea-ahoosh, in: Weißt du, dass die Bäume reden, Wien 1983

Collins,L., Lapierre, D.: Gandhi, Um Mitternacht die Freiheit, München 1976

Die Bibel: Einheitsübersetzung, Stuttgart 1996

Evans-Wentz, W.Y.(Hrsg.): Das Tibetanische Totenbuch, Freiburg i.B., 1989

Klein, Naomi: No Logo!, Bertelsmann 2000

Kolpaktchy, G.: Ägyptisches Totenbuch, Weilheim 1979

Luther Standing Bear, in: Weißt du, dass die Bäume reden, Wien 1983

Meister Bankei: Die Zen-Lehre vom Ungeborenen, Bern-München-Wien 1988

Meister Eckhart: Vom Wunder der Seele, Stuttgart 1984

Nakagawa, Fumon S. Roshi: Zen – weil wir Menschen sind, Berlin 1997

Szèkely, Ed.B.: Das Friedensevangelium der Essener, Buch 1, Südergellersen 1983

Taisen Deshimaru Roshi: Satori, Yoka Daishis „Shodoka", Berlin 1982

Tetsuo Roshi Nagaya Kiichi: Tuschspuren, Zürich 1986

Thich Nhat Hanh: Nenne mich bei meinem Namen, Freiburg i. Br., 1998

Thich Nhat Hanh: Vierzehn Tore der Achtsamkeit, Berlin 1998

Thich Nhat Hanh: Das Herz von Buddhas Lehre, Freiburg i.Br. 1999

Weizsäcker von, E.U., u.a.: Faktor Vier, München 1996

HERMANN J. MÜRMANN: „YOGA"

Der Autor hat nach 18jähriger Yoga-Lehrer-Tätigkeit und 13jähriger psychotherapeutischer Arbeit in freier Praxis einen Bogen geschlagen vom traditionellen Hatha-Yoga zur ganzheitlichen Entwicklung der menschlichen Persönlichkeit. Hatha-Yoga erfährt so eine Erweiterung durch die westlichen Erkenntnisse der Psychologie und Psychosomatik.

Im Vordergrund des Buches steht der Wandlungsprozeß des Menschen. Dazu gehören:
- das Erleben der den Asanas zugehörigen Aspekte
- das Erkennen und die Annahme des gegenwärtigen So-Seins
- die Erlaubnis des Herzens zur Entfaltung des uns innewohnenden Wesenskerns
- die Visualisierung der Wandlung und
- die Umsetzung im täglichen Leben.

Haag + Herchen, Frankfurt 1997; ISBN 3-86137-495-1

HERMANN J. MÜRMANN:
„Die zwölf Hindernisse auf dem
Weg in eine beglückende Gegenwart -
Der Weg des Zen"

„Sein Buch beginnt dort, wo unser Alltag anfängt und unsere Sorgen liegen. Hier und Jetzt! Es hält uns einen Spiegel vor, in dem wir unser ungeschminktes Dasein erkennen können, ohne spirituelle Höhenflüge. Es greift den Trubel unseres Geschäftigseins und das Suchen nach Erkenntnis und geistiger Weiterentwicklung auf. Ein Buch, das nicht im fernen Tempel des traditionellen Japan beginnt, sondern um die Realität der Menschen weiß, die hier in ihrer Alltäglichkeit sorgenvoll verstrickt sind und nicht davor weglaufen können. Es zeigt uns, wie wir trotz aller Hindernisse, die sich uns in den Weg stellen, Hier und Jetzt unseren Zen-Geist ergreifen und voll und ganz realisieren können."
Seikei Sachiko Oishi - Hess

Principal, Münster 1998; ISBN 3-932293-35-5; 159 S.; 21 Abb.